포스트
모더니즘
에서 본
영상콘텐츠

Preface

영상콘텐츠 제작자로서, 또 영상콘텐츠 전공학자로서 29여년의 고민과 사유를 정리하고 보니 부끄럽기 그지없다. 그동안 최선을 다했는지 뒤 짚어보니 후회가 스멀스멀 삐져나온다. 이 책은 이런 후회에 대한 반성이며 앞으로 더 정진하리라는 다짐의 결과물이다. 또 한편으론 여기저기 흩어져 있는 글로 학생들을 만났던 것에 대한 미안함을 씻어내고 싶었다. 학생들의 불편함을 거두고 싶었다. 매번 학생들을 만날 때 마다 정리되지 않은 옷장을 머리에 이고 사는 것 같아 늘 신경 쓰이기도 했다.

이 책은 포스트 모더니즘의 철학적 배경인 후기구조주의에 대해 그 특징을 중심으로 살펴보는 것에서부터 시작한다. 후기구조주의는 전반적으로 모더니즘이 가진 획일성, 동일성, 일반화를 거부하고, 다양성과 차이를 복원시켜 인간성을 회복하려는 특징을 지닌다. 따라서 기존의 정형화된 것들을 해체하고 새로운 시선으로 인간과 세상을 보려 한다. 많은 학자들 중에서 푸코, 데리다, 료타르, 보드리야르 등의 논의를 가져왔다.

2장에서는 이러한 인식론을 바탕으로 푸코의 권력이론과 TV 드라마 제작과정을 연결하여 살펴보았다. 복잡한 TV 드라마 제작과정이 어떻게 물 흘러가듯 쉽게 이루어지는지를 규율권력이 스며드는 방식과 행사되는 방식으로 나누어 알아보았다. 이를 위해 저자가 방송현업에서 제작한 드라마 '학교이야기'를 분석 대상으로 삼았다. 여기서 눈여겨 볼 것은 드라마 제작과정을 해석하기 위해 제작일지, 촬영 콘티, 스케줄 표 등 다양한 자료를 사용했다는 점이다.

포스트 모더니즘에서 본 영상콘텐츠

3장에서는 포스트 모더니즘적 시각에서 영화와 전시회, 책 등 일상적으로 접할 수 있는 것들을 소재로 삼아 때로는 산문처럼, 때로는 분석적 글쓰기를 수행 하였다. 이를 통해 우리들이 얼마나 많은 고정된 틀들에 갇혀서 획일화되는지를 살펴보고, 인간다운 삶을 살기 위해 어떻게 해야 하는지 여러 화두를 던진다.

4장에서는 우리가 흔히 보는 다양한 영상 속에는 어떤 특정한 논리가 숨어 있음을 밝힌다. 길거리의 자동차, 가족 앨범사진, 동물원의 원숭이 등을 볼 때 특정한 방향으로 경도된 방식으로 보고 있음을 말하고, 그것이 무엇을 의미하는지에 대해 생각해 본다. 그리고 실제로 방송되고 있는 프로그램에 대한 분석도 실었다.

끝으로 이 책이 우리 주변을 둘러싸고 있는 다양하고 복잡한 영상 콘텐츠를 새롭게 볼 수 있는 시야를 제공하는데 도움이 됐으면 하는 바램이다.

2021년 9월 형촌 마을에서
김 혁 조

Contents

Chapter 01

포스트 모더니즘의
**철학적 배경,
후기구조주의 개관**

Chapter 02

푸코는
**드라마 제작과정을
어떻게 보았을까?**

Contents

Contents

Chapter 03

포스트 모더니즘,
그리고 글쓰기

Chapter 04

영상속에
숨겨진 비밀

Chapter 01

포스트 모더니즘의
철학적 배경,
후기구조주의 개관

이 글은 저자의 「컴퓨터 커뮤니케이션에 관한 후기구조의적 접근, 고려대 대학원 석사학위 논문, 1992」의 일부이다.

01

시대적 배경
후기구조주의, 너는 어떻게 태어났니?

후기구조주의는 1960년대 말엽에 이르러 프랑스에서 처음 시작되고 발전된 현상[1]이지만, 후기구조주의의 역사적 기원은 훨씬 이전이다. 후기구조주의는 양차 대전의 위기상황 속에서 프랑스 철학이 당시에 직면한 지적 위기를 극복하는 과정에서 나타난 지적운동 또는 사고유형이다.

1차 세계대전을 거치면서 프랑스에서는 이전의 철학이 지녔던 형이상학적 성격에 대해 강한 반발이 일어난다. 정의, 자유, 평등에의 실질적 관심에 대해 더 이상 어떤 매력도 제공하지 못했던 기존의 도덕성은 초연한 형이상학적 정신세계의 자기전개 속에서 공허한 도덕적 범주에만 머물고 있는 것[2]으로 비판받는다. 형이상학에 대한 이러한 거부는 인간개인으로 관심의 전환을 가져왔는데, 샤르트르의 실존철학이 그 선두에 서게 된다. 샤르트르는 개인의 본질 속에서

📶 1 김욱동, "포스트 모더니즘과 포스트 구조주의", 김욱동 엮음, 『포스트모더니즘과 포스트구조주의』(현암사, 1991), p. 13.

📶 2 이광래, 『미셸 푸코』(민음사, 1991), p. 14.

사회의 기초를 추구하며, 개인은 그의 의식의 순수성이나 자유에 의해 정의되는 것으로 파악하면서 데카르트적인 인간관을 역설한다.[3]

이러한 실존철학은 제2차 세계대전과 50년대를 거쳐 퇴조하기 시작하면서 구조주의가 등장하게 된다. 구조주의는 이성의 물감에 의해서 채색된 자율적인 인간이라는 데카르트적인 주체개념에 반대하고, 복잡한 관계의 그물망에 속해 있는 인간의 현실성에 대한 과학적 인식을 시도한다. 따라서 구조주의는 구조나 체계를 분석하는 것을 가장 중요한 목표로 설정하며, 인간행위나 그 결과를 자족적이고 자기 결정적인 구조를 지닌 일종의 사회제도, 즉 의미체계로 간주한다.[4]

그러나 1968년 5월 혁명* 이후로 구조주의는 그 한계점을 드러내고 후기구조주의가 나타나게 된다. 추상적 구조나 체계에 대한 불신 또는 회의를 그 출발점으로 하는 후기구조주의는 오늘날 고정된 한 영역에서 불거지는 현상이 아니라 다양한 스펙트럼에 걸쳐 폭넓게 나타나는 이론이다. 예를 들면 해체주의로 불리는 자크 데리다의 철학 이론과 그것을 문학 연구에 적용시킨 미국 예일 학파의 문학이론, 미셸 푸코의 사회 이론과 역사 이론이 여기에 포함된다. 또한 프로이트의 정신분석 이론을 새롭게 재해석하고자 하는 자크 라캉의 심리분석 이

* 1968년 5월 혁명은 프랑스의 전통적인 대학제도의 개혁운동으로 시작된 학생들의 난동이 경찰의 강경한 저지에 도리어 촉발되어 시민, 지식인, 기술 노동자들의 가세로 발전되어 드골체제의 와해 일보 직전의 사태로 몰아간 사건을 말한다. 5월 혁명의 특징은 혁명의 주도 세력이 기존에 제도화되어 있는 정치 정당이나 노동조합이 아니라 그동안 주변 세력으로 여겨져왔던 학생, 지식인, 예술가 등이었으며, 이들이 중심에 의해 억압당해왔던 주변적이고 지역적인 주장들을 전면에 내세우기 시작했다는 것이다. 이러한 혁명의 특징은 기존의 형이상학적 이론이나 합리성 및 총체성을 가정하는 이론들의 한계를 증폭시켰으며, 이는 후기구조주의의 등장과 자연스럽게 연결된다. 소두영, 『구조주의』(민음사, 1984), p. 12 참조. 을 달리한 천재 과학자이다.

3   이광래, 앞의 책, pp. 18-20.
4   김욱동, 앞의 책, pp. 30-31.

론, 장 프랑수아 료타르의 포스트모더니티 이론, 1960년대 말엽 이후의 롤랑 바르트의 문학 이론과 문화 이론, 쥘리아 크리스테바의 페미니즘 이론, 프로이트와 칼 마르크스를 창조적으로 접목하고자 하는 루이 알튀세의 네오 마르크스 이론 등이 후기구조주의에 포함될 수 있다.[5]

📶 5   김욱동, 앞의 책, pp. 12-13.

02

구조주의,
후기구조주의의 얼굴

후기구조주의는 구조주의에서 배태되어 구조주의와 일정부분 공통점을 가지고 있고 변별성도 지니고 있지만, 그것이 구조주의의 단순한 연장이나 완전한 단절로 파악되어서는 안된다는 것이 통설이다. Philip E. Lewis는 구조주의와 후기구조주의의 관계에 대해서 다음과 같이 언급하고 있다.

"후기구조주의의 바람은 구조주의를, 형이상학과 인식론적 : 이데올로기적 함정에 대한 일반적인 반성에 있어서, 거울 뒷면에 칠해진 은박으로 사용하여 거기에 대항하여 불고 있다. 그럼에도 불구하고 그 바람이 구조주의로부터 불어오고 또 구조주의의 기구와 성찰을 갖고 있는 한, 후기구조주의는 고정된 중심이나 준거틀이 없이 이곳에서 저곳으로 힘차게 움직이고 분명한 궤도도 없이 빙빙 도는 일종의 회오리바람과도 같다."[6]

---

6   Josue V. Harari, ed., Textual Strategies : Perspectives in Post - Struct uralist Criticism,(Ithaca: Cornell U.P., 1979), 김성곤 편, 『탈구조주의의 이해』(민음사, 1990), p. 15. 재인용.

따라서 후기구조주의를 이해하기 위해서는 구조주의의 특징에 대한 이해와 양자간의 공통점 및 변별점에 대한 이해가 선행되어야 할 것이다.

먼저 구조주의의 기본적 특징을 살펴보면 다음과 같다. 첫째, 구조주의는 '언어'를 모든 체계의 기본으로 상정하며, 개개의 특성보다는 언어의 근간을 이루는 어떤 체계나 문법, 즉 구조의 발견에 더 관심을 갖고 있다. 둘째, 구조주의는 인간의 모든 행위의 기본이 되는 어떤 규칙이나 틀을 찾아내려 한다. 셋째, 구조주의는 구조 및 체계를 분리해내는 과정에서 역사를 무시하는 비역사적 태도를 보인다. 따라서 구조주의자들은 텍스트가 씌어진 시대나 그것의 역사적 배경이나 수용과정에 대해서는 전혀 관심이 없다. 그들은 다만 내러티브narrative의 구조나 미학적 체계에만 관심이 있다. 네째, 구조주의는 자아나 주체, 개인의 사유을 인정하지 않고 모든 것을 객관화시키는 비인본주의적 · 비실존주의적 태도를 보인다. 다섯째, 구조주의에서 말하는 '구조'는 모든 것의 기원이나 센터가 되며 개체에 대해 특권을 부여 받는 존재가 된다. 여섯째, 구조주의는 지시어signifier와 지시대상signified의 관계가 필연적이 아니고 임의적이라는 것을 인정하지만 언어의 재현능력에 대해서는 의심하지 않는다.[7] 한편, 후기구조주의와 구조주의는 모두 비판적 접근을 취한다고 언급하면서 Madan Sarup은 양자의 유사성을 다음과 같이 지적하고 있다.[8] 첫째, 역사에 일반적인 법칙이 있음을 가정하는 역사주의에 대하여 비판한다. 즉 레비 스트로스는 사르트르의 역사적 유물론이 타당한 인식이 아니라고 지적하고, 데리다도 역사에 있어서 어떠한 종점도 없다고 언급하고 있다. 둘째, 의미에 대한 비판을 지적할 수 있는데, 소쉬르는 기표signifier와 기의signified와의 차이적 관계, 언어기호의 임의성 등을 강조하면서 개별적인 텍스트의 의미 보다는 의미가 만들어지는 과정에 관심을 둔다. 또한 후기

---

7 김성곤, 앞의 책, pp. 11-14.

8 M. Sarup, An Introductory Guide to Post-structuralism and Post modernism,(Univ. of Georgia Press, 1989), pp. 1-3.

구조주의에서도 기의가 강등되고 기표가 지배적인 것이 된다. 한편, 김욱동은 후기구조주의와 구조주의는 둘 다 언어를 인간의 모든 행위 가운데 가장 핵심적인 것으로 파악하고 있다고 지적하고 있다. 즉 양자는 언어가 본질적으로 지니는 문화적 특성과 의미 작용을 무한히 가능하게 하는 언어의 무한한 생산성에 사로잡혀 있다는 것이다.[9]

이상과 같은 양자의 유사성에도 불구하고 후기구조주의는 구조주의와는 다른 독특한 특징을 지닌다. 구조주의가 진리를 텍스트 '배면에behind' 혹은 '안에within' 있는 것으로 보았던 것에 반하여, 후기구조주의는 생산성으로써 독자와 텍스트의 상호작용을 강조한다. 또한 후기구조주의는 불변적인 기호의 통일성 소쉬르의 관점을 신랄하게 비판하며, 고전적 데카르트주의자들이 주장한 통일적 주체 - 의식을 산출하는, 즉 의미와 진리의 전거로서의 주체/저자 - 개념을 비판한다.[10] 후기구조주의는 서구의 이성 중심주의에 종말을 고하며, 모든 절대적 의미의 안정된 근원을 교란시키고 모든 결론을 유보시킨다. 그리고 '차이'를 인식하고 중심에서 제외된 '타자'를 인정한다. 이러한 후기구조주의의 특징들은 대별하여 '추상적 체계성이나 총체성에 대한 거부', 데카르트적 주체개념에 대한 불신', '언어의 지시적 기능에 대한 불신' 등으로 요약될 수 있을 것이다.

9 　김욱동, 앞의 책, pp. 36-37. 11) M. Sarup, op. cit, pp. 3-4.

10 　M. Sarup, op. cit, pp. 3-4.

03
/
후기구조주의란 놈의
캐릭터

추상적 체계성 및 총체성에 대한 거부 – 다양성, 개별성에 대한 존중

흔히 후기구조주의자로 범주화되
는 많은 이론가들은 각자 다양한 이
론들을 전개하면서도 추상적 체계성
이나 총체성에 대해 깊은 회의를 한
다는 점에서 공통점을 지닌다. 추상
적 체계성과 총체성은 17-18세기 계
몽주의 이래로 강조되어온 '이성' 또
는 '합리성'이라는 붓대에 의해 그려

진 현대세계의 풍경화를 말한다. 체계적이고 총체적인 이런 풍경화 속에서는 주
변적이고 지역적인 제 국면들은 억압되거나 배제된다. 즉 체계적이고 총체적인
사고는 남성/여성, 정상/광기, 백인/흑인, 선/악, 저자/독자, 정신/육체 등과 같은
이항 대립관계을 설정하여, 일차적인 전자에 대해서는 특권을 부여하고, 이차적

인 후자에 대해서는 억압과 배제가 행해진다. 후기구조주의자들은 이처럼 당연시 되는 경계를 허물고 제외되고 억압되었던 '타자'들을 표면으로 끌어 올린다. 이들은 '이성' · '합리성'에 의해 구축된 세계가 인간을 해방시키기 보다는 오히려 인간을 억압하고 배제시킨다고 주장하면서,* '이성'의 이름으로 행해지는 모든 총체화의 노력을 개체성에 대한 일종의 테러로 규정한다.

⟫ 푸코의 광기

푸코는 먼저 총체성에 대한 거부로서 서구의 이성의 역사에 대해 비판한다. 그에 따르면 서구의 역사는 이성에 의해 지배받는 동일성의 역사이다. 동일성은 일련의 배제에 의해 구성[11]되고, 서구 역사에서 이러한 동일성은 이성이었다. 즉 이성과 비이성의 구별을 통해 이성이 선택된 것이다. 푸코는 배제된 비이성의 예로 '광기'를 선택한다. 광기의 역사는 이성의 역사가 아니라, 비이성의 역사, 숨겨진 역사이다. 그리고 그 역사는 침묵의 역사이다. 이성의 '타자'인 광기는 정신 병리학의 적절한 대상이 되며, 정신 병리학은 광기에 대한 이성적 담론이다. 미친 사람에 대한 감금과 병원 수용은 '이성의 타자'에 대한 이성의 권위를 실현시키는 것이다.[12] 결국 푸코는 근대적 이성의 역사가 광기를 억압하고 배제한 역

---

* 이러한 사실은 호르크 하이머와 아도르노의 『계몽의 변증법』에서도 지적되고 있다. 인간이 이성에 의해 인간을 계몽시키고 해방시키려는 과정에서 자연에 대해서는 합리적/이성적인 지배가 가능했지만, 한편으로는 인간이 인간을 착취하고 억압하는 새로운 야만상태를 초래했다는 것이다. '계몽'이란 한 가지 의미로만 진보해온 것이 아니라 대립적인 진행을 동시에 포함하는 변증법적인 과정이라는 것이다. M. Horkheimer and Th. W. Adorno, Dialect ic of Enlightenment,(N.Y. : Continuum, 1972), 김성기, 『포스트 모더니즘과 비판사회과학』(문학과 지성사, 1991), pp. 74-77..

11 벵쌍 데꽁브, 박성창 옮김, 『동일자와 타자』(인간사랑, 1990), p. 139.
12 양운덕, "탈구조주의 이론의 기초", 한국 철학사상 연구회, 『시대와 철학, I』(동녘, 1991), pp. 144-145.

사임을 밝히면서, 합리성이란 큰 우산에 포함되지 않는 비합리적인 것에 고유의 목소리를 돌려주려 한다.

또한 푸코의 독특한 연구방법인 계보학적 연구방법에서도 총체화에 대한 거부의 일단을 찾아볼 수 있다. 계보학은 '계보'라는 말 그대로, 권력과 지식의 상호작용의 역사를 거슬러 올라감으로써, 권력과 지식이 만들어 내는 역사 공간 속에서, 권력의 기술technology of power에 억압당해왔던 지역적이고도 국부적인 민중의 역사를 포착하고, 그리고 이제까지 그 가치가 인정되지 못하고 종속되어 온 지식subjugated knowledge 형태들을 역사의 표면으로 끌어올려 그 역사에 목소리를 돌려주려는 것이다.[13] 계보학은 관념적인 의미현상이나 불확실한 목적론으로 된 메타 역사학적 전개와 대립된다.[14] 그것은 '기원의 추구와 대립된다. 그의 계보학적 연구는 권력/지식의 관계를 문제시하면서 이론이나 지식을 중시하기보다 삶과 현실 자체를 중시하고 거시적인 이론 체계속에 배제되어 있거나 가려있는 미시적 지식의 비중을 높인다. 그는 참된 지식의 이름으로 걸러내고, 위계화하고, 질서지우는 단일한 이론을 요구하는 것에 대항하며, 견고하고 동질적인 이론적 지형을 제공하려고 하지 않는다. 그래서 그는 국지적이고, 불연속적이고, 비특권적이고, 정당화되지 않은 지식에 머물고자 한다.[15]

데리다의 해체

데리다는 절대적인 기초나 제일 원리에 의존하는 모든 사고 체계에 대해 '형이상학적'이라는 꼬리표를 붙이고 이를 해체deconstruction*하려한다. 해체전략은 형이상학 그 내부에서 반대하는 전략이다. 이것은 계몽주의적 유산에 대한 게

---

13 M. Foucault, Gordon C.(ed.), Power and Knowledge,(Sussex : Harvester Press, 1980), 김성기, 앞의 책, p. 33. 재인용.

14 오생근, "미셸푸코의 사상적 변모", 『예술과 비평』, 90년 여름, p. 184.

15 M. Foucault, "Two lectures", Gordon, C. eds., Power / Knoweledge,(Panthon Books, 1980), p. 83.

18   포스트 모더니즘에서 본 영상콘텐츠

로 확인하고 다른 모든 것을 계속하여 의심한다는 사실로 부터 자아는 실체이며, 이 실체의 본질은 오직 사유함이다. 자아는 직접적인 인식이 가능한 유일한 존재이다. 그것은 확실히 알 수 있는 최초의 존재일뿐아니라 직접적으로 알 수 있는 오직 하나의 존재이기도 하다.[26] 데카르트적 주체는 사고하는 자아, 의식의 본질적 담지자, 이성이 녹아들어 간 실체이다.

데카르트적 주체는 칸트, 훗설을 거쳐 사르트르, 메를로-퐁티로 이어지는 근대적 주체의식을 형성한다. 근대적 주체의식의 특징은 그것 자신에게서 확고한 토대 내지 근거를 갖는다는 것이다. 즉 실체로서의 주체는 출발점인 동시에 회귀점이자 모든 사물을 평가하는 좌표계인 동시에 원점이다. 이와 같은 주체 개념에 따르면 모든 사물은 근거로서의 주체로부터 출발해서 생산되고 구성된다.[27] 즉 인간 경험 전체를 개인적 정신에 근거한 이성적 종합으로 통합 할 수 있다는 것이다.

▶ 푸코의 탈옥

푸코는 이러한 데카르트적 주체개념을 거부한다. 데카르트가 인간을 사유하는 확정된 실체로 간주하는 것은 이성의 이름으로 인간을 한 가지 색으로 칠하는 것에 다름 아니다. 푸코는 그동안 역사의 뒤안길에 감금되어온 미치광이, 죄수들에 촛점을 두어, 그들이 이성의 권력에 의해 억압, 배제되어온 역사를 기술하고, 이들의 삶을 새롭게 조명 해석하려하기 때문이다. 즉 푸코는 데카르트적 주체가 비이성적인 사람들을 배제시키거나 이성 중심적인 주체로 중립화 통합화시키는 것으로 파악한다. 사고하는 이성적 주체는 비이성적인 타자를 정상적

---

26 길재섭, 「포스트 구조주의의 주체와 컴퓨터 커뮤니케이션 연구」(고려대학교 석사학위 논문, 1992.) pp. 17-18.
27 이광래, 앞의 책, p. 32.

인 것으로 부터 구별, 분리, 격리, 감금, 제거하고, 또한 타자를 무장해제시켜 체계안으로 길들이고 흡수한다.[28] 따라서 푸코는 데카르트적 주체에 의해 규정된 타자, 즉 여성, 미치광이, 죄수와 같은 주변인들을 역사의 표면에 부상시킨다.

푸코의 『말과 사물』은 주체성의 형이상학으로서의 휴머니즘에 대한 비판적 인식의 소산이자 인간의 죽음을 선언하고 있다. 여기서 인간은 언어의 주체가 되지 못하고 언어와 글쓰기 속에 사라져버렸다는 인식은, 데카르트의 주체 개념과 같이 인간이 자기 자신에 대해 투명한 의식을 하고 자신의 욕망을 절제 혹은 통제할 수 있다는 형이상학적 주체성의 논리가 무너져 버렸음을 의미 한다.[29]

이상에서 처럼 주체에 대한 푸코의 입장은 세가지로 요약될 수 있다.[30] 그가 후일 고고학이라 부른 1960년대의 첫번째 입장은 광기와 이성이라는 반전reversal의 전략으로 이성주의자로서의 자아를 비판하는 것이고, 계보학이라 불리게 된 1970년대의 두번째 입장은 대체displacement의 전략으로 중심에 있는 의식으로서의 자아를 비판하는 것이다. 푸코가 윤리학이라 부르고자 했던 1980년대의 세번째 입장은 역사주의Historicism라는 전략을 사용하는 자아의 해석학으로, 그 강조점은 담론적 실천들에 있어서 자아구성self-constitution의 행위에 주어진다.

⠿⠿▶ 료타르의 언어유희

료타르는 탈현대적 주체가 다양한 언어게임들을 통해 형성되기 때문에, 데 카르트적인 사고하는 명중한 자아가 아니라 '타자'를 발견하는데에 촛점을 둔다. 즉 도덕적 윤리적 합리적 실체적이라는 기존의 형이상학적 자아에 자신을 복속

🛜 28 양운덕, 앞의 논문, p. 146.

🛜 29 오생근, 앞의 논문, pp. 192-193.

🛜 30 M. Poster, Critical Theory and Post structuralism,(Cornell Univ. Press, 1989), p161. 길재섭, 앞의 논문, p. 34. 재인용.

시키려하지 않고, 언어유희를 통해 규정되어 있지 않으며, 확정되어 있지 않는 자아를 자유스럽게 만들어 갈 수 있다는 것이다. 이제 탈현대의 주체의 중심은 다양한 언어 게임들의 그물망처럼 분산된다. 이러한 주체개념을 바탕으로 탈현대적 철학은 객관주의로 빠지지 않고 인간을 구성하는 다양한 언어유희들을 서술함으로써 인간의 자율성을 정당화하는 새로운 형식을 추구한다.[31]

▶ 데리다의 상실, 흩뿌림

데리다는 소쉬르를 비판하면서 그의 글쓰기 개념과 관련하여 주체문제를 언급한다. 데리다는 소쉬르가 언어를 '차이의 놀이' 체계로 설명하면서도 이러한 특성을 '말하기'에만 귀속시키고 글쓰기를 말의 표현 수단이며, 외적 장식물로 보는 점을 비판한다. 이러한 소쉬르의 관점은 음성중심주의, 이성중심주의의 대표적 예이다. 소쉬르에 따르면 내가 말할 때 내가 듣거나 해석하는 내 낱말들은 외적 물질적 대상이 아니다. 그것은 기표와 기의로 구성되는 음성speech언어일 따름이다. 말할 때 내 낱말들은 내 사고와 공존하고 투명한 기표들로 보인다. 이 때 음성은 사고의 직접적인 표명이다. 따라서 소쉬르의 언어관에서 언어는 본질적으로 이성의 자아의식에 연결되며 주체는 스스로를 스스로에게 나타낼 수 있도록 허용되어진다.[32]

그러나 데리다는 언어가 기표와 기의의 결합이라는 주장을 기표의 무한한 운동으로 반박한다. 그에 따르면 한 기표는 자신을 가리키지 않고 다른 기표와의 차이를 가리키며, 다른 기표 역시 또 다른 기표를 가리킬 뿐이다. 따라서 기표는

---

[31] 이진우, "장 프랑수아 료타르: 탈현대의 철학", 김욱동 엮음, 앞의 책, p. 241.

[32] C. Weedon, A. Tolson, F. Mort, "Theories of Language and Subjectivity", Culture, Media, Language,(Hutchinson, 1980), pp. 197-198.

의미화 작용이며, 기표에서 기표로의 운동이 있을 뿐이다. 글쓰기는 공간적으로 독립된 기표들로서만 있고, 공간적으로 독립된 기표들은 그것들 사이를 지나가는 공간적으로 독립된 운동에서 존재하는데 이 운동은 멈출 수 없는 것이다. 그러므로 기표가 지시하는 바는 타자와의 차이와 그 흔적이며, 그 자체는 서로 연결되고 지시하는 다른 기표들의 연쇄 운동에 의해 그 내용이 무한히 지연되는 운동 differance [33] 가운데 있다. 이렇게 운동하는 기표는 그것의 끊임없는 상실이며, 타자들의 흔적이 새겨진 것이며, 흩뿌림으로 나타난다. [34] 이처럼 데리다는 초월적이고 고정된 기의들의 개념을 버리고 쓰여진 텍스트들 안에 있는 의미의 흔적들에 초점을 맞추면서, 발화 주체의 재개념화의 길을 열고 있다. 이때 발화 주체는 발화 행위들을 의도하는 기원자로서가 아니라 언어 구조의 효과로 여겨지며, 또한 글쓰기의 주체는 모든 과정을 지배하는 주인이 아닌 것이다. [35]

◦▷ 보드리야르의 허상

보드리야르에 따르면 탈현대는 매체의 의한 기호와 시뮬레이션simulation 생산으로 특징지어지는 것으로 파악하고, 대중매체가 탈현대의 중요한 구성 인자로 본다. 이 매체들은 기호와 실재가 아닌 모형과 모방물을 대량생산해서 사회와 일상 생활의 전영역에 신속하게 전파한다. 이처럼 매체에 의한 이미지, 기호, 코드의 재생산은 기호의 초이데올로기super-ideology, 기표의 일반적 조작화와 연결된다. 여기서 기호에 의한 통제는 차별을 분절화하고-계급, 성, 인종, 정치적 결합-개인들을 정해진 사고와 행위 양식으로 채널화하면서 다른 가능성을 막는다. 형식-기호가 사회 전과정에 적용되고, 그것이 대부분 무의식적인 것으로 되

---

33 차연에 대해서는 3)' 언어의 지시적 기능에 대한 불신'에서 살펴볼 것이다.
34 양운덕, "탈구조주의의 이성에 대한 반역", 미발표문, p. 17.
35 길재섭, 앞의 논문, p. 32.

포스트 모더니즘에서 본 영상콘텐츠

므로 기호통제는 더욱 효과적이 된다.[36]

또한 기호에 의해 형성된 과장된 실재hyper-reality속에서 개인은 실재와 무관한 상품기호, 매체가 만들어 낸 상과 의미, 표현 시뮬레이션의 세계 안에 산다. 즉 그들은 상대적이고 관념론적이며 상상적인 우주속에 살게 되며 이제 더 이상 데카르트적 주체는 설 땅이 없게 된다. 보드리야르에 따르면 대중은 기호 체계에 의해 구성된 수동적 무리이고, 모델과 시뮬레이션의 체계에 빠져 있는 상태에서 그 체계 안에서 주어져 있는 가능성들을 선택할 뿐이다. 그는 이러한 대중을 스폰지와 같은 존재로 본다. 그는 대중이 일상의 관성에 그저 따라가며, 무기력하며, 침묵하는 존재로 보는 것이다.[37]

언어의 지시적 기능에 대한 불신 – 지고지순한 언어는 없다

전통적인 언어학에서는 언어와 사물이 일대일로 대응하고 있는 것으로 파악한다. 즉 언어적 기호가 물질적 실재를 정확하게 재현하고 있다는 것이다. 그러나 소쉬르에 따르면 언어적 기호란 자의적인 것이며, 의미들은 기의들소리, 이미지을 기의들개념에 자의적으로 연결시키는 것을 통하여 언어체계 스스로 내에서 고정되어지는 것이다. 기호가 자의적 성격을 가진다는 것은 언어적 기호와 물질적 실재 사이에는 아무런 자연적이고 선험적인 연관이 없음을 의미한다. 이런 점에서 소쉬르는 전통적인 언어관에서 상당히 일탈하고 있다. 그럼에도 불구하고 소쉬르는 기표와 기의의 임의적인 결합을 통해 선험적이고 고정된 의미를 창출한다고 주장함으로써 언어의 지시성을 상정하고 있다.

---

36 J. Baudrillard, The Mirror of Production, p. 73, 123.

37 양운덕, op. cit, p. 187.

언어의 이런 지시성과 고정된 의미는 후기구조주의에서 불신된다. 후기구조
주의에서는 기의 보다는 기표가 강조되며, 기표와 기의의 일대일 대응관계는
존재하지 않는다.

⏩ 데리다의 차연(differnace)

데리다는 이러한 입장을 잘 대변하고 있다. 데리다는 앞서 살펴본 것처럼 소
쉬르의 비판을 통해 그의 입장을 개진하고 있다. 그에 따르면 소쉬르는 다음 세
가지 점에서 중대한 과오를 범하고 있다고 지적한다.[38] 첫째, 소쉬르는 문자적
언어, 즉 글이나 텍스트성보다는 오히려 음성적 언어, 즉 말에 특권을 부여함으
로써 음성 중심주의를 신봉하였다. 둘째, 소쉬르는 언어의 의미의 다원성이나
의미의 변화를 전혀 인정하지 않는다. 세째, 소쉬르는 언어적 부호가 이미 고정
된 의미를 지니고 있을 뿐만 아니라, 그 의미 또한 합리적인 화자의 자의식을 통
해서 인지되는 것으로 파악하였다. 이러한 소쉬르의 입장은 데리다에게서 로고
스 중심주의, 음성 중심주의의 산물에 지나지 않는다. 데리다는 소쉬르와 달리
언어 외적인 지시 대상과는 전혀 관련이 없는 순수하고 단순한 '떠다니는 기표
체계a system of floating signifiers'만을 믿는 것이다.[39]

데리다는 '차연Differance'이라는 핵심적인 개념을 사용하여 소쉬르의 로고스
중심주의를 해체하려 한다.

> "Differance는 사물의 요소들이 서로 언급하는 방법인 차이와 차이들의 자
> 취와 간격espacement의 유희를 의미한다. 이 간격은 그것이 없이는 용어가 '완벽하
> 게' 표시할 수 없고 기능할 수 없는 능동적이면서도 수동적인 막간을 의미한다.

[38] 김욱동, 앞의 책, p. 41.
[39] M. Sarup, op. cit, p. 3. 1

differance에서의 'a'는 능동적인 것과 수동적인 것 사이의 비결정성을 나타내고 있으며 이원론적 반대개념에 의해 조직되거나 지배받을 수 없다는 속성을 의미하고 있다."[40]

"첫째, differance는능동적이건 수동적이건 간에 지연, 유예, 우회, 연기에 의해서 유보되는 것을 의미한다. 둘째, differance는 감성적/지성적, 직관/의미, 자연/문화 등과 같은 서구의 언어를 특징짓는 모든 이원론적 대립 개념의 근거에서 서로 다른 것들을 산출하고 또 구분하는 것을 의미한다."[41]

언어의 비결정성과 비종결성을 강조하는 '차연'이라는 용어는 상징언어으로 표현된 것은 실재와 다를 수 밖에 없다는 의미에서 '차이differentiation', 동시에 상징언어를 통한 어떤 재현representation의 노력도 실재의 재현을 지연시키는 상징의 사슬을 만들어 갈 뿐이라는 의미에 서 '지연deferring'의 의미를 가지는 것이다.[42] 즉 하나의 텍스트 속에서 어느 한 요소의 의미는, 그것이 연관과 맥락에 의해 그 텍스트 내의 다른 요소들과 상호 연결되어 있기 때문에, 결코 완전히 현존fully present할 수는 없게 된다. 따라서 그것의 의미는 영원히 '차이'를 갖게 되며 끝없이 '지연'되는 것이다. 요소들은 단지 서로서로 응시하며 '지시하고 있을 뿐이고, 기표는 또 다른 기표로서 불안하게 유희하게 될 어떤 기의를 지시해줄 뿐이다. 이런 '간텍스트성intertextuality'이란 특징으로 존재하는 텍스트는 결국 의미의 무한한 '산포dissemination'로 열려 있다.[43] 데리다는 다음과 같이 말하고 있다.

"산포는 비록 무수한 의미론적 효과를 생성시키지만, 그것은 결코 완전한 근원으로서의 현재나, 종말론적인 있음으로 인도될 수 없다. 그것은 환원 불가능한 생성적 다양성에 관심한다. 보족과 어떤 결핍의 분란이 텍스트의 한계를 부숴뜨리고, 텍스트의 철저하다거나 폐쇄된 형식화를 금지한다. 혹은 적어도 그 주제나

🛜 **40** J. Derrida, Position, p. 27.

🛜 **41** Ibid., pp. 80-89.

🛜 **42** 오창호, 「커뮤니케이션의 실천성에 관한 연구」,(고려대학교 석사 학위논문), 1991, p. 18.

🛜 **43** 서강목, "포스트모더니즘을 어떻게 볼 것인가", 『실천과 문학』,(실천과 문학사, 1990, 겨울), p. 317.

그 기의, 그 의미의 완전한 분류학을 금지하는 것이다." [44]

⏩ 푸코의 언술

푸코는 '언술'이라는 개념을 도입한다. 언술은 사회적 제도 안에서 사회를 구성하는 원칙, 즉 사고 유형과 개별적 주체로 파악될 수 있다. 그런데 이 언술은 합리적이고 자기 현존적인 휴머니즘의 주체를 탈중심화시킬 뿐만 아니라, 언어를 통해 주관성과 의식을 사회적으로 만들어내는 역할을 한다. 이 경우 언어는 추상적 체계가 아니라 사회적 또는 역사적으로 다양한 언술 안에 항상 위치해 있는 실체이며, 언어의 의미 또한 언어로 표현되기 이전부터 존재해 있지 않는다. 따라서 언어는 휴머니즘적 언술의 경우처럼 투명한 매체도 아니며, 그렇다고 실제 세계를 표현하고 지시하는 기능을 담당하지도 않는다. [45]

⏩ 보드리야르의 기호 침투

보드리야르에 따르면 앞서 살펴본 것처럼 매체에 의해 생산되는 의미의 덩어리들이 탈현대의 일상생활 곳곳에 침투해 들어온다. 그에게서 일상생활의 모든 대상들은 기호이며, 이 기호는 지시적 기능을 갖지 않는다. "이제 기의와 지시 대상은 코드가 더 이상 주관적이거나 객관적인 어떤 '실재reality'도 지시하지 않고 그 자신의 고유한 논리만을 지시하는 기표들의 놀이, 보편화된 형식화에 의해 소멸된다." [46]

📶 **44** J. Derrida, op. cit, p. 45.

📶 **45** 김욱동, 앞의 책, p. 43.

📶 **46** J. Baudrillard, The Mirror of product ion, p. 127.

이처럼 보드리야르는 언어철학이나 형이상학의 이전 단계에서 낱말이 대상을 지시하고, 재현이 실재를 지시한다고 믿었던 것을 비판한다. 기호들은 그 자체의 논리와 법칙에 따라서만 작용한다. 그리고 모든 의미와 사용가치는 기호의 코드에 둘러싸여 있다. 그는 모든 현실이 기호 제작자의 조작, 구조적 시뮬레이션의 장소가 된다고 본다.[47] 이러한 탈현대에서는 모델이나 코드가 사회적 실재를 구조화하고, 모델과 실재 사이의 경계가 내파되므로, '실재'는 경험되지도 경험의 근거도 아니라고 본다.[48]

📶 **47** ibid., p. 128.

📶 **48** 양운덕, 앞의 논문, p. 185.

참고문헌 📖

[국내문헌]

- 강건욱, 「미셸푸코가 제시한 '인간제어권력'의 정보사회 적용에 관한 연구」, 서울대학교 석사학위 논문, 1992.
- 길재섭, 「포스트 구조주의의 주체와 컴퓨터 커뮤니케이션 연구」, 고려대학교 석사학위 논문, 1992.
- 김봉수, "의미론의 제학설에 대한 검토", 『철학연구 제8집』, 1978.
- 김성곤, 『탈구조주의의 이해』,(민음사, 1990).
- 김성기, 『포스트 모더니즘과 비판사회과학』,(문학과 지성사, 1991).
- 김승현, "매스미디어와 권력", 『세계의 문학, 가을호』,(민음사, 1992).
- 김용호, 『문화적 허구의 해체를 위한 기호론적 접근, 서강대학교 박사학위 논문, 1991.
- 김욱동, "포스트 모더니즘과 포스트 구조주의", 김욱동 엮음, 『포스트 모더니즘과 포스트 구조주의』,(현암사, 1991).
- 구효서, "뛰는 독자, 걷는 작가, 『현대비평과 이론, 4호, 가을, 겨울호』,(한신문화사, 1992),
- 도정일, "포스트모더니즘 - 무엇이 문제인가?", 『창작과 비평』, 1991년.
- 동아일보, 92년 6월 4일자., 92년 6월 15일자.
- 뱅쌍 데꽁브, 박성창 옮김, 『동일자와 타자』,(인간사랑, 1990).
- 서강목, "포스트 모더니즘을 어떻게 볼 것인가?", 『실천과 문학』,(실천문학사, 1990년 겨울).
- 설성수, "PC통신과 온라인 경제정보", 『이성과 현실』, 1991.
- 소두영, 『구조주의』,(민음사, 1984).
- 이종진, 『컴퓨터 게시판의 이용실태에 관한 연구』, 중앙대학교 석사학위 논문, 1989.
- 양운덕, "탈구조주의 이론의 기초", 한국철학사상 연구회, 『시대와 철학 3호』,(동녘, 1991)., "탈구조주의의 이성에 대한 반역", 미발표문, 1991.
- 오생근, "미셸푸코의 사상적 변모", 『예술과 비평』, 90년 여름.
- 오창호, 『커뮤니케이션의 실천성에 관한 연구』, 고려대학교 석사학위 논문, 1991.
- 원우현, 『현대 미디어 이론』,(나남, 1988).
- 이광래, 『미셸 푸코』,(민음사, 1991).
- 이승환, 『컴퓨터 커뮤니케이션 확산에 상호작용성이 미치는 영향에 관한 연구』, 고려대학교 석사학위 논문, 1991.
- 이제현, 『인간 커뮤니케이션에 대한 가다머의 해석학적 고찰』, 서울대학교, 석사학위 논문, 1987.

- 이진우, "장 프랑수아 료타르 : 탈현대의 철학", 김욱동 엮음, 『포스트 모더니즘과 포스트 구조주의』,(현암사, 1991).
- 임상원, "커뮤니케이션 이론의 규범적 가치", 한국언론학회, '언론과 사회' 연구분과 발표문., 『커뮤니케이션 모델』,(나남, 1988).
- 장경렬 역, "Deconstruction에 대하여", 『현대비평과 이론』,(한신문화사, 1992년, 봄), "컴퓨터 글쓰기 무엇이 문제인가?", 『현대비평과 이론 4호, 가을, 겨울호,(한신문화사, 1992),
- 전석호, "정보사회와 뉴미디어 개관", 『정보사회와 언론』,(한국언론연구원, 1987)
- 정연걸, 『후기 비트겐슈타인의 이해를 통한 인간 커뮤니케이션 접근』, 서울대학교 석사학위논문, 1988.
- 조선일보, 92년 7월 18일자.
- 조용길, "PC통신의 현황 및 발전방향", 『통신정책 동향, 8호』,(1988, 여름).
- 차배근, 『커뮤니케이션 개론 상』,(세영사, 1989),
- 한광접, "미국 텔레커뮤니케이션 정책의 흐름과 한국의 과제", 『방송연구』,(1991, 겨울).
- 한국 PC 통신(주) 보도자료.
- 한겨레 신문, 1992년 7월 5일 자.
- 황현용, 『가자, PC통신의 새로운 세계로』,(지원사, 1992).

[외국문헌]
- Baudrillard. J., The Mirror of Production,(St Louis: Telos Press, 1975).
- Bell.D., "Communication Technology : For Better or For Worse ?", Salvaggio.J.L.,(ed.), The Informat ion Society,(LawrenceErlbaum Association, New Jersey, 1989).
- Berlo, D., The Process of Communicat ion,(San Francisco : Holt, Rinehart and Winston, 1960).
- Blake. R.M. & Haroldsen.E.O., A Taxonomy of Concepts in Communicat ion, (N.Y. : Hastings House, 1975).
- Compaine. B, M., "Content, process, and format: A new framework for the media arena", in Understanding New Media,(Cambridge, MA:Ballinger, 1987).
- DeFleur.M., Theories of Mass Communicat ion,(N. Y. : David Camp, 1970).
- Derrida. J., Of Grammatology, trans. Gaya Spivak,(Baltimore: The Johns Hopkins U.P., 1980)., Positions, trans. Alan Bass,(Chicago: Univ. of Chicago Press, 1981). 박성창 편역, 『입장들』(솔 출판사, 1992)., Writing and difference, trans. Alan Bass,(Chicago: Univ. of

Chicago Press, 1978).

- Dizard.W.P.Jr., The Coming Informat ion Age,(Longman, 1989).

- Elaine B.Kerr and Starr Roxanne Hiltz, Computer-Mediated Communication Systems,(Academic Press, 1982).

- Festinger,L.A., A Theory of Cognitive Dissonance,(N.Y. : Row and Peterson, 1957.).

- Fiske.J., Introduction to Communication Studies,(London: Methuen, 1982).

- Foucault.M., "Two lecture", C. Gordon(ed.), Power and Knowledge,(Panton Books, 1980). 홍성민 역, 『권력과 지식 : 미셸 푸코와의 대담』,(나남, 1991)., Discipline and Punish,(Harmondsworth, Penguin, 1977).

- Harari.J.V., Textual Strategies : Perspectives in Post-Structuralist Criticism,(Ithaca: Cornell U.P., 1979).

- Heider, F., "Attitudes and Cognitive Information", in Journal of Psychology, 21:107-12, 1946.

- Horkheimer. M. & Adorno. T.W., Dialectic of Enlight enment,(N.Y. : Continuum, 1972).

- Hovland.C.I. & Janis. I.L.,(ed.), Personality and Persuasibility,(New Haven: Yale U.P., 1959).

- Kiesler.S., Siegel.J.,and McGuire. T.W., "Social Psychological Aspects of Comput-er-mediated Communication", Finnegan. R., Salaman. G., and Thompson. K.,(ed.), Information Technology : Social Issues,(Hodder and Stoughton, Open Univ., 1987).

- Kellner.D., Jean Baudriallard,(California: Stanford U.P., 1989).

- Lasswell.H.D., "The Structure and Function of Communication in Socity", Lyman Bryson(ed.), The Communication of Ideas,(N. Y. : Harper & Row, 1948).

- Lee Thayer, "On the limits of western communication theory", Conmunication, vol.4,(G.B.S.P. London, 1979).

- Littlejohn. S.W., Theories of Human Communication,(California : Wadsworgh, 1983).

- Lyotard. J.N., The Post modern Condition : A Report on Knowledge,(Univ. of Minnesota Press, 3rd printing, 1985).

- McLeod. J.M., & Blumler.J.G., "The Macroscial Level of Communication Science", llandbook of Communication Science,(Sage, 1987).

- McQuail.D., Mass Conmunication Theory: An Introduction,(Sage, 1987).

- Newcomb.T., "An Approach to the Study of Communicative Acts", in Psychological Review, 60:393-404, 1953.

- Ogden.C.K. & Richard. I.A., The Meaning of Meaning,(London, 1972).
- Osgood, C., "On Understanding and Creating Sentences". American Psychologist 18, 1968.
- Pool.I., "Technology and Policy in The Information Age", in Lerner & Nelson, L, M., Communicat ion Reaserch - A Half Centry Appraisal,(Univ. of Hawaii Press, 1977).
- Poster.M., Critical Theory and Post structuralism,(Cornell Univ. Press, 1989)., The Mode of information,(Polity Press, 1990).
- Rogers. E.M., Communication Technology,(Fress Press, A Division of Macmillan, Inc, 1986).
- Ruben. B.D., Communicat ion and Human Behavior,(Macmillan, 1988).
- Sarup.M., An Introductory Guide to Post-structuralism and Postmodernism, (Univ. of Georgia Press, 1989). 임헌규 편역, 『데리다와 푸코, 그리고 포스트 모더니즘』,(인간사랑, 1991).
- Schment. J.R. & Lievrouw. L. A., Compet ing Visions : Complex Realities, (Ablex Publishing Corporation, Norwood, New Jersey, 1987).
- Schramm. W., "How Communication Works", in Schramm. W.(ed.), The Process and Effects of Mass Communication,(Urbana : The Univ. of Illinois Press, 1954).
- Shanon. C. & Weaver, W., The Met hemat ical Theory of Communicat ion, (Urbana: Univ. of Illinois Press, 1949)
- Weedon. C., Tolson. A., and Mort .F., "Theories of Language and Subjectivity", Culture, Media, Language,(Hutchinson, 1980).
- Westley, B. H. and MacLean, M., "A Conceptual Model for Mass Communication Research", in Journalism Quarterly, 1957.
- Williams. F., Technology and Communicat ion Behavior,(Belmont, CA: Wadsworth Pub., 1987).

Chapter 02

푸코는
드라마 제작과정을
어떻게 보았을까?

이 글은 저자의 「TV 드라마 제작과정에서 나타난 규율권력-미셸푸코의 권력이론을 중심으로, 고려대 대학원 박사학위논문, 2007」의 일부이다. 저자가 PD시절에 제작한 '학교 이야기' 드라마를 푸코의 권력이론을 적용하여 살펴본 것이다.

01

미셸 푸코의
권력이론과 규율 권력

권력이론의 전개과정

권력에 대한 푸코의 관심은 그의 모든 저작물에서 찾아볼 수 있다. 푸코는 그의 박사논문《광기의 역사1961년》에서 부터《임상의학의 탄생1963년》,《말과 사물1966년》,《지식의 고고학1969년》,《감시와 처벌1975년》《성의 역사1, 2, 31976-1984년》에 이르는 저작을 통해 권력과 지식이 결합하는 방식을 드러내고 그것이 특정 사회의 제도나 기구로 변형되어 고착되어 가는 과정에 대해 기술했다.

푸코의 저작은 권력의 테크놀로지들이 사용되게 되는 특별한 계기들과 효과들 그리고 그것들과 연관된 합리성이라는 문제에 집중한다. 권력이 행사되는 양식에 대한 비판적 분석에 있는 것이다Smart, 1986, 212-213쪽 참조. 푸코는 권력이 무엇인지에 대해 의문을 품는 것이 아니라 권력관계가 어떻게 합리화되고 있는지에 대해 문제를 제기한다. 그에 따르면 정신질환자나 광인에게 행사되는 권력에 대한 비판이 정신병치료 제도에만 한정될 수 없다고 지적하면서 이들의 존재를 합리화하는 방식과 제도에 대해 관심을 기울어야 한다고 말한다.Foucault, 1981, 83쪽 참조

예를 들어 의사는 사람의 신체와 건강, 삶과 죽음에 대해서 통제되지 않는 권력을 행사하는데 이는 왜 그럴까? …사람들은 개인들에 대해 행사된 권력을 비판한다. 이들은 주적chief enemy을 찾는 것이 아니라 눈앞의 적을 본다. 지식, 권한, 자격 등에 연결되어 있는 권력효과를 눈여겨 봐야 한다. 지식이 순환하고 기능하는 방식과 지식이 권력과 맺는 관계를 볼 수 있어야 한다. 지식의 제도가 문제인 것이다.Foucault, 1982, 90-91쪽 참조

푸코는 계속해서 권력의 테크닉technique과 형식을 공격해야 한다고 말한다. 왜냐하면 권력의 형식은 즉각적인 일상생활에 적용되어 개인을 범주화하고, 개인을 자신의 개별성에 의해 특징짓고, 개인을 자기의 고유의 정체성에 밀착시키기 때문이다Foucault, 1982, 92쪽 참조.

나의 문제는 진리놀이들이 어떻게 자신을 권력관계에 연결될 수 있는 위치에 놓는가를 알고자 하는 것입니다. 예를 들어 광기의 의학화, 즉 '미친' 것으로 낙인찍힌 개인들에 대한 의학적 지식의 조직화는, 전체적 사회적 또는 경제적 과정뿐 아니라 권력의 실천 및 제도들과도 연결되어 있습니다. … 내가 말하는 '놀이'란 진리를 생산하기 위한 규칙들의 종합체입니다Foucault, 1984, 119-120쪽.

푸코는 자유로운 주체의 권력놀이를 분석해야 한다고 지적한다. 여기에서 자유로운 주체란 권력에 저항할 수 있는 자유, 권력에 순종할 것을 거부할 수 있는 자유를 가진 주체를 말한다. 따라서 저항할 수 있는 자유로운 주체는 권력의 존재 조건이 된다. 권력의 모든 지점에 자유로운 주체의 저항이 있고 또한 자유로운 주체의 저항이 있는 어떤 곳에도 권력이 있다.

푸코의 권력논의를 그의 저작을 통해 살펴보면 다음과 같다.

⏩ 광기의 역사

《광기의 역사》에서는 한 시대의 합리성, 즉 지식으로 정교하게 무장한 권력이 그 시대의 광기를 어떻게 정의하고 조작했는가를 보여주고 있다이정우, 2005, 68쪽. 푸코에 따르면 17세기부터 광기는 눈치 챌 수 없을 정도로 서서히 이성의 영역으로 옮아간다Foucault, 1961, 310쪽. 고전주의 시대 이전에 광인들은 배에 실려 이 도시저 도시를 떠다니는 정도의 수용을 당한다. 소위 '광인들의 배'를 타고 광인들은 인간세상에서 보통 사람들과는 조금 다른 '인간'으로서 공존했다. 그러나 고전주의 시대 이후에는 '광인 구빈원'이라는 사회적 시설에 광인들은 감금되게 된다. 광인들의 수용은 이성의 이름으로 이제 고착화되는 것이다.

> 르네상스 시대의 하늘로 까지 광기를 팽창시켰던 그 상상력의 자유로부터 광기는 이처럼 뿌리 채 뽑혀나간다. 얼마 전까지만 해도 광기는 환한 대낮에 논의되었다. '리어왕'을 보라. '돈키호테'에서도 그랬다. 그러나 반세기도 안 되어 광기는 갇히고 고립되었으며 수용의 요새에서 이성에, 도덕규범에, 그리고 도덕규범의 획일적 어둠에 묻혀버렸다Foucault, 1961, 64쪽.

광기는 이성, 도덕규범으로 위장된 권력에 의해 수용의 요새, 즉 질병이라는 새로운 공간에 편입된다. 푸코에 의하면 질병은 이성의 활동이자 활동 중인 이성이게 된다. 질병은 질서를 따르게 되고, 질서는 각 증후의 조직화 원리로서 은밀히 현존하게 한다Foucault, 1961, 327쪽. 질병은 개인의 건강 복지를 위해 치료되는 것이 아니라 질서를 유지하기 위해, 즉 전체 사회의 건강성이 지속되기 위해 관리된다는 것이다. 따라서 광기는 이제 합리성 구조사회 질서 또는 앎의 구조 속에 강제로 편입되고 비이성적인 것으로 분류되면서 권력 작용의 결과물로서 규정되어 존재하게 된다.

18세기 말까지 광인의 세계는 광인을 감금하는 추상적이고 얼굴 없는 권력에 의해서만 지배되었고…감시인은 무기도 속박의 수단도 없이 시선과 언어만으로 활동을 벌이고…Foucault, 1961, 747쪽

광기가 정상과 비정상의 분류표에서 비정상으로 분류되면서 일정한 공간에 감금되게 된다. 이와 마찬가지로 구빈원이라는 공간에서는 가난한 사람들도 수용되게 되는데, 이들의 감금 이유는 경제력이 없는 사람에 대한 보호 때문이 아니라 규율을 위반할 가능성이 높기 때문이다.

가난의 근원은 물품의 부족이나 실업이 아니라 '규율의 약화와 풍기의 문란'이라는 점…도덕과 관련된 것이다. …따라서 구빈원에는 강제 노역자의 측면뿐만 아니라 이보다는 오히려 도덕의 어떤 '공백'부분, 다시 말해서 재판소에 회부될 만하지는 않지만 준엄한 회개만으로는 고칠 수 없을 과오를 징벌하고 바로잡을 책임이 있는 기관의 측면이 있다. 이처럼 구빈원은 윤리적 지위를 갖는다. 구빈원의 원장이 맡고 있는 것은 바로 이 도덕적 책무인데, 원장들에게는 탄압의 사법적이고 물질적인 도구 전체를 사용할 권한이 주어진다. '그들은 허가, 지시, 행정, 치안, 재판, 체벌, 징벌의 모든 권한을 갖는다Foucault, 1961, 158쪽.'

이처럼 '구빈원'은 규율을 어겼다고 간주되는 가난한 사람들을 징벌하고 교정하는 일종의 수용시설로 존재했다. 이러한 수용시설은 사회 전 영역에 걸쳐 규율이 의심 없이 작동될 수 있도록 하는 통치행위와 직접적인 관련을 맺게 된다. 구빈원의 원장이 이러한 통치행위의 중심에 있는데, 이는 정신병원을 관장하는 의사의 역할과 비슷하다. 의사는 광기를 단순히 치료하는 사람이 아니라 도덕, 종교, 심리학 등을 동원해서 권력이 만들어 놓은 질서에 광인들을 편입시키려는 권력의 복무자이다. 고전주의 시대에 수용시설은 통치개념이 가장 치밀하게 형상화된 상징인 것이다Foucault, 1961, 163쪽.

의사들이 오늘날 정신병원에서 군림하는 것은 정복의 권리에 따른 것도 아니고 그들의 박애주의나 과학적 객관성에 대한 관심의 생생한 활기 덕분인 것도 아니다. 그것은 100여 년 전부터 점차로 광기와 비이성을 몰아낸 사회적이거나 정치적인 모든 행위와 상상적이거나 도덕적인 모든 의례의 재조정으로 말미암아 수용자체가 치료의 가치를 띠었기 때문이다Foucault, 1961, 677쪽.

수용시설 그 자체가 권력의 작동 메커니즘을 뒷받침해 주는 지식의 형태를 띤다. 지식은 광기를 비정상으로 규정하고 가난한 사람들을 도덕적이지 못한 사람으로 판단하도록 하는 일정한 기준으로 작용한다. 따라서 《광기의 역사》에서 푸코는 지식의 형태로 치밀하게 무장한 권력이 어떻게 광기를 배제했는지를 분석하고 있다.

임상의학의 탄생

《임상의학의 탄생》에서는 임상의학의 형성과 변환이 이루어진 인식론적인 공간을 기술하고 있다. 인식론적 공간이란 인식을 가능하게 해주는 언어적, 사회적 조건들 내지 그들의 관계 맺음의 양태를 말한다이정우, 2005, 90쪽. 푸코에 따르면 임상의학의 탄생을 가능하게 한 언어적, 사회적 조건들은 다름 아닌 의학적 시선의 권력이라는 것이다.

우리가 주목해야 할 것은 '보임'과 '보이지 않음'을 이분법적으로 구분했던 근원에 어떤 힘이 작용해서 '말해지는 것'과 '말해지지 않는 것'을 구분하게 되었느냐 하는 것이다. 우리가 관심을 기울여야 하는 대목은 의사들이 질병으로 가득 찬 인간의 몸 위에 수다스러운 시선을 던져왔는데도, 일정한 분절을 통해서만 비로소 가능했던 이른바 병리학이 탄생하기 위해서 '어떤 공간화'와 '언어화'가 필요했는지를 밝히는 것이라 하겠다Foucault, 1963, 16-17쪽.

의학적 시선은 질병에 관해 일정한 규칙성을 만들어 냄으로써 '보이는 질병'을 만들어 낸다. 이러한 규칙을 가진 '보이는 질병'들은 분류되기 시작하고, 축적된 이들 분류표는 의학적 지식이 된다. 물론 이 과정에서 개인에 대한 기록들이 자연스럽게 쌓이게 된다. 개인의 혈통, 가족관계 등에 대한 기록들을 통해 의학적 시선은 개인에 관한 지식도 창조하게 된다.

이제 의학은 병을 고치기 위한 기술적인 영역에 한정되는 것이 아니다. 확장된 의학의 범위가 포괄해야 할 대상은 건강한 사람을 관리한다는 것이었는데, 여기에서 건강한 사람이란 병에 걸리지 않은 상태를 넘어서 정상적인 사람의 이상을 말하는 것이다. 사람을 관리한다는 것은 이제 규범적인 문제가 되어 단순히 건강한 삶의 방향을 제시한다는 차원을 넘어서, 사람과 사회가 맺고 있는 육체적이며 도덕적인 관계까지 담당하게 되었다. 의학이 군대에서는 어느 정도 훈련을 해야 하며, 자식은 몇 명을 낳아야 하고, 노동시장의 규모는 얼마나 되어야 하는지를 결정하기에 이른 것이다Foucault, 1963, 76쪽. 또한 의사의 역할도 의학적 시선이 규범의 영역에까지 뻗어 나가게 한다.

> 의사들이 국가정책과 유기적으로 연계되어 의사의 행위가 적극적인 영향력을 행사하게 되었다. 이제 의사들은 병원에 앉아 수천 명의 환자를 진찰하는 지겨운 일 대신에 새로운 임무를 부여받았으니, 바로 사람들의 생활 속에서 건강과 덕목과 행복의 지표를 관리하는 책임자가 된 것이었다. 의사들은 축제일과 노동시간을 배분하고 지나치게 가라앉은 기분을 고양시키며, 다른 한편으로 사람들이 무슨 책을 읽고 어떤 영화를 보는지 감시하고, 때로는 결혼식을 사생활의 차원이 아니라 국가의 정책에 들어맞는 행복의 조건이 되도록 통제할 수 있게 되었다Foucault, 1963, 75쪽.

이처럼 의사와 의학은 '알고 결정하는 시선', 즉 '지배하려는 시선'으로 일상생활의 전 영역에 깊숙이 들어와 있다Foucault, 1963, 157쪽. 18세기 유럽에서 발생한 전염병을 퇴치하기 위해 경찰력이 동원되면서 의학이 지식-권력의 한 축을 차지했다는 푸코의 분석은 이러한 사실을 잘 말해 준다. 푸코는 이와 같이 임상의학의 탄생 과정을 분석하면서 의학적 지식의 형태로 잘 보이지 않게 나타나는 권력에 대해 말하고 있다.

푸코에 의하면 어떠한 권력의 효과가 과학적 진술의 주위를 맴돌고 있으며, 무엇이 권력의 내적 체계를 구성하며, 어떠한 순간에 어떠한 이유로 진술의 체계가 일대 변화를 겪게 되느냐를 밝혀내는 것이 중요한 과제가 된다. 따라서 《말과 사물》에서 푸코는 이러한 서로 상이한 진술의 체계를 밝히려 한다Gordon, 1980, 145쪽.

⫸ 말과 사물

《말과 사물》에서 푸코는 언어와 사물과의 관계가 역사적으로 어떻게 변화되어왔는지를 살펴보면서, 언어와 사물의 관계가 어떤 기준에 의해 누가 변화시키는가에 관심을 두었다. 다시 말해 《말과 사물》은 어떤 사회가 사물과의 사이에 유사함을 어떻게 반영하는가를, 또는 사물과의 사이에 상이함이 합리적인 도식을 따라 조직망으로서 어떻게 조직화될 수 있는가를 보여주는 역사라고 할 수 있다이광래, 1987, 446쪽. 푸코에 따르면 특정 시대의 언어와 사물의 관계, 즉 기호와 그 기호가 지칭하는 대상의 일치성을 결정하는 것은 잘 짜여진 규칙의 그물이다. 사물을 지칭하는 언어는 반드시 규칙의 그물을 통과하도록 되어있다. 규칙의 그물은 다름 아닌 규범 또는 규율이며, 이는 곧 권력에 다름 아니다. 이러한 권력은 시대에 따라 다른 규칙을 만들어 내며 이들 규칙에 따라 기호의 대상 재현성, 또는 기호와 사물과의 일치성 정도가 결정되게 된다. 따라서 일상생활을 관통하는 미세한 권력의 그물망에 의해 언어와 사물의 관계는 변화하는 것이다.

푸코는 동물에 대한 중국의 한 백과사전을 인용하면서 언어의 충일한 단일성을 비판한다. 이 백과사전은 '황제에 속하는 동물'에서부터 시작해서 '멀리서 볼 때 파리처럼 보이는 동물'에 이르기까지 동물에 대해 다양하게 분류하고 있다 Foucault, 1966, 11쪽. 이와 같이 푸코는 동물에 대한 다양한 분류, 다시 말해 대상을 다양하게 나누어 보는 존재론적 분절에 주목함으로써 언어의 순수한 지시성에 반대하고 있다. 그리고 이러한 존재론적 분절 저변에는 소위 객관적인 기준이 작동하고 있는데, 이 기준이 규칙의 그물망이며 미세한 권력의 또 다른 작동양식이라는 것이다.

이와 관련하여 푸코는 '유사성'이라는 르네상스 시대의 에피스테메가 '동일성'과 '차이'라는 고전주의 시대의 에피스테메로 분절되어 나타난다고 지적한다. 그는 세르반테스의 돈키호테를 예로 들면서 기호와 존재가 유사성을 매개로 함께 공존하지 않음을 말하고 있다.

《돈키호테》는 유사성과 기호 사이에서 이루어졌던 상호작용의 종식을 보여주는 동시에 새로운 관계의 시작을 내포하고 있다. … 읽을 수 있는 기호는 이제 더 이상 볼 수 있는 존재와 유사하지 않다는 사실을 의미한다. … 《돈키호테》는 최초의 근대적 문학작품이다. 왜냐하면 이 작품에서는 동일성과 차이라는 잔혹한 이성이 기호와 유사성을 쉴 새 없이 비웃고 있는 것을 볼 수 있기 때문이요, 언어가 사물과의 오래된 근친관계를 청산하고 고독한 왕자의 지위에 오름으로써 사물과 절연된 상태에서 오직 문학으로서만 다시 나타나기 때문이요, 이 작품 자체가 유사성이 유사성의 관점에서 비이성이나 공상의 하나가 되는 시대에로의 경계선을 보여주기 때문이다 Foucault, 1966, 75-78쪽.

'은폐된 의미를 담지하고 있는 사물들' - '사물들의 비밀을 담지하고 있는 일종의 암호로서의 상징' - '무한히 증폭되는 세계의 비밀이 응축되어 있는 인간'이라는 삼자 관계로부터 '일차원적인 가시적 표면에 분포되어 있는 성질들의 합으로서의 사물' - '단지 사물의 성질들을 지시하는 역할을 할 뿐인 기호' - '기호와 일대일 대응되는 관념들의 집합체로서의 인간'이라는 삼자 관계로의 변환이 곧 르네상스 에피스테메로부터 고전주의 시대 에피스테메로의 변환을 정의한다고 할 수 있을 것이다 이정우, 2005, 100쪽. 이처럼 언어와 사물의 관계는 고정불변한 것이 아니라 항상 변하며 그 관계는 시대에 따라 다르게 규정된다. 이들 관계를 규정짓고 기호와 대상과의 관계를 질서정연하게 배치하는 것은 눈에 보이지 않는 미세한 권력의 작동 때문이다.

📑 지식의 고고학

푸코는 《지식의 고고학》을 통해서 《광기의 역사》등과 같은 앞선 저작들에서 다루어왔던 권력개념을 먼저 언어철학적으로 분석한다. 그에 따르면 언어와 사유는 항상 상응하지 않으며, 언어가 사유화 될 때 또는 사유가 언어화 될 때, 사유하는 주체와 보여지는 언어 사이에 일정한 질서가 존재 하게 되는데, 이들 질서에 의해 언어와 사유의 관계는 획정되고 조정된다는 것이다. 언어와 사유의 관계를 결정하는 이러한 질서는 반복가능하고 예측 가능한 규칙성을 띠게 된다. 이들 규칙들의 집합, 즉 규칙의 놀이는 우리가 당연하게 생각하고 우리 곁에 항상 친숙하게 있는 언어들, 단위들, 분류들에 대해 회의할 수 없게 만드는데, 푸코는 이에 대해 의심해 보아야 한다고 지적한다.

과학과 문학, 철학, 종교, 역사, 허구 등을 서로 대립시키는 그리고 이들로부터 일종의 거대한 역사적 개별성들을 만들어내는 장르, 형식 또는 언설의 유형과 같

은 구분을 인정할 수 있는가?_{Foucault, 1969, 45쪽}

푸코에 따르면 문학, 철학, 종교 등이 친숙한 것으로 보이게 만들고 장르와 형식을 구분하게 하는 것은 안정적인 규칙들이다. 이러한 규칙들의 놀이가 자연스럽게 작동되도록 하기 위해서는 제도적 틀이 필요하다. 틀 지워진 제도 또는 기구를 통해 권력은 사회 전 영역에 자연스럽게 스며들어 갈 수 있게 된다. 즉 언어, 단위, 분류들을 친숙하게 하는 규칙들의 놀이는 제도나 기구를 통해 안정적으로 실현되고, 이러한 제도 등의 틀은 권력의 한 형태로 존재한다. 푸코는 규칙의 놀이로 나타나는 권력에 대해 '문서고文書庫'의 예를 통해 다음과 같이 말하고 있다.

문서고란 무엇보다도 말해질 수 있는 것의 법칙, 단일한 사건으로서의 언표들의 출현을 지배하는 체계이다. 그러나 문서고란 또한 모든 말해진 것들이 어떤 무정형한 다수로 무한히 누적되지 않도록, 비약 없는 선형성 속에 새겨지지 않도록, 그리고 외적인 우연들에 의해서만으로는 흩어지지 않도록 해주는 것이다. 그리고 상이한 도식들로 그룹화 되도록, 복수적인 관계들에 따라 서로를 구성하도록, 특이한 규칙성들에 따라 존속되거나 지워질 수 있도록 하는 것이다_{Foucault, 1969, 187쪽.}

틀 지워진 제도, 권력의 또 다른 형태로서의 '문서고文書庫'는 모든 것들이 무정형하게 하지 않으며, 우연들이 배제되고, 정형화된 규칙성들이 내재되도록 한다. 푸코에 따르면 이러한 정형화된 규칙성, 권력의 놀이는 법률적인 텍스트들 속에서, 문학적인 표현들 속에서, 철학적인 반성들 속에서, 정치적인 질서의 결정들 속에서, 일상적인 문제들에 있어서, 의견들에 있어서도 찾아낼 수 있다는 것이다_{Foucault, 1969, 248쪽 참조.}

⇢ 감시와 처벌

푸코 스스로 그의 첫 번째 책이라고 말한 《감시와 처벌》에서는 권력에 대한 본격적인 탐구가 시작된다. 이 책에서 푸코는 고전시대에서부터 근세에 이르기까지 처벌권력의 변화에 대한 분석을 통해 권력과 지식이 어떻게 결탁하며 또한 권력이 어떻게 작동하는가에 대해 말하고 있다.

푸코에 의하면 군주권, 법, 강제 등과 같은 '죽일 수 있는' 권력의 사법적인 형태에서 긍정적 또는 생산적인 삶을 양육하고자하는 새롭고 더욱 효과적이고 복잡한 권력 테크닉들로의 강조점의 변화가 발생한다. 삶을 대상으로 행사되는 권력형식의 등장, 즉 인간육체를 대상으로 한 해부정치학anatomo-politics의 발전규율, discipline *1과 인구를 대상으로 한 생 정치학bio-politics의 발전생체권력 bio-power *2은 현대 사회의 두드러진 특징을 구성한다Smart, 1986, 202-203쪽 참조. 이러한 권력의 테크닉들은 사회의 모든 층위에서 나타나고 가족, 군대, 학교, 작업장, 경찰 등 다양한 제도들에 의해 이용된다.

이를 좀 더 구체적으로 살펴보면 고전주의 시대에서의 권력은 잔혹한 신체형으로 나타난다. 이 시대에서의 신체형은 법률적 및 정치적인 기능을 갖는다. 중요한 것은 상처받은 군주권을 회복시키기 위한 의식이다. 그 의식은 군주권을 화려한 형태로 과시하면서 그것을 회복시킨다Foucault, 1975, 89쪽. 다시 말해 사법적 신체형은 권력이 자신의 모습을 화려하게 드러내는 일종의 의식이다. 잘 짜여진 무대 위에서 군주의 신민들을 관객으로 참여시켜 죄인의 신체 곳곳에 권력의 칼날을 드러나게 함으로써 권력의 실체를 과시하였다.

> 아무리 성급하고 일상적으로 실시되는 일이라도, 공개적 처형은 침식당한 후에 회복하는 권력이 영위하는 일련의 대규모의 의식전체예를 들어 대관식, 정복한 도시로의 국왕의 입성식, 반란을 일으킨 신하의 항복식 속에서 이루어지는 것이고, 군주를 경시한 범죄에 대해 모든 사람들이 보는 앞에서 무적의 힘을 과시하는 행위이다Foucault, 1975, 89쪽.

그러나 이러한 신체형은 18세기 말에서 19세기 초에 사라지게 된다. 죽음을 앞둔 죄인이 부자나 권력자, 사법권 등에 대해 대항하고 조세징수나 세무 관리에 대항함으로서 권력은 농락당하고 사형수가 영웅으로 미화되면서 가시적인 신체형이 사라지게 되는 것이다Foucault, 1975, 116쪽 참조.

범죄자를 영웅시하는 찬양 대신에, 사람들은 주로 징벌에 대한 계산된 두려움 때문에 범죄의 욕망을 중단시키는 억제의 기호만을 이야기할 것이다. 그러한 명확한 형벌구조는 일상적인 언어를 통해 충분히 작용할 것이며, 일상적 언어는 새로 만들어지는 이야기에 의해 형벌의 구조를 계속 강화해 나갈 것이다. 담론은 법을 전달하는 수단이 될 것이고, 보편적인 새로운 기호체계의 변함없는 원칙이 될 것이다Foucault, 1975, 182쪽.

이제 권력은 자신의 활로를 새로 찾기 시작한다. 축제 형식의 권력행사 양식이 한계에 이르면서 눈에 보이지 않는 일상적인 양식으로 권력이 행사되기 시작한다. 일상적 언어로 녹아 들어가 있는 처벌에 대한 계산된 두려움은 재판을 통해 실현된다. 재판은 단순히 범죄행위에 대한 처벌에만 그치는 것이 아니라 그 행위를 가능하게 한 범죄자의 성향, 충동, 욕망, 도덕적 관념 등에 대해서도 판결하게 된다.

*1 해부정치학은 인간의 몸에 들어와 있는 규율에 의해 이루어진다. 규율은 개인의 시간을 분절시켜 매순간을 이용 가능한 것으로 만들고, 끊임없는 감시체계를 구축하여 권력의 움직임을 일상화한다.
*2 생체권력은 근대사회에서 생명의 생산/재생산을 관리하는 것과 연관된다. 그것은 인구, 건강, 도시생활, 성과 같은 권력/지식의 새로운 대상에 정향되어 있다. 생체권력은 이러한 것들을 관리하고, 개발하고, 통제해야 할 자원으로 객관화시킨다. 이를 위해 동원한 새로운 기법이 계량, 분석, 예측, 처방하는 등의 새로운 양적인 사회과학 테크닉들이다(Fraser, 1981, 272쪽 참조).

중죄와 경범죄라고 하는 명칭에 의해서 항상 사람들은 '형법전'이 규정하는 법률적 객체를 재판한다. 그러나 동시에 사람들은 정념, 본능, 비정상, 불구, 부적응, 환경 혹은 유전의 영향을 재판하는 것이다. 사람이란 공격적 행위에 대해 재판하지만, 그것을 통해 공격적 성향을 재판하는 것이다. 강간을 재판하지만 그러나 동시에 성도덕의 타락을 재판하는 것이고, 살인행위를 재판하면서 충동이나 욕망의 행위를 재판하는 것이다Foucault, 1975, 45쪽.

　　재판관은 범죄행위를 처벌하는 것 이상의 일을 시작하게 된다. 재판행위를 통해서 현재의 개인에 대한 판단은 물론 미래의 개인이 어떻게 형성될 것인지에 대한 예단까지 하게 된다. 이러한 개인에 대한 판단은 권력이 암묵적으로 설정한 특정한 기준에 따라 행해지고 개인은 그 권력이 설정한 좌표의 어느 지점에 놓이게 된다. 재판관은 설정된 좌표에서 개인이 이탈했는지 아닌지를 결정하고, 왜 좌표 이탈을 하면 안 되는지, 또한 그 좌표가 왜 중요한지에 대해 확정지어 말할 수 있는 또 다른 권력의 한 형태가 된다.

　　재판에는 항상 처벌이 뒤따르게 된다. 재판을 통한 처벌은 범죄행위를 재발하지 못하게 하는 교정의 역할과 동시에 범죄자에 대한 기록을 남기는 과정이다. 즉 범죄자의 수형생활과 그 이전의 가족관계, 행위들 등에 대한 낱낱의 정보를 세밀하게 기록하는 것이다. 이러한 기록을 통해 개인에 대한 자료를 축적시키고 이를 바탕으로 개인을 분류, 판단하게 된다.

　　품행에 대한 이러한 통제와 변화에는 개개인에 관한 지식의 축적이 수반된다는 점이다. … 수감기간 동안 그는 줄곧 관찰의 대상이 되고, 그의 행동은 매일 낱낱이 기록될 것이다. … 끊임없이 공표되는 각 개인의 이러한 조사에 의거하여, 수감자들은 그들의 범죄와 관련된 내용보다도 그들이 감옥 안에서 보여주는 품행 여하에 따라, 분류가 가능해진다. 감옥은 여러 종류의 결함과 약점들을 분류

할 수 있는 일종의 상설 감시시설이 된다. … 감옥은 지식의 도구로서 작용한다

Foucault, 1975, 202-203쪽.

감옥에서 관찰되고 기록된 개인에 대한 정보는 범죄자 개인의 미래까지 판단할 수 있는 중요한 근거자료가 된다. 개인에 관한 정보가 축적되어 지식의 형태로 변환되기 위해서는 감옥에서 이루어지는 관찰과 감시가 무엇보다 중요하다. 개인에 대한 낱낱의 정보가 정확해야 한다. 따라서 감옥에서 이루어지는 처벌권력은 치밀하게 작동될 수밖에 없다.

죄인의 신체와 시간의 세심한 장악이고, 권위와 지식의 체계에 의한 죄인의 동작과 품행의 단속이다. 그것은 죄인을 한 사람 한 사람 교정시키기 위해서 그들에게 적용하는 신중한 정형 수술이다. 엄밀한 의미에서 사법권으로 부터와 마찬가지로 사회 자체로부터도 유리되어 있는 권력의 자율적 지배이다. 감옥의 출현과 더불어 생긴 것은 처벌하는 권력의 제도화이다Foucault, 1975, 208쪽.

개인에 가해지는 처벌권력은 시간과 공간을 장악함으로써 개인의 행동 뿐 만 아니라 생각까지도 지배하게 된다. 그러나 이러한 권력이 눈에 보이게 억압적인 방식으로 행사되는 것은 아니다. 오히려 눈에 보이지 않게 자연스러운 방식으로 미세하게 행사된다는 것이다. 푸코는 권력의 미시성에 대해 다음과 같이 말하고 있다.

권력의 미시 물리학은 다음과 같은 점을 강조하고 있다. 즉 그곳에서 행사되는 권력은 하나의 소유물로서가 아니라, 하나의 전략으로서 이해되어야 하며, 그 권력지배의 효과는 소유에 의해서가 아니라 배열, 조작, 전술, 기술, 작용 등에 의해

서 이루어진다는 것이다. 그 권력 속에서 우리는 소유할 수 있는 어떤 특권을 찾아내기 보다는, 오히려 항상 긴장되어 있고, 항상 활동 중인 관계망을 찾아내야 하며, 그 권력의 모델로서 어떤 양도거래를 행하는 계약이라든가, 어떤 영토를 점유하는 정복을 생각하기보다는 오히려 영원히 계속되는 전투를 생각해야 한다. … 그 권력은 소유되기 보다는 오히려 행사되는 것이며, 지배계급이 획득하거나 보존하는 '특권'이 아니라, 지배계급의 전략적 입장의 총체적인 효과이며, 피지배자의 입장을 표명하고, 때로는 연장시켜 주기도 하는 효과라는 것이다. 한편 이 권력은 '그것을 갖지 못한 자'들에게 다만 단순하게 일종의 의무 내지 금지로서 강제되는 것이 아니다Foucault, 1975, 57-58쪽.

이처럼 권력은 손에 쥘 수 있는 실체가 아니며 오히려 권력은 다양한 사회 관계망에서 나타나는 효과이다. 여기에서 관계망이란 눈에 보이지 않는 암묵적인 관계를 말하며, 효과란 어떤 결과로서 소유될 수 있는 특권이 아니라 생성과 소멸을 반복하면서 나타나는 지배계급의 입장을 반영하는 비가시적인 어떤 것이다. 또한 권력은 특정한 사람에게서 누군가에게로 일방적으로 강제되어 행사되는 것이 아니라 서로 상호작용하며 생산적인 방식으로 나타난다.

오히려 우리가 인정해야 할 것은 권력은 어떠한 지식을 창출한다는 점이며, 권력과 지식은 상호 직접 관여한다는 점이고, 또한 어떤 지식의 영역과의 상관관계가 조성되지 않으면 권력적 관계는 존재하지 않으며, 동시에 권력적 관계를 상정하거나 구성하지 않는 지식은 존재하지 않는다는 점이다. … 인식하는 주체, 인식되어야 할 대상, 인식의 양태는 모두가 권력-지식의 기본적인 관계와 그것들의 역사적 변화의 결과들이라는 점이다Foucault, 1975, 59쪽.

권력은 지식의 형태를 띠면서 암묵적으로 작동된다. 사회 전 영역에 그물처럼 퍼져 있는 다양한 제도와 기구를 통해 권력은 소리 소문 없이 개인의 일상생활 전반을 관통하면서 작동되고 있다. 이렇게 쉽게 권력이 개인의 생활 깊숙이 들어와 있을 수 있는 것은 권력이 지식의 형태로 존재하고 있기 때문이다. 푸코가 《감시와 처벌》을 통해 언급하고 있는 것은 단순히 범죄자에 대한 처벌권력의 작동 방식에 관한 것이 아니다. 푸코는 감옥에서 이루어지는 범죄자에 대한 관찰과 기록이 사회 전 영역에도 적용될 수 있다고 본다. 즉 개인에 관한 관찰과 기록은 정보로 축적된다. 이러한 정보는 지식으로 변환되고, 이들 지식을 통해 권력은 구현되고 작동된다는 것이다. 따라서 권력은 지식과 결탁하여 개인에게 행사된다.

﹅▶ 성의 역사

푸코는 《성의 역사》에서 성과 성 정치, 그리고 성적쾌락을 고백하도록 만드는 일련의 절차들을 추적한다. 푸코가 고백이라는 용어를 사용한 이유는 개인이 스스로에게 영향을 줄 수 있는 성에 관한 담화를 생산해 내도록 유도해 내는 모든 과정을 밝혀 보려 했기 때문이다Foucault, 1980, 262-263쪽 참조. 《성의 역사》에서 다루고 있는 역사적 문제는 '서구'사회에서 성적 욕망sexuality의 조직화된 담론화가 출현하고 성공하는 조건들에 관한 것이다Minson, 1986, 141쪽. 푸코의 관심은 현대 서구사회의 성 경험의 형성, 즉 개인들이 자신들을 성적 주체로 인식하게 되는 방법들에 있다. 이러한 관심은 성의 본질적인 개념과 성적 억압과 관련된 가정에 대한 비판을 제공한다Smart, 1986, 204쪽 참조. 예를 들면 성 담론의 확산은 '보호되어야 할 육체'를 강조하게 됨으로써 개인의 정체성을 구성하는데 기여한다.

따라서 푸코는 다양한 제약이 어떠한 방식으로 성의 영역 안에서 그 영향력을 발휘하게 되었는가에 주목한다. 여기에서 성을 제약하는 형태는 성을 허락하거나 금지하는 것, 성을 정상과 비정상으로 구분하는 것, 여자와 남자의 구분, 그리고 어른과 아이를 구분하는 것 등을 말한다Foucault, 1980, 88쪽 참조. 이러한 제약이 권력 작동의 결과물이며 동시에 새로운 권력기술의 태동을 가져오는 바탕이 된다. 여기에서 말하는 제약은 성 장치를 의미하는데 이것이 권력의 수단이자 표현으로 기능하게 된다. 성 장치에 의해 자신들의 성을 구성한 개인들은 권력이 만들어낸 진리를 통해 자신의 욕망을 관리한다.

권력은 성에 대해서 지속적으로 관찰하고, 자질구레한 것까지 고백하게 함으로써 성 담론을 퍼트린다. 권력은 이를 통해 성을 분류하고 범주화하며 명시하고 확정한다. 결국 성에 관한 규범과 규칙이 생성되고 이는 성의 의학화로 나타난다. 이러한 의학은 곧 사회의 기구나 제도로 편입됨으로써 권력은 성을 통해 자연스럽게 행사된다. 다시 말해 성에 관해 분류의 선을 긋고, 명시의 방점을 찍음으로써 권력은 스스로의 작동 메커니즘, 즉 작동의 동력을 획득한다. 이처럼 권력이 성도착증 등 다양한 성을 분류하고 확정하는 것은 성을 통해 사회관계를 재편하고, 이를 통해 권력관계를 확대 재생산하기 위한 것이다.

이상과 같이 푸코는 권력의 본질에 대해 말하고 있는 것이 아니라 권력의 작동양식, 즉 권력이 어떻게 행사되고 있는가에 대해 이야기하고 있다. 그는 권력의 기원을 뒤져, 권력과 앎이 어떻게 결합되고, 그것은 어떤 기구, 제도를 낳았으며, 그것들은 어떻게 기능하는가를 따진다. 그의 작업은 우리가 어떤 권력의 메커니즘 속에서 살고 있는가라는 물음과 깊게 연결되어 있다. 그는 규율 사회라고 그가 부른 현대 사회를 이루고 있는 여러 앎-기구-권력의 기원을 밝혀, 그것들이 자연스러운 것이 아니라 인위적인 것인데도 자연스러운 것으로 인식되고 있음을 알게 한다김현, 1990, 147쪽. 다시 말해 '권력이 누구에게 소유되며 그것이 사람에게 작용해서 어떠한 가시적인 효과가 있느냐?' 라는 문제의식 대신에 '권력이 사회의 제도나 기구와 어떻게 결합하며, 그 권력이 일상생활 속에 암묵적으로 스며들어가는 양식은 어떠한가?'라는 질문을 던진다.

앞서 살펴본 것처럼 푸코에게서 권력은 앎, 즉 지식의 형태로 작동된다. 권력은 지식의 형태로 눈에 보이기도 하고 보이지 않기도 한다. 다시 말해 권력은 우리가 일상적으로 사용하는 언어 속에 녹아들어가 있으며 이들 언어는 권력이 부과하는 일정한 규칙에 의해 서로 조합되어 지식으로 나타난다. 푸코는 이러한 지식이 일상생활 속에서 자유롭게 떠다니며 개인을 객관화시키고 또한 자연스럽게 권력의 대상으로 만든다는 것이다. 여기에서 자연스럽다는 말은 권력이 개인들로 하여금 사고하는 방식과 행위 방식을 일정한 방향으로 이끌어가기 때문에 자연스럽게 생각하도록 만든다는 것이다. 이처럼 권력은 지식을 만들어내고 지식은 권력을 일상적인 형태로 공고히 하고 있다. 이러한 푸코의 권력에 대한 논의는 고고학과 계보학이라는 특유의 방법론을 중심으로 펼쳐진다.

고고학이란 지식의 형성 과정에 동원되는 분석 개념으로 여기에서 초점이 되는 것은 하나의 담론 구성체를 형성하는 수많은 진술들의 모임이 각기 다른 수준과 조합의 규칙을 통해 발생했는데도 총체적으로는 지식이라는 커다란 단위를 이루는 경위를 살피는 것이다. 따라서 고고학적 수준이 분석 대상으로 하는 것은 기록물들 속에 나타난 '말해진 것'에 대한 외면성의 기술을 통해 '말해지지 않은 것'들이 왜 말해지지 못했으며, 지식의 경계를 이루는 주변에 산재하고 있는 또 다른 언술들은 어떻게 웅얼대며 제외되었는가를 밝힌다. 즉 담론 형성의 규칙성, 시리즈, 가능성의 조건, 사건 등이 핵심 테마가 된다홍성민, 2006, 336쪽.

고고학이란 일정한 방식으로 인식대상을 인식할 수 있게 하는 가능성의 조건들을 드러내는 작업이다. 인식의 가능성의 조건들 중에서 특히 결정적인 것은 인식에 내재적인 언어적 조건들과 인식에 외재적인 사회적 조건들의 관계 맺음의 양태이다. 따라서 고고학은 이러한 언어적 조건과 사회적 조건들이 만나는 극한, 즉 경계선에서 이루어진다. 이러한 가능성의 조건들은 문제되고 있는 담론이 무엇인가에 따라 공간적으로 다르며 인식이 발생하고 있는 시대가 언제인가에 따라 시간적으로 다르다. 어떤 담론에서, 어떤 시대에 이러한 가능성의 조건들이 어떻게 형성되었는가, 공간적, 시간적 변화에 따라 이러한 조건들이 어떻게 변환되었는가를 드러내는 것, 이것이 고고학의 목적이다_{이정우, 2005, 88쪽}.

한편 계보학은 전통적인 역사서술 방법과 구별되는 것으로서, 역사에 있어 고정된 본질이나 심층적 법칙, 형이상학적 결말 혹은 도달할 수 없는 진리의 의미가 있다는 논리를 부정한다. 그것은 의미, 가치, 진리, 도덕, 선 등의 개념들을 그대로 받아들이지 않고, 그것들 속에 감추어진 권력의 전략, 지배와 복종, 억압과 전투의 관계를 파헤친다. 그것은 지식의 담화, 추상적인 언술행위 속에 이루어진 권력의 개입과 작용을 파악한다_{오생근, 2005, 7쪽}. 다시 말해 계보학은 역사라는 커다란 도표에서 빠진 작고 사소한 것들에 관심을 가진다. 이렇게 탈락된 작은 것들을 드러내고, 이것들이 지식의 형태로 축적되면서 권력으로 나타나는 과정을 계보학을 통해 분석하고 있다.

> 계보학이 진정으로 원하는 것은 부분적이고, 불연속적이며, 사회적으로 인정받지 못한 지식들이 어떠한 방법으로 기존의 지식체계가 진정한 지식이나 과학이라고 제시한 자의적인 잣대에 의해서 정복당한 지식들로 취급되어 걸러지며, 서열화 되고, 질서가 부여되는지를 찾아내려고 하는 것이다. … 계보학이 전제하는 투쟁의 목표는 소위 과학적 담화가 발휘하는 권력의 효과에 대항하려는 것이다. … 고고학은 부분적인 담화분석에 동원되는 방법론이라 하겠고, 계보학은 그동안 정복당해왔던 지식을 해방하려는 실천적인 전략이다_{Foucault, 1980, 116-118 쪽 참조}.

이처럼 푸코는 지식의 형성과 변화를 가능하게 하는 인식의 가능성의 조건들에 대한 분석을 수행했던 초기의 고고학적 방법을 넘어 그러한 가능성의 조건들 내부에서 벌어지는 역동적인 힘의 관계를 분석하는 계보학적 연구로 이행하게 된다. 즉 고고학이 지식-권력의 문제에 있어서 지식에 분석의 초점을 두었다면 계보학에서는 권력문제에 주안점을 두게 된다. 물론 푸코에게서 고고학과 계

한다마동훈, 2004, 79쪽.

제숍Jessop에 따르면 푸코는 권력의 세 가지 주요한 측면을 강조했다고 지적한다Jessop, 1990, 222쪽 참조. 첫째, 권력은 모든 사회관계 속에 내재되어 있고, 둘째, 권력은 제도 뿐 만 아니라 담론과도 접합하며, 셋째, 권력이 다른 전략들 속으로 통합될 수 있다는 의미에서 권력의 다층성을 푸코가 강조했다는 것이다.

프레이저Fraser는 푸코의 권력이 부정적이기 보다는 생산적이며, 권력이 모세혈관처럼 퍼져 있어서 일상적인 실천 속에서 작동하고, 사람들의 신념 보다는 사회적 실천을 통해서 개인의 삶에 관여하고 있는 것으로 본다. 프레이저는 푸코의 권력이 국지적, 연속적, 생산적, 모세혈관적, 포괄적이라는 점에서 이전의 권력과는 상이하다고 정리한다Fraser, 1981, 262쪽, 268쪽 참조.

이와 같은 논의를 통해 나타나는 푸코의 권력개념의 인식론적 특징은 다음의 세 가지로 정리 될 수 있다. 첫째, 권력이 도처에 흩어져서 존재한다는 편재된 권력, 둘째, 권력은 실체가 없고 관계로 이루어져 있다는 관계적 권력, 셋째, 부정적으로 억압만 하는 권력이 아니라 긍정적으로 무엇인가를 생산한다는 생산적 권력 등으로 살펴볼 수 있다.

편재적 권력

권력은 왕이나 군주, 대통령과 같은 소수의 특정한 사람들이나 국가와 군대, 경찰 등의 제도들에 위치해 있는 것이 아니라 도처에 편재omnipresense 되어 있다. 권력은 정치나 경제 같은 거시적 틀 이면에 말단에까지 치밀하게 스며들어 인간의 생활양식과 인간 주체 자체의 변화를 유도하는 것이다윤선희, 2003, 268쪽. 권력은 개인들의 육체와 행동, 습관, 욕망 등에 존재한다. 권력은 어떤 중심에서 나오는 것이 아니라 작고 사소한 일상 속에서 흩뿌려져 존재한다.

새롭게 변화된 권력의 모습은 마치 모세혈관과 같은 것이어서 개별자에게 미치는 권력의 효과는 개인의 육체와 행동, 태도, 그들의 담화, 그리고 학습과정이나 일상생활의 구체적인 곳에까지 미치게 된 것입니다. … 모세혈관과 같은 권력이 사회적 육체body of society위에 행사되면서 군주권에 대한 신화는 사라지게 마련입니다Foucault, 1980, 63-64쪽.

권력은 모세혈관처럼 사회 곳곳에 퍼져 있으며 하나의 권력이 또 다른 권력을 억압함으로써 더 강력한 권력이 우월적으로 존재하는 것이 아니다. 권력은 눈에 보이지 않지만 서로 관계를 맺으며 나타나는 권력관계들이다.

권력이 편재한다는 것omnipresense은 권력이 모든 것을 결코 무너지지 않을 통일성 아래 통합할 특권을 지닐 것이기 때문이 아니라, 매 순간 모든 상황에서, 더 정확히 말하자면 어느 한 지점에 대한 다른 한 지점의 모든 관계에서 권력이 산출되기 때문이다. 권력은 도처에 있는데, 이는 권력이 모든 것을 포괄하기 때문이 아니라 권력이 도처에서 발생하기 때문이다Foucault, 1976, 113쪽.

권력이 모세혈관처럼 퍼져 있다는 것은 권력을 신념체계가 아니라 실천으로 보고 있다는 것을 의미한다. 권력이 정신 속에 있는 것이 아니라 개인의 몸속에 들어와 있어서 개인의 생각과 행위의 모든 과정이 권력의 작동과 밀접하게 관련되어 있다는 것이다. 따라서 권력은 회사의 제복, 공장의 어셈블리 라인, 군사시설, 방송사의 제작행위 등과 같이 사소해 보이는 일상생활 속에 편재되어 있다 Fraser, 1981, 273-274쪽 참조.

푸코는 시선the gaze이라는 개념을 통해 새롭게 등장한 다양한 규율적인 미시 테크닉들과 실천들을 설명한다. 시선은 행정관리들이 가시성visibility에 의해 해당 제도의 인구들을 관리하기 위해 사용했던 권력-지식의 테크닉인데, 여기에는

포스트 모더니즘에서 본 영상콘텐츠

일람synoptic하고 개별화individualize하는 두 가지 방식이 있다. 일람적 가시성은 벤담의 파놉티콘처럼 건축적이며 조직적 차원에서 인구전체와 구성원들의 관계를 일별할 수 있도록 한다. 개별화하는 가시성은 개인들의 습관이나 개인사에 대해서 포괄적이고 세세히 관찰하는 것을 목표로 한다Fraser, 1981, 269쪽 참조. 일람하고 개별화하는 시선은 전체 제도와 개인의 일상사 속에 투과되어 있어서 권력이 도처에서 자연스럽게 작동하도록 한다.

⋙ 관계적 권력

푸코에게서 권력은 관계의 권력, 또는 권력관계이다. 권력은 손에 넣거나 빼앗거나 공유하는 것, 간직하거나 멀어지게끔 내버려두는 것이 아니고, 무수한 지점으로부터, 불평등하고 유동적인 관계들의 상호작용 속에서 행사된다. 권력은 제도도 아니고, 구조도 아니며, 몇몇 사람이 부여받았다고 하는 어떤 강권强權도 아니다Foucault, 1976, 113-114쪽 참조.

> 권력은 실체substance가 아닙니다. 그것은 또한 그 기원을 샅샅이 탐구해야 하는 불가사의한 재산property도 아닙니다. 권력은 단지 개인 사이의 특정 유형의 관계일 뿐입니다Foucault, 1981, 82쪽.

권력은 개인 사이의 관계에서 교환되고 생산되어 소통되는 실체를 가진 어떤 것이 아니다. 권력은 사회 곳곳에 퍼져 있는 다양한 관계 속에 있으며 또한 이러한 관계를 지속적으로 만들어 낸다. 권력관계들은 인간관계에 매우 폭넓게 확산되어 있다. 개인들 사이에서, 가정의 내부, 교육관계, 그리고 정치적 결사체 등의 안에서 작용할 수 있는 전체적인 권력관계의 그물망이 존재한다Foucault, 1984, 102쪽.

따라서 권력은 아래에서부터 나온다. 다시 말해서 지배자와 피지배자 사이의 전반적 이항 대립, 위에서 아래로 사회체의 심층에서까지 점점 더 제한된 집단에 영향을 미치는 그러한 이원성이 권력관계의 원리에 일반적 모태로서 존재하는 것은 아니다Foucault, 1976년, 114쪽.

> 나는 권력이란 말을 거의 쓰지 않았으며, 가끔 썼다 해도 그것은 항상 내가 사용하는 표현 즉 권력관계의 줄임말이었습니다. … 나는 어떠한 인간관계 속에도-우리가 지금 하고 있는 언어적 의사소통이건, 애정관계, 또는 제도적, 경제적 관계의 문제이건 간에-권력은 언제나 나타남을 의미하는 것입니다. … 이러한 관계들은 다양한 형식으로 나타날 수 있습니다. 권력관계는 변화 가능한, 즉 그들 스스로가 수정할 수 있는 관계이며, 한번 주어지면 영원히 지속되는 것이 아닙니다. … 권력관계들은 따라서 변화될 수 있고 뒤집어질 수 있으며 불안정한 것입니다Foucault, 1984, 1113-114쪽

권력은 부모와 자식, 교사와 학생, 의사와 환자, 사랑하는 두 남녀 등과 같은 작은 세력관계들 속에서 변화가능하며 유동적인 권력관계로 나타난다. 즉 권력은 다층적이고 불안정한 일련의 미시적 세력관계들 속에서 유동적인 요소를 가지고 있다Jessop, 1990, 251쪽 참조. 이처럼 권력은 끊임없이 움직이며 지속적으로 변화함으로써 자기 재생산적 측면을 갖는다.

포스트 모더니즘에서 본 영상콘텐츠

⚡️ 생산적 권력

푸코에게서 권력은 억압하고 배제하는 부정적인 권력이 아니라 무엇인가를 쓸모 있게 만드는 생산적인 권력이다. 무엇인가를 금지하는 것보다는 교육하고 교정함으로써 복종의 효과를 극대화 시킬 수 있기 때문이다. 권력은 억압적인 방식이 아닌 긍정적이고 생산적인 방식으로 작동하기 때문에 사회 전 영역에 흩어져 있는 제도, 교육체계, 법 등을 아무런 의심 없이 자연스럽게 받아들이게 한다. 권력이 개인들을 지배하고 억압하는 것이 아니라, 오히려 지배당하고 있는 개인들의 현실을 아무런 의심 없이 습관적으로 받아들일 수 있도록 개인들의 정신을 생산한다는 것이다.

이제는 '배제한다', '처벌한다', '억누른다', '검열한다', '고립시킨다' , '숨긴다', '가린다' 등의 부정적인 표현으로 권력의 효과를 기술하지 말아야 한다. 사실상 권력은 생산한다. 현실적인 것을 생산하고, 객체의 영역과 진실에 관한 의식을 생산하는 것이다. 개인과 개인에 대해 취할 수 있는 지식은 이러한 생산의 영역에 속한다Foucault, 1975, 302쪽.

권력의 생산성과 관련하여 푸코는 라 메트리La Mettrie의 《기계-인간》에서 말한 자동인형을 예로 들면서 순종적인 인간의 신체를 비유적으로 표현한다. 인간의 신체는 훈육을 통해 신체의 각 부분을 조작할 수 있고, 복종시킬 수 있으며, 변화시킬 수 있고, 쓰임새 있는 것으로서 완전하게 만들 수 있다는 것이다. 이 인형은 정치적 인형이었고, 권력의 축약된 모델이라고 지적한다Foucault, 1975, 215쪽.

권력은 사람들의 힘을 감소시키기 위해서 힘을 묶어 두는 것이 아니다. 그 힘들을 전체적으로 증가시키고 활용할 수 있도록 묶어두는 것이다. 권력은 자신에게 복종하는 모든 것을 일률적으로, 그리고 전체로서 굴복하게 만드는 대신 분리하고 분석하고 구분하며, 그 분해 방법은 필요하고 충분할 정도의 개체성에 이를 때까지 계속 추진된다Foucault, 1975, 267쪽.

푸코는 권력이 억압적인 성격으로만 작동하고 강제censorship나 배제exclusion, 또는 방해blokage와 같이 부정적인 방법으로 자신의 효과를 발휘한다면 권력은 깨지기 쉽다고 말한다. 권력이 우리의 시선을 주목시킬 만큼 강력한 이유는 그것이 인간의 욕망이나 지식의 차원에서 효과를 발휘할 수 있기 때문이다Foucault, 1980, 88쪽 참조.

> 권력은 악한 것이 아닙니다. 그것은 전략적 놀이입니다. … 교육제도에 대해 이야기해봅시다. 진리놀이 안에서 많은 것을 알고 있는 사람이 상대방을 가르치고 지식을 전달하며 기술을 전수하는 실천 자체가 악한 것이라고는 생각하지 않습니다Foucault, 1984, 123-124쪽.

푸코에 따르면 권력이 효과를 발휘하고 사람들이 권력을 받아들이는 것은 권력이 단순히 금지의 기능으로 다가오기 때문만이 아니라 무엇인가 사물을 관통하고, 생산하며, 쾌락을 유도하고, 지식을 형성하며, 담화를 만들어 내는 기능을 하고 있기 때문이다. 따라서 권력은 억압이라는 부정적인 기능을 넘어서 사회적 육체*를 가로지르는 일종의 생산적 그물망으로 파악해야 한다Gordon, 1980, 152쪽 참조.

> 권력을 계획 정비하고, 그것을 한층 더 경제적이고, 효율적으로 만들고자 하는 것은 권력 자체를 위한 것도 아니고, 위기에 처한 사회의 즉각적인 구원을 위한 것도 아니다. 중요한 것은 사회의 여러 역량을 강화시키는 일이다. 생산을 증대시키고 경제를 발전시키며, 교육의 기회를 넓히고 공중도덕의 수준을 높이는 등 말하자면 증가와 다양함을 가져오는 일이다Foucault, 1975, 321쪽.

여기에서 생산production이란 말은 상품이나 재화의 생산을 뜻할 뿐 만 아니라, 학교에서의 지식과 능력의 생산, 병원에서의 건강의 생산, 군대의 경우 파괴력의 생산도 뜻한다Foucault, 1975, 336쪽. 푸코의 이러한 권력의 인식론적 특징은 그의 규율권력에 고스란히 함축되어 나타난다.

규율권력

푸코는 18세기 이후로 사회를 관장하는 실질적인 세력은 군주의 권력에서 규율권력discipline power로 바뀌게 된다고 지적한다. 군주권이 권력의 대폭적인 변화나 전용appropriation의 문제에 관심을 두었다면 규율권력은 인간의 육체나 권력의 섬세한 작동메커니즘에 초점을 맞춘다. 또한 군주권이 노리는 대상이 부나 상품이었다면, 규율권력은 시간이나 노동을 목표로 삼는다. 권주권이 법적 근거를 가지고 권력을 행사하려 했다면 규율권력은 끊임없는 감시체계를 구축하고 코드화하여 권력의 움직임을 일상화 한다Foucault, 1980, 136쪽 참조.

푸코는 규율권력의 속성에 대해서 말하는데, 규율권력은 권력의 횡포함을 드러내지 않고 보다 큰 효과를 발휘하는 세련된 권력기술이다. 즉 규율권력이 지배의 메커니즘을 통하여 보다 은밀하게 자신의 권력의지를 실현하게 되었다는 것이다. 또한 규율권력은 사회적 육체를 실질적이고 더욱 효과적으로 관리하게 되며 근대사회 자체가 규율권력의 복합체이다Foucault, 1980, 137쪽 참조.

푸코는 또한 규율discipline이 규칙을 담고 있는 담화를 전달하기는 하지만 그것이 군주의 의사로부터 유래하는 사법적 규칙은 아니며, 자연적인 규칙으로

---

* 푸코에 따르면 사회적 육체의 등장이 의미하는 것은 개별자의 육체위에 가해지는 권력의 물질성이 변화했다는 것을 말한다(Foucault, 1980, 84쪽 참조).

서의 규범일 뿐이라고 말한다. 규율이 개념화하는 코드는 법률이 아니고 규범화의 코드이다. 따라서 규율권력이 목표로 하는 대상은 소위 인문과학에서 논의되는 지식, 즉 임상의학과 같은 분과학문인 것이다_{Foucault, 1980, 138쪽 참조}.

따라서 푸코는 우리 시대에 움직이고 있는 권력의 실제적인 작동 메커니즘은, 규율권력이 만들어 내는 권력기술과 담화가 군주적 권력이 작동하는 영역에 침투하여, 법률적 코드로 견고하게 구성된 담화의 언술체계 속에 규범화의 논리를 심어주는 것이라고 요약한다_{Foucault, 1980, 137쪽}.

푸코는 《감시와 처벌》에서 17·18세기에 새로운 형태의 권력이 출현한다고 지적한다. 기존의 권력이 가혹한 신체형을 통해 자신의 존재를 드러냈다면 새로운 권력은 개인의 신체 속에서 보이지 않게 작동한다는 것이다. 권력이 가시적으로 실재하는 것이 기존의 권력이라면 새로운 권력은 비가시적으로 개인의 일상생활 속의 작고 사소한 것들에 침윤되어 있다. 푸코는 이러한 새로운 형태의 권력을 규율권력_{disciplinary power}이라 칭한다.

푸코는 경찰제도*가 시작된 것은 루이 15세 때부터라고 지적하면서 루이 14세와 루이 15세 시기에 강력한 행정력이 수립되었는데, 이것을 최초의 규율권력 모델의 시작으로 파악한다_{Foucault, 1980, 103-104쪽 참조}.

푸코에 의하면 규율권력은 엄청난 인구증가와 생산기구의 증대와 따라 19세기에 급속하게 발전하는데 감옥, 수도원, 작업장, 군대 등에서 나타난다. 개인을 관찰하고 분류하고 기록하면서 규율권력이 나타나기 시작했다는 것이다. 이러한 개인에 대한 관찰, 분류, 기록 등은 암묵적으로 또한 습관적으로 이루어진다. 그렇다면 푸코는 왜 이러한 방식을 규율권력이라 칭했을까?

권력의 작동은 개인의 일상 속에서 습관적으로 이루어지는데 이를 면밀히 분석해보면 규율의 형태로 나타난다는 것이다. 규율은 작고 사소한 개인의 일상사 속에 녹아들어가 있기 때문에 규율이 개인의 미세한 활동을 통제한다. 직장에서의 출퇴근 시간의 엄수, 무조건 공부를 해야 하는 학생, 의사의 말을 믿어야만

하는 환자, 총검술 훈련을 해야만 하는 군인, 방송시간에 엄수해야만 하는 PD 등과 같이 각 개인들은 법조문처럼 명문화 되어 있지 않지만 관례적으로 행해지는 규율에 따를 수밖에 없다. 규율은 부지불식간에 개인의 신체에 스며들어가 있고, 규율이 거미줄처럼 개인을 둘러싸고 있기 때문에 개인은 규율의 치밀한 시선 아래에 놓일 수밖에 없다는 것이다.

규율은 개인에 대한 끝없는 관찰과 기록, 그리고 영속적인 판단과 분류를 행한다. 규율은 신체로부터 최대한의 시간과 힘을 끌어내기 위하여 시간표, 집단 훈육, 연습, 전체적이며 상세한 감시 등의 방법을 이용하며 또한 이를 통해 집단 다수의 이익을 증대시킨다.Foucault, 1975, 337쪽

규율의 피라미드disciplinary pyramid는 권력의 작은 독방small cell of power을 만들었으며, 그 내부에서는 업무의 구분과 조정 및 통제가 부과되고 그 효력을 발휘하게 되었다. 또한 시간, 동작, 체력에 관한 분석적 분할관리analytical partitioning방식은 복종시켜야 할 집단들로부터 생산의 메커니즘으로 쉽사리 이전될 수 있게끔, 계획적인 도식을 만들어 내었다Foucault, 1975, 339쪽.

이처럼 규율은 권력의 행사를 가능한 한 경비가 들지 않게 하며, 권력의 효과가 최대한의 힘으로 파급되도록 한다. 규율은 권력체계를 구성하는 모든 요소들의 순종성docility과 효용성utility을 동시에 증가시킨다Foucault, 1975, 335쪽. 따라서 규율은 세부를 장악하려는 권력이면서 지배의 일반적인 양식이며, 권력의 한 유형이고 권력 행사양식이며, 또한 권력의 특정한 기술로서 조심성 있고 의심 많은 권력이다Foucault, 1975, 213-268쪽 참조. 이처럼 푸코가 말한 규율은 규율권력에 다

---

* 여기에서 경찰은 현재처럼 치안 유지를 담당하는 것만을 의미하는 것이 아니다. 푸코에 의하면 경찰은 국민전체의 건강을 유지하고 사회적 부를 증진시킨다는 전제 하에, 질서유지를 담당하는 여러 가지 장치들을 의미한다. 사회적 육체를 관리하는 것이 경찰의 주요 업무였다(Gordon, 1980, 209-210쪽 참조).

름 아닌 것이다.

> 규율은 개인을 '제조한다.' 즉, 그것은 개인을 권력 행사의 객체와 도구로 간주하는 권력의 특정한 기술이다. 그것은 과거처럼 과도한 행사를 통하여 스스로의 초월적인 위력을 뽐낼 수 있는 의기양양한 권력이 아니다. 계획적인 그러면서도 영구적인 관리 방식에 의거하여 기능하는 조심성 있고 의심 많은 권력인 것이다 Foucault, 1975, 268쪽.

푸코가 말하는 규율과 권력의 문제, 즉 규율을 규율권력으로 말할 수 있는 이유를 좀 더 구체적으로 살펴보면, 먼저 규율은 신체의 활동과정을 미시적으로 통제하기 위하여 세밀하게 시간과 공간, 운동을 분할하는 기호체계를 사용한다. 학교, 병영, 공장 등에서 세심한 규정, 꼼꼼하게 관찰하는 시선, 생활과 신체의 가장 사소한 부분까지 통제하는 작용 속에서 규율은 복종하고 훈련된 신체, 길들여진 신체를 만든다양운덕, 2004, 32-33쪽. 다시 말해 인간의 신체를 경제적, 정치적 제도에 순응시킴으로써 권력의 작동을 유효하게 만드는데 이것이 곧 규율권력이다.

> 신체의 활동에 대한 면밀한 통제를 가능케 하고, 체력의 지속적인 복종을 확보하며, 체력에 순종-효용의 관계를 강제하는 이러한 방법을 바로 '규율discipline'이라고 부를 수 있는 것이다. 규율, 훈련방식들의 많은 부분은 오래 전부터-수도원에서, 군대에서, 그리고 작업장에서도 있었던 것이다. 그러나 17세기와 18세기를 거치면서 규율은 지배의 일반적인 양식이 되었다Foucault, 1975, 216쪽.

지배의 일반적인 양식으로서의 규율권력은 개인이 놓여있는 시간과 공간, 그리고 그 속에서 이루어지는 개인의 운동에 대한 분할을 통해 행사된다. 방송사에서 러닝타임 준수와 시청자와 약속된 시간에 방송되어야 하는 원칙, 그리고 서열별·팀별로 구획된 방송사 사무실 공간 등은 이러한 사실을 잘 말해 준다. 규율권력은 먼저 최대한 세밀하게 시간과 공간, 그리고 운동을 바둑판 눈금처럼 분할한다Foucault, 1975, 216쪽. 이렇게 치밀하게 쪼개지고 분류된 것들은 기호체계로 변환됨으로써 규율권력이 개인의 신체위에서 습관적으로 작동되도록 한다.

규율은 복종되고 훈련된 신체, '순종하는' 신체를 만들어낸다. 규율은유용성이라는 경제적 관계에서 보았을 때 신체의 힘을 증가시키고복종이라는 정치적 관계에서 보았을 때는 동일한 그 힘을 감소시킨다. 간단히 말하면, 규율은 신체와 힘을 분리시킨다. 그것은 한편으로는 신체를 '소질', '능력'으로 만들고 그 힘을 증대시키려 하는 반면, 다른 한편으로는 '에너지'와 그것으로부터 생길 수 있는 '위력'을 역전시켜 그것들을 엄한 복종관계로 만든다Foucault, 1975, 217쪽.

규율의 미세한 망은 순종적이고 기존의 권력체계에 저항하지 않으며 세세한 일상사에 매여 하루하루를 사는 신체, 합리적이고 순응적이며 효율적인 인간을 일반화시키고 있다이광래, 1991, 216-224쪽 참조. 규율은 신체에만 적용되는 것이 아니라 사소하고 작은 것들, 세부적인 것들에 스며들어가 있다. 규정의 엄밀성, 검열의 꼼꼼한 시선, 생활과 신체의 가장 사소한 부분에 대한 통제가 이러한 규율을 통해 이루어진다는 것이다Foucault, 1975, 221쪽. 결국 권력은 그 모습을 화려하게 드러내지 않으면서 권력이 작용하는 대상을 교묘한 방식으로 객관화한다양운덕, 2004, 55-56쪽 참조. 그러나 규율은 기구나 제도와 동일한 것은 아니다. 규율은 권력의 한 유형으로서 기구들과 제도들을 가로지르면서 그것들을 연결시키거나 작동시키는 테크놀로지이다양운덕, 2004, 63쪽.

규율은 어떤 제도와도, 또한 어떤 기구와도 동일시될 수 없다. 그것은 권력의 한 유형type of power이고 일체의 도구, 기술, 방식, 적용범위, 목표를 갖고 있는 권력행사의 한 양식이다. 규율은 권력의 '물리학', 혹은 '해부학'이고, 하나의 기술이다. 그리고 그것은 특수한 제도교소에 의해서나 혹은 특수목적을 위해 필수적인 도구로서 사용하는 제도학교, 병원, 혹은 그것을 수단으로 하여 내부의 권력을 재조직하거나 강화 시키려 하는 기존의 기관에 의해 구사될 수도 있다Foucault, 1975, 331-332쪽.

규율은 개인의 신체를 길들이는 권력 유형이며 어떠한 제도나 기구로 환원될 수 없다. 오히려 규율은 다양한 기구나 제도들에 적용될 수 있는 권력의 운영방식이다. 규율은 학교, 공장, 수도원, 군대의 조직 등을 통해 상호모방, 상호침투하면서 18세기 이전부터 뿌리 깊게 서서히 발전해오다가 18세기에 전면으로 등장한다. 따라서 규율권력은 근대사회의 핵심적인 특징이 된다.

푸코는 규율권력의 작동과정을 잘 보여주는 원형감옥panopticon에 주목한다. 영국의 공리주의 철학자 벤담Bentham에 의해 1791년에 제안된 원형감옥은 중앙에 감시탑을 두고 그 아래로 원형으로 배치된 독방들이 있다. 중앙 탑에서 간수들은 독방에 갇혀 있는 죄수들을 지속적으로 감시할 수 있다. 반면에 죄수들은 간수를 볼 수 없다. 원형감옥은 죄수 스스로 권력의 전달자가 되는 어떤 권력적 상황 속으로 편입되는 것이다Foucault, 1975, 312쪽. 원형감옥의 감시 시스템은 권력의 '익명성'과 '경제성'이 보장되고 개인에 대한 분류, 관찰, 실험이 효율적으로 이루어진다. 이를 통해 개인에 대한 지식이 확대 생산되고, 이러한 지식을 통해 권력은 더 쉽게 더 자연스럽게 생산적이고 효율적인 것이 된다. 따라서 원형감옥은 이상적인 형태로 압축된 '권력 메커니즘의 도식diagram of a mechanism of power'인 것이다Foucault, 1975, 318쪽. 이처럼 원형감옥은 규율권력의 효율성을 극대화한 것이다. 또한 이러한 도식이 다양한 제도와 기구에 이용되면서 원형감옥의 방식은 확산된다.

포스트 모더니즘에서 본 영상콘텐츠

원형감옥은 일종의 권력 실험실laboratory of power로 운용된다. 그러한 관찰의 메커니즘을 통해서 그 시설은 모든 인간의 행동에 효율적으로 , 그리고 광범위하게 침투해 들어가는 효과를 거둔다. 권력의 이러한 모든 진전과 더불어 지식의 확장이 이루어지고, 이와 같이 확장된 지식은 권력이 행사되는 모든 표면에서 앎의 대상들을 발견한다Foucault, 1975, 317쪽.

즉 규율은 개인들의 행동 곳곳에 스며들어가 있는 권력의 시선이며 이러한 권력의 작동양식은 원형감옥에서 상징적으로 잘 찾아 볼 수 있다. 중앙의 감시탑에서 퍼져나가는 권력의 시선은 개인들의 행동양식, 심리구조, 가치관 등을 관통하면서 기록하고 정리한다. 이를 통해 인간과학에 관한 지식이 형성되는데 권력은 앎의 형태로, 지식의 형태로 행사된다.

이를 좀 더 구체적으로 살펴보면 먼저 감옥이 갖는 독특한 권력의 효과는 '감옥 기능의 실패'에 있다고 푸코는 지적한다. 즉 감옥을 통해 우범자를 양성함으로써 인간을 구분 짓고 배열하게 된다.

형벌제도라는 것이 모든 위법행위를 근절시키기 위해서가 아니라, 위법행위를 그 차이에 따라 나누어 관리하기 위한 장치로서 만들어진 것임을 이해해야 한다 Foucault, 1975, 146쪽.

이와 같은 인간 분리 작업은 개인별 카드와 보고서의 광범위한 기록체계 작성을 통해 이루어지는데, 이는 곧 경찰제도의 발전을 가져온다. 개인들의 일상적인 공간의 가장 근접한 곳까지 들어 있는 경찰에 의해 각 개인들에 대한 세세한 기록이 치밀하게 이루어진다. 경찰이 꼼꼼하게 기록하고 분류한 개인에 관한 자료들은 통계학자와 사회학자 등 인간과학을 만들어 내는 전문가 집단들에게 중요한 데이터로 이용되면서 지식으로 고착화된다. 이들 지식은 곧 개인의 행동양식 및 사고양식을 규정하는 일종의 규율이 되고, 이러한 규율을 통해 전체사회에 대한 확장된 감시가 가능하게 된다. 따라서 규율권력은 '내면화된 감시체계'로 자동적으로 행사된다Sarup, 1991, 73쪽. 다시 말해 감시탑에 간수가 없더라도 자신은 지속적으로 간수에게 감시당하고 있는 것으로 생각하고, 간수가 정한 규율에 스스로 자신의 행동을 맞춘다는 것이다. 개인들은 꼼꼼한 권력의 시선이 도처에 투영되어 있기 때문에 스스로 이러한 감시체계를 내면화하고 자동적으로 자신을 관찰하고 감시하는 것이다.

이와 같은 규율 권력적 감시체계는 사회 전 영역에 암묵적으로 스며들어가 있다. 특정한 공간속에 개인을 배치하고, 개개인들을 비교 분할하며, 잘 짜여진 조직을 구성하고, 권력의 중심부와 전달부를 배열하며, 그리고 권력의 개입방식을 규정하는 등의 작동양식을 가진 규율 권력적 감시체계는 학교, 군대, 작업장 등을 넘어 개인들이 일상적으로 접하는 사회의 모든 기구, 제도 등에 소리 소문 없이 나타난다Foucault, 1975, 318쪽 참조. 이러한 감시체계는 사회의 가장 세밀한 단위에 이르기까지 권력이 지속적으로 행사될 수 있도록 한다. 원형감옥식panopticism 규율메커니즘은 권력의 행사를 보다 신속하고 경쾌하게, 그리고 보다 효율적으로 만들면서 그것을 개선해나가는 하나의 기능적 장치functional mechanism이고, 미래 사회를 위한 교묘한 강제권의 구상design of subtle coercion인 것이다Foucault, 1975, 323쪽.

이와 관련해 푸코는 17세기 말에 발생한 페스트의 예를 들면서 규율권력을 설명하고 있다. 즉 페스트의 전염을 막기 위해 해당 도시를 공간적으로 분할 격리하고, 그곳의 주민들에 대한 지속적인 감시와 기록이 이루어진다. 폐쇄되고, 세분되고, 모든 면에서 감시 받는 이 공간에서 개인들은 고정된 자리에서 꼼짝 못하고, 아무리 사소한 움직임이라도 통제되며, 모든 사건들이 기록되고, 권력은 위계적으로 완벽하게 행사된다Foucault, 1975, 306쪽. 이러한 모든 것은 규율장치에 의해 이루어지는데 이것이 곧 규율권력이다.

▶ 규율권력의 습관적 침윤(浸潤)

푸코에 따르면 규율권력이 일상생활 속의 작은 부분들에까지 스며드는 양식, 즉 개인에게 습관적으로 침윤되는 데에는 크게 네 가지 양식이 있다Foucault, 1975, 213-266쪽 참조. 그 첫 번째로는 일정한 공간에 개인을 분할해 배치하는 분할의 기술, 둘째, 시간 관리를 통한 활동의 통제, 셋째, 연속적인 활동의 계열화, 넷째, 효율적인 장치를 만들어 내기 위한 힘의 조합 등으로 정리될 수 있다. 여기에서는 이들을 세 가지로 나누어 살펴볼 것이다. 왜냐하면 푸코가 말한 시간 관리를 통한 활동의 통제와 연속적인 활동의 계열화는 '시간의 관리'로 묶어 질 수 있기 때문이다. 즉 시간을 촘촘히 나누어 개인의 활동을 통제함과 동시에 계열화 할 수 있기 때문이다. 따라서 이 연구에서는 규율권력이 습관적으로 침윤되는 양식을 첫째, 공간의 분할, 둘째, 시간의 관리, 셋째 힘의 조합 등으로 살펴본다.

먼저 규율권력은 공간에 따른 개인의 분할을 실행하는데, 이를 위해 규율은 종종 폐쇄성, 즉 다른 모든 사람에게는 이질적이면서, 자체적으로 닫혀 있는 장소의 특정화를 요구한다. 그것은 천편일률적 규율에 의해 보호되는 장소이다 Foucault, 1975, 222쪽. 사립학교와 수도원, 군대, 공장 등이 그 대표적인 예라 할 수 있다. 이들은 모두 질서를 유지하고 생산성을 높이기 위해 닫힌 공간을 갖는다. 사립학교에서는 일반학교와 다른 교육적 목표를 성취하게 위해 기숙사 제도라는 천편일률적인 규율을 통해 학생들을 닫힌 공간에 분할 배치한다. 수도원에서도 이러한 기숙사 제도는 그대로 적용되고 공간도 독방 형태를 띤다. 푸코에 따르면 규율의 공간은 본질적으로 수도원의 독방과 같은 형태이다Foucault, 1975, 226쪽. 폐쇄적인 공간에서 획일적인 규율에 따라 생활하는 학생과 수사는 보통의 사람들과 먼저 공간적으로 분리되는 것이다. 군대에서도 질서와 규율을 유지하기 위해 병사들을 외부와 분리된 공간에서 생활하도록 한다. 이와 마찬가지로 공장에서도 각종 시설물들을 보전하고, 노동력을 통제하여 생산성을 높이기 위해 직공들을 외부로부터 닫힌 건물에 모여 있게 한다.

이와 비슷하게 방송사의 사무실 공간도 이러한 공간의 분할을 보여준다. 업무의 특성에 따라 국별·팀별로 사무실이 배치되고 팀 내에서도 프로그램에 따라 자리배치가 구분되어 이루어진다. 겉으로 보기에는 같은 사무실 공간에서 서로 상통하며 조화롭게 섞여 있는 것 같지만, 실제로는 프로그램에 따라 PD와 AD가 한 묶음으로 엮여 있어 다른 프로그램을 제작하는 팀과 서로 이질적이면서 닫혀있다. PD와 AD을 중심으로 작가, FD, 음악 스텝 등으로 제작팀이 구성되어서 그들만의 공간과 일상을 갖기 때문에 다른 제작팀과 구획되면서 그들 스스로는 보호된다. 이처럼 프로그램별로 차별되는 제작팀의 고유성은 질 높은 프로그램 양산이라는 생산성 증대와 곧바로 연결되게 된다.

규율권력은 공간을 폐쇄적인 것으로만 분할하는 것은 아니다. 이보다 더 유연하고 섬세한 방식으로 공간을 재구성하는데, 그것은 위치결정의 원칙이나 분할 방식의 원칙에 따라 이루어진다.

> 개인마다 정해진 자리가 있고, 또한 지역마다 할당되는 개인이 있다. 집단 단위의 구분을 피하고, 집단적 배치를 분해하며, 혼잡하고 밀집해 있거나 파악하기 어려운 다수를 해부하도록 한다. 규율의 공간은 분리시켜야 할 신체나 그러한 요소들과 같은 정도의 작은 단위를 분할하려는 경향이 있다Foucault, 1975, 225-226쪽.

개인의 위치가 미리 결정되어 있고, 집단의 형식을 빌려 배치되어 있거나 혹은 집단을 넘어 흩어져 있는 다수를 분할하는 것은 도주와 방랑과 집단의 행동을 방지하기 위한 전술인 셈이다. 중요한 것은 개개인의 출결사항을 명백히 하고 개인의 소재를 파악하는 일이며, 유익한 연락체계를 확립하고 일반 사람들과 차단시켜서 감시하고, 평가하고 제재하며, 그 자질과 공적을 측정하는 일이다. 따라서 알고, 통제하고, 활용하기 위한 절차가 중요하다Foucault, 1975, 226쪽. 이처럼 규율권력은 개개인의 분리를 위해 공간을 조직한다.

까지 몸 전체가 엄격한 규칙에 따라 움직일 수 있도록 만드는 하나의 습관 일체는 규율권력에 의해 형성된다는 것이다.

신체에 침투된 시간은 드라마 제작 스텝들에게도 나타난다. 드라마 제작과정에서 스텝들의 몸속에 일상적으로 스며들어 있는 방송 러닝타임running time의 준수를 대표적인 예로 지적할 수 있다. 영상촬영을 할 때 카메라맨이 일정한 시간을 두고 카메라 녹화단추를 on-off한다든지, PD가 영상을 편집할 때 초second 및 프레임frame*단위에 따라 일정한 시간적 간격을 두고 편집하는 것 등이 이에 해당한다. 이는 규율권력에 의해 형성된 드라마 제작의 습관 일체이다.

> 신체와 그것에 의해서 조작되는 물체가 맞닿는 모든 면에 권력이 스며들어, 양자를 서로 묶어 놓는다. 권력은 병기의 신체, 도구의 신체, 기계의 신체라는 복합체를 만들어 내는 것이다. … 이런 식으로, 규율권력disciplinary power의 성격이 부각된다. 즉, 이 권력은 선취先取보다는 종합의 기능을, 생산물의 강탈보다는 생산기구와의 강제적 연결의 기능을 하는 것이다Foucault, 1975, 242쪽.

시간의 통제를 통한 신체의 분절은 이제 게으름을 방지한다는 부정적인 차원을 넘어선다. 시간이 신체를 관통함으로써 규율권력은 긍정적인 생산의 원리를 만들어낸다. 시간을 분해하면 분해할수록, 그 하위구분을 늘여 놓으면 놓을수록, 더 나아가 시간의 내적 요소를 통제의 시선 밑에 두면서 보다 명백히 시간을 분리하게 될 수록 훨씬 빠르게 하나의 행동을 추진시킬 수 있다Foucault, 1975, 243쪽. 시간을 세밀하게 나눈다는 것은 더 많은 이용 가능한 순간을 창출한다는 것을 뜻한다. 따라서 신체는 잘 쪼개진 시간표에 따라 행동하도록 훈련됨으로써 매순간마다 생산적인 것을 양산하도록 세팅된다.

* 방송영상은 프레임 단위로 구성되어 있다. 프레임에 일정한 영상정보가 실려서 하나의 영상을 구현한다. 방송영상은 보통 1초에 30프레임으로 이루어져 있다.

이러한 복종의 기술을 통해서 새로운 객체가 만들어지고 있는 것이다. 서서히 그 객체는 기계적인 신체의 외양을 갖춘다. 그 새로운 객체란, 힘을 갖고 있으면서 지속적인 근거가 되는 자연 그대로의 신체이고, 그 자체의 질서, 시간, 내적 조건 및 구성요소를 갖춘 특정한 작업을 영위할 수 있는 신체이다. 신체는 새로운 권력기구들의 표적이면서, 동시에 지식의 새로운 형식 대상이 된다. 사변적 물리학에서의 신체라기보다는 오히려 훈련을 위한 신체이고, 동물적 성향이 스며들어 있는 신체라기보다는 오히려 권력에 이해 조작되는 신체이다. … 규율권력 disciplinary power은 분석적이고 '독방 중심적'일 뿐만 아니라, 자연적이고 '유기적'인 개인을 상대적인 대상물로 갖게 된다Foucault, 1975, 244-247쪽.

따라서 규율권력은 공간을 수도원의 독방처럼 나누어 개인을 그곳에 닫혀 있게 할 뿐만 아니라, 자연의 일부로서 그 스스로 유기적인 개인을 분석가능하고 관리 가능한 상대적인 대상물로 만들게 된다. 또한 규율권력은 정밀하게 나누어진 시간을 개인의 신체에 삽입시킴으로써 개인이 흘러 다니는 순간순간을 이용가능한 생산적인 것으로 만든다.

규율권력은 이러한 시간 관리를 통해 연속적인 활동을 계열화한다Foucault, 1975, 250-251쪽 참조. 푸코에 따르면 신체가 매순간마다 이익을 증대시킬 수 있도록 하기 위해 시간은 정밀하게 조립된다. 이를 위해 먼저 시간을 구분하고 조정하여 몇 가지 단계로 분해한 다음, 이러한 여러 단계를 분석적 도식에 따라 편성해야 한다. 이 도식은 그 복잡성의 정도에 따라 결합하는, 가능한 한 단순한 여러 기본요소들의 연속으로 이루어진다. 예를 들어 단순한 동작들, 즉 손가락의 위치, 다리의 굽힘, 팔의 움직임 등이 군사훈련에서 연속적인 기본요소로서 편성되는 것이다. 세 번째로는 이렇게 분할된 시간에 목표를 부여하고, 각 부분은 시험으로 마무리 짓도록 하는데, 그 시험은 수험자가 규정상의 수준에 도달했는지 아닌지를 알려주고, 당사자의 기술 습득이 다른 사람의 그것과 동일한 것인지를 보증해주며, 각 개인의 능력을 세분화해 주는 세 가지 구실을 한다. 마지막으로 연속적인 계열화를 확립하여 각자에게 적합한 훈련을 수준과 경력, 지위에 따라 규정한다. 이러한 훈련을 통해 각 개인의 수준이나 지위는 특별히 규정한 시간적인 순서의 계열 속에 편입된다.

푸코는 시간적인 순서의 계열을 규율의 시간이라고 말한다. 규율의 시간은 학생들로 하여금 훈련 계획표상의 여러 계열을 거쳐 가도록함으로써 일정한 자격을 부여하도록 한다. 이 규율의 시간에 의해 교과목은 정교하게 잘게 분해되어 등급화 되고 계층화 된다.* 이는 학생들을 항상 관찰·통제할 수 있게 한다. 어느 때라도 학생들의 태도나 활동 등에 대해 대응할 수 있게 한다. 이와 관련하여 푸코는 다음과 같이 말한다.

> 연속적인 활동의 계열화는 시간에 대한 권력의 포위 공격을 가능하게 한다. 즉 세밀한 통제와 매순간마다 빈틈없는 대응구분, 교정, 징벌, 배제 등이 가능해지는 것이다. 또한 거쳐야 할 계열 속에서 각 개인들의 수준에 따라 그들의 특징을 알고 그들을 이용할 수 있으며, 시간과 활동을 축적하여 그것들이 한 개인의 최종적인 능력인 마지막 성적 결과로 전체화시켜, 이용 가능한 것으로 만든다. 분산된 시간을 한데 모아 이익을 취하고, 빠져나가는 시간의 흐름을 통제한다. 권력은 시간과 직접적인 관련을 맺어 그것을 통제하고 그것의 활용에 관여한다Foucault, 1975, 252-253쪽.

이처럼 개인의 활동을 계열화하는 시간 속에는 규율권력의 시선이 관통되고 있다. 시간의 마디마디에 분절된 신체가 대응되고, 각 개인의 일거수일투족이

---

* 드라마 PD가 되기 전에 다양한 프로그램을 경험하며 7년 정도의 AD 기간을 거치게 하는 것도 이러한 규율의 시간에 해당한다.

규율권력의 작동에 의해 구성되어진다. 개인들은 자신의 몸에 각인된 규율권력의 작용을 의식하지 못한 채 습관적으로 그 권력의 이끌림에 따라간다. 이를 위해 이제 훈련이 중요하게 된다. 훈련은 개인의 신체에 반복적인 임무를 부과하여 개인이 타인과 구별되게 하고 어떤 특정한 결과를 양산하게 만든다. 훈련은 개인에게 규율권력이 습관적으로 일정한 자격을 부여할 수 있도록 만드는 또 하나의 권력의 운용방식이다.

세 번째로 규율권력은 개인들의 힘의 조합을 이끌어낸다. 규율권력은 개인들을 공간적으로 분할·배치하고 신체의 유용성을 이끌어내기 위해 시간을 정밀하게 구분하는데 그치는 것이 아니라, 여러 가지 힘을 조합한다. 규율권력은 훈련된 개인을 다른 개인과 결합시킴으로써 효용성과 이익을 극대화시킨다.

다시 말해 개별적인 신체는 다른 신체와 결합되기 위한 한 요소가 된다. 예를 들어 군대에서의 행군대열은 개인이 차지하는 공간들의 조합을 통해 이루어진다. 즉 어느 한 병사의 공간은 행군대열 전체를 구성하는 한 요소가 되고, 이들 개인적 공간들의 결합을 통해 행군대열은 완성된다. 또한 여러 가지 계열의 시간들도 개인의 신체처럼 조합될 수 있다. 군대의 행군대열이 일사분란하게 움직이기 위해서는 개인의 시간이 다른 병사의 시간에 맞게 조정되고 결합되어야 한다. 개인적인 공간의 결합만으로는 행군대열은 움직일 수 없다. 공간적 조합과 함께 각 병사들의 시간을 정밀하게 조정하고 결합시킴으로써 행군이 이루어진다_{Foucault, 1975, 258-260쪽 참조}.

또한 개인의 능력을 세밀하게 계산하여 조합하기 위해서는 간결하고도 정확한 명령체계가 필요하다. 짧은 호각소리와 구령만으로도 개인은 통제되고 행군대열은 움직이게 된다. 명령체계는 복잡한 방식으로 이루어지는 것이 아니라 간단한 신호로 작동한다. 따라서 명령체계는 인위적으로 미리 설정되어 있어서, 개인의 신체들은 작은 신호에도 자동적이면서도 습관적으로 반응하게 된다

Foucault, 1975, 261쪽 참조.

촬영현장에서 PD의 콜call에 의해 전체 스텝이 일사분란하게 움직이게 된다. 각 분야의 스텝들은 PD의 콜이 무엇을 의미하며 왜 순응해야 하는지에 대해 아무런 의심 없이 습관적으로 따르게 된다. 이는 PD에 의해 그들의 시간과 능력이 조합됨으로써 좋은 프로그램을 만들 수 있다는 확신으로 받아들여지기 때문에 가능한 것이다. 이러한 확신은 인위적인 것임에도 불구하고 자연스러운 것으로 받아들여지는데, 이는 규율권력의 침윤에 의해 형성된 것이다.

개인적 공간의 결합과 시간의 관리, 그리고 간명한 명령체계가 합해져서 이루어지는 규율권력은 개인에게 습관적으로 침투하여 새로운 개체성을 만들어 낸다. 즉 공간의 분할과 배분을 통해 독방 중심적인 개체성을 만들고, 시간을 신체에 삽입시킴으로써 유기적으로 활동할 수 있는 개체성을 만든다. 또한 시간을 구분하고 조정함으로써 생산적인 개체성을 창출하고, 흩어져 있는 힘을 조합함으로써 결합적인 특징을 가진 개체성을 만든다.

규율권력의 세 가지 습관적 침윤양식은 독립적·분절적으로 나누어져서 이루지는 것이 아니다. 이들은 서로 얽히면서 개인의 신체와 정신에 침윤된다. 공간의 분할, 시간의 관리, 힘의 조합은 상호작용하며 개인의 미세한 영역 속에 스며들어 개인을 효율적인 개체성으로 만든다. 이와 마찬가지로 세 가지 침윤양식은 규율권력들의 행사양식들과 결합되어 규율권력의 습관적 침윤과 행사를 더욱 자연스럽게 하고 그 효과를 극대화시킨다.

규율권력의 행사

푸코에 의하면 규율은 억압적이고 폭력적인 방식으로 행사되는 권력이 아니라, 계획적으로 그리고 지속적으로, 은밀하게 기능하는 의심 많은 권력이다. 눈에 보이지 않고 물리력을 행사하지 않는 규율권력이 효과적으로 작동되기 위해서는 몇 가지 양식을 통해 이루어진다Foucault, 1975, 267-302쪽 참조. 즉 위계적 감시, 규범화한 제재, 시험 등을 통해 규율권력은 작동된다.

위계적 감시(la surveillance hiérarchique, hierarchical observation)

위계적 감시는 사회 전 영역에 질서정연하게 상호교차 되어 있는 감시의 기술이다. 이 감시의 기술은 보이지 않으면서 보아야 하는 시선의 기술을 통해 각 개인의 일거수일투족을 면밀히 들여다본다Foucault, 1975, 268쪽. 개인들이 감시 받고 있다는 사실을 알 수 없도록 하기 위해 감시의 기술은 보이지 않아야 하며, 이와 동시에 개인들을 치밀하게 감시해야 하기 때문에 보아야 하는 시선의 기술이다.

이러한 예로 푸코는 군대의 야영지를 들고 있다. 야영지는 권력이 군인을 상대로 행사되는 것이기 때문에 더 많은 집중도와 신중성, 효율성과 예방적 기능이 유지되어야 하는 권력의 중요한 장소이다. 따라서 통로의 기하학적 배열, 텐트의 수량과 배치, 텐트 입구의 방향설정 등은 정확히 규정되고, 서로 감시하는 시선의 그물눈이 그려지게 된다. 결국 권력은 엄밀한 감시 작용에 의해 행사될 것이고, 모든 시선은 권력이 전체적 기능을 수행하는 데 부속품 같은 요소가 된다Foucault, 1975, 269쪽.

푸코에게서 군대의 야영지는 '보이지 않으면서 봐야 하는 감시의 기술'이 관통하는 이상적인 모델이다. 이 모델에서 나타나는 기초적인 원리, 즉 위계적 감시의 공간적 중첩을 통한 은밀한 감시는 감옥, 학교, 작업장, 병원, 방송사 등에서도 찾아 볼 수 있다. 이들의 공간은 개인들을 질서의 이름으로 배치하고 이를 통해 내적인 감시를 가능하도록 한다. 높은 담과 견고한 철문을 가진 감옥, 작은 기숙사 방들로 구성된 학교, 중앙통로를 따라 작업과정을 한 눈에 볼 수 있는 작업장, 바둑판처럼 병실을 구획해 놓은 흰색 벽의 병원, 서열적·기능적으로 구획된 방송사 사무실과 PD의 제작과정을 언제나 확인할 수 있는 TV 모니터의 공간 등은 그 속에서 생활하고 있는 사람들의 행위를 지배한다. 위계적 감시의 공간에서 권력은 행사되고, 사람들은 객관화 되어 감시의 대상이 된다. 각각의 공간이 각 개인을 규정하는데, 즉 그들을 감옥의 수감자, 학교의 학생, 작업장의 직공, 병원의 환자, 방송사의 PD로 만들고, 그에 맞는 사고와 행동을 하도록 위계적 감시의 공간이 유도한다는 것이다.

드라마 제작과정에서도 상호 교차하는 감시의 시선은 여러 곳에서 찾아 볼 수 있다. 드라마가 제작중이거나 드라마 한편이 방송된 이후에도 수많은 감시의 시선들이 끊임없이 쏟아지게 된다. 멀게는 각종 방송 규제 감독기구와 시청자 단체의 감시에서부터 가깝게는 방송사 간부와 관련 스텝들에 이르기 까지 감시의 시선은 다양하게 나타난다. 방송사 외적으로는 다양한 규제와 모니터, 그리고 각종 시상식을 통해 감시를 구체화하고, 방송사 내적으로는 인사를 통한 보상과 처벌, 스텝들의 평가 등을 통해 감시가 현실화된다. 감시는 보이지 않으면서 보이는 기술이며, 드라마 전체 제작과정 속에 이러한 감시기술의 그물눈이 비가시적으로 그려지게 된다.

이와 같은 감시의 기술은 오늘날 컴퓨터를 통한 커뮤니케이션에서도 잘 나타난다. 컴퓨터를 중심으로 이루어지고 있는 커뮤니케이션의 순환은 벽이나 창문, 탑, 감시원이 없는 감시체계인 '슈퍼페놉티콘superpanopticon'을 형성한다. 사람들은 사회보장카드, 운전면허증, 신용카드, 도서관 이용카드를 사용함으로써 감시받도록 훈련받고 또한 그러한 과정에 자발적으로 참여한다김승현, 1992, 72쪽.

이와 같은 양식은 사회의 규율적 공간에 개인들이 투명하게 노출되어 그들의 행위가 감시되고 조정되어 변화되는 것과 같다. 그러나 위계적 감시는 억압적이며 폭력적으로 이루어지는 것이 아니다. 즉 죄수들에게 던져지는 간수의 시선, 학생들을 바라보는 교사의 시선, 장교의 시선, 공장장의 시선 프로그램을 보는 시청자의 시선 등으로 나타난다. 이처럼 위계적 감시는 누구도 눈치 채지 못할 정도로 당연하며 자연스럽게 일상생활 속에서 이루어진다. 규율로 치장한 권력이 자연스럽게 공기 중에 흩어져 있어서 각 개인이 이를 당연하게 흡입하는 것과 같다. 위계적 감시는 잘 계산된 지속적인 감시의 시선으로 작동된다는 것이다.

> 규율권력은 완전히 공개적인 것이 될 수도 있고, 동시에 은밀한 것일 수도 있다. 공개적인 것이 될 수 있는 이유는 권력이 도처에서 항상 경계하면서 원칙적으로 어떠한 애매한 부분도 남겨 놓지 않으며 통제의 책임을 맡고 있는 사람들조차 끊임없이 통제하기 때문이다. 동시에 이 권력이 완전히 '은밀해지는 것은' 그것이 언제나 그리고 대부분의 경우, 은밀하게 기능하기 때문이다. 규율은 고유한 메커니즘에 의해 유지되는, 여러 관계로 움직이는 권력을 작동시키고, 갑작스럽게 그 모습을 드러내는 형태보다 계산된 시각이 끊임없이 움직이는 양상을 선호한다 Foucault, 1975, 280쪽.

따라서 감옥, 학교, 군대, 작업장, 병원, 방송사 등의 잘 보이는 규율적 공간에 잘 놓여진 개인들은 촘촘히 짜여진 감시망 속에 갇혀 있으며 그들이 규율권력의 시선에 놓여 있다는 사실을 잘 알 수가 없다. 또한 이들 시선을 인지하더라도 규율권력이 신체에 자연스럽게 각인되어 있기 때문에 개인들은 잘 계산된 시선의 작용에 투명하게 노출되어 있는 것이다.

또한 감시의 기술은 새로운 지식의 생산과정과 새로운 종류의 지식을 연결하는 미시적 실천들이다. 이러한 실천들은 인구와 개인에 대한 과학적 관찰을 수행하며, 나아가 새로운 인문과학을 감시와 결합시킨다. 인문과학 등과 같은 지식은 다양한 제도들과 연결되면서 과학적 관찰 형태를 띠게 되며 개인들의 경험 영역 전반에 대해 샅샅이 캐묻게 된다Fraser, 1981, 270쪽 참조. 지식을 통한 과학적 감시는 일상생활 속에서 규율권력으로 구체화되며 개인들은 이를 몸속에 체화시킨 상태로 감시의 시선을 내면화한다. 개인들은 지식을 습득하는 과정에서 감시의 메커니즘을 부지불식간에 몸속에 받아들임으로써 스스로를 감시하게 된다.

면 이러한 객체화의 의례ceremony of objectification와 다름없는 것이다Foucault, 1975, 293쪽.

권력은 전통적으로 자신의 모습을 드러내기를 좋아했다. 고전주의 시대 때 성행했던 신체형이 좋은 예가 된다. 죄수들에게 가혹한 신체적 체벌을 가함으로써 권력은 자신의 화려한 모습을 드러냈다. 그러나 시험은 권력의 가시성을 권력행사의 대상 속으로 전이시킨다. 시험을 통해 규율권력은 자신의 모습을 권력에 복종하는 사람들에게서 드러나게 한다. 규율권력은 시험을 통해 개개인을 평가·분류·훈련·제재하여 객체화시킨다. 시험에 의해 학생들이 성적순으로 평가되고 비교되는 것이 좋은 예가 될 것이다.

방송사에서 드라마 PD가 되기 전에 다양한 프로그램 제작 경험을 쌓도록 하는 것은 PD의 자질과 능력을 평가하고 분류하여 객체화시키는 과정이다. 규율권력은 이러한 일정한 과정을 통해 PD가 훈련되도록 함으로써 PD를 규율권력 행사의 대상이 될 수 있도록 구획하고 정리한다. PD는 이와 같은 시험을 통해 자신의 신분을 스스로 만들고 또한 묶여 있게 된다.

시험은 개인의 작고 섬세한 모든 것을 기록한다. 개인을 감시하는 시험은 또한 개인을 기록의 그물망에 가두어둔다. 시험은 개인에 대한 기록을 언제나 어느 때나 꺼내 볼 수 있도록 개인을 서류문서철 속에 넣어 둔다. 따라서 '기록하는 권력power of writing'은 규율 장치 속에서 본질적인 부분으로 구성된다Foucault, 1975, 295-296쪽 참조.

시험은 기록장치의 도움으로 개인을 쉽게 기술하고 분석할 수 있게 된다. 즉 여러 가지 시험을 통해 개인들의 특징이 여과되어 기록될 수 있게 된다. 그 결과 개인에 대한 치밀한 기호체계가 형성된다. 예를 들면, 인상착의를 기록하는 신체적인 기호체계, 증세에 관한 의학적인 기호체계, 품행과 성적에 관한 학교나 군대의 기호체계 등이다Foucault, 1975, 296쪽. 이러한 기호들을 사용해 장부를 기입하거나 서류철을 만드는 작업, 그리고 도표table를 작성하는 일 등은 개인을 대상으로 하는 인간과학의 출현을 가져오는 중요한 계기가 된다.

시험은 익명으로 흩어져 있는 개인을 기록을 통해 차별성을 부여함으로써 하나의 '사례case'로 만든다. 사례는 지식의 대상이 되는 동시에 권력의 포획물hold이 된다Foucault, 1975, 298쪽. 예를 들면 학생의 생활기록부에는 성적 뿐 만아니라 동아리 활동, 성격, 심지어는 장래성에 대한 평가를 통해 미래의 모습까지 예단하여 기록하고 있다. 이러한 기록은 한 학생을 다른 학생과 차별화시키고 객관화시켜서 권력과 지식의 결과 또는 대상으로 삼는다. 병원의 진료카드나 인사기록카드, 소비자 고객 카드 등에 기록된 개인들도 이러한 예에 속한다. 또한 방송사에서 PD에 대한 방송경력과 포상정도 등에 대한 평가와 분류도 이와 같은 예에 해당된다.

> 결국 시험은 개인을 권력의 결과와 대상으로, 지식의 결과와 대상으로 만드는 여러 양식의 중심에 자리 잡고 있는 것이다. 시험이야말로 위계질서적인 감시와 규격화에 따른 처벌을 결합시키면서 배분과 분류, 힘과 시간의 양에 대한 최대한도의 이용, 단계적이고 지속적인 자료 축적, 적성에 대한 최적의 조립효과 등 주요한 규율기능disciplinary function을 확보한다Foucault, 1975, 299-300쪽.

시험은 개인을 인식의 대상으로 삼아 개인의 차이를 기록하고 분류한다. 이를 통해 시험은 개인을 조립할 수 있으며, 이는 규율권력의 작동을 자연스럽고 또한 효과적인 것으로 만든다. 시험을 통해 규율권력은 개인의 심적 구조, 행동방식, 가치관·세계관 등을 인식할 수 있고 이를 통제할 수 있다. 따라서 시험은 규율과 관례적ritual으로 결합함으로써 규율권력을 더욱 확고히 한다.

02

TV 드라마
제작과정

드라마 제작 전前 단계

　제작 전前 단계에서는 TV 드라마를 편성하는 편성, 제작인력을 배치하는 인사, 그리고 본격적인 드라마 제작을 위해 담당 PD가 제작스텝을 구성하는 스텝구성 등으로 나누어 볼 수 있다. 이 단계에서는 주로 사장, 부사장, 방송본부장, 편성실장, 국장 등 방송사 간부들이 편성권 행사를 통해 앞으로 제작되어야 할 드라마의 전체적인 기획의도, 제작방향, 성격과 방송시간 등을 확정한다. 또한 인사권 행사를 통해 제작 담당 PD를 배치한다. 담당 PD는 정해진 가이드라인에 적합한 드라마 아이템을 선정하고 본격적인 드라마 제작을 위해 작가, 카메라 감독, 오디오 감독, 조명 감독 등 제작 스텝을 구성한다. 이러한 TV 드라마 제작 전前단계를 요약하면 〈그림 1〉과 같다.

그림 1_ 드라마 제작 전(前) 단계

📡 편성

　드라마 편성을 위해서는 〈그림 2〉에서 나타난 바와 같이 사장을 비롯해 방송 본부장, 편성실장, 편성팀장, 그리고 실무부처인 편성실의 일선 PD들에 이르는 조직라인을 거치게 된다. 또한 편성실에서는 제작국과 긴밀한 협조관계를 형성 하며 드라마 편성에 관한 많은 의견을 청취한다. 드라마는 사장이하 부사장, 방 송본부장, 편성실장 등의 결제라인을 거치면서 편성의 전체적이 방향이 결정된 다. 편성팀장과 편성PD는 이러한 방향에 부합되도록 드라마의 기획의도, 방송 시간 등 드라마 편성을 위한 구체적인 원칙을 결정하게 된다. 이 과정에서 편성 팀에서는 제작국의 의견을 청취하고 반영하게 된다. 이를 바탕으로 편성 팀에서 는 예산, 인력을 감안해서 드라마를 최종 편성한다.

　여기에서 편성의 일반적인 원칙과 관행을 잠깐 살펴 볼 필요가 있다. 편성 주 기는 대체로 3월에 전반기 편성이 있고, 9월에 후반기 편성이 이루어진다. 수시

포스트 모더니즘에서 본 영상콘텐츠

편성이라고 해서 중요한 이슈나 현안이 발생할 때 편성이 이루어지기도 한다. 편성은 방송사에서 가장 중요한 방송행위로서 편성을 통해 방송사의 정책이 상정되고 실행된다. 편성을 통해 방송사 전체의 예산이 통제되고 집행되며 인사도 편성을 중심으로 이루어진다. 인력과 예산 배분뿐 만 아니라 스튜디오, 편집실, 주조, 부조, ENG 등 제반여건을 감안해 프로그램 편성을 한다. 방송사 전체 조직 라인이 편성행위와 직·간접적인 관계를 맺고 있다. 따라서 편성이 확정되기

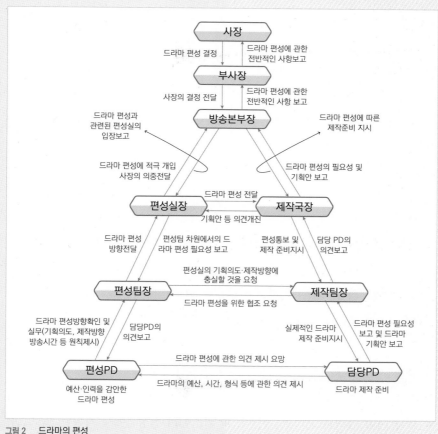

그림 2_ 드라마의 편성

2-3개월 전부터 또는 편성 확정 이후에도 편성실과 여타 부서 간에 방송편성과 관련된 회의가 끊임없이 이루어진다. 프로그램을 직접 제작하는 제작국은 물론이고 사업국, 총무국, 뉴미디어국 등 타 부서와도 복잡한 의견조율의 과정을 거치게 된다.

> 오후에는 제작1국에 이어 제작2국과 마라톤 회의를 했다. 2시 어린이 팀, 4시 직업진로 팀, 5시 학교입시 팀. 그 동안 편성 팀이 독단적으로 프로그램을 기획하고 편성행위를 한 것이 불합리하다는 지적에 반하는 새로운 형태의 조직 내에서의 대화방식인 것 같다.
>
> 제작일지 2003년 5월 12일

이러한 과정은 합리적인 편성을 위해 조직 구성원의 동의를 얻는 과정이기도 하지만 사장을 비롯한 간부들의 정책적 판단을 관철시키는 과정이기도 하다. 편성을 통해 사장의 방송철학이 관통되고 방송사를 이끌어 나가는 방향성이 결정된다.

일반적으로 편성은 크게 다음의 절차를 통해 이루어진다. 먼저 프로그램 편성을 위한 조사가 이루어진다. 사내에서는 기존의 프로그램에 대한 제작 PD의 의견을 청취하고, 새로운 프로그램에 대한 그들의 생각을 취합한다. 사외적으로는 시청자들의 관심이나 취향을 알아보기 위해 각계의 전문가를 만나기도 하고 언론자료 등 자료조사를 하기도 한다. 또한 해외 방송사를 방문해 그들의 편성정책과 국내에서 찾아 볼 수 없는 새로운 프로그램에 대한 조사를 하기도 한다. 이러한 조사가 이루어진 다음 본격적인 프로그램 기획이 이루어진다. 방송사에서 가용할 수 있는 인원과 예산의 규모를 파악하고 이를 바탕으로 시청자들에게 소구할 수 있는 새로운 형식과 내용의 프로그램을 기획한다. 셋째 이렇게 기획된 프로그램을 대상으로 사내의 의견을 청취한다. 편성실에서는 제작국, 사업국 등과 여러 차례의 회의를 가진다. 이 과정에서 편성실에서 기획된 프로그램이 다른 형태의 프로그램으로 탈바꿈하기도 하고, 편성실의 안이 그대로 관철

되기도 한다. 마지막으로 이렇게 조율된 프로그램은 편성실장, 방송본부장, 사장의 결재 라인을 거쳐 최종적으로 편성된다.

드라마 편성의 경우도 이와 같은 편성의 원칙과 절차, 그리고 관행 안에서 이루어진다〈그림 2〉 TV 드라마의 편성 참조. 교육방송의 경우 드라마 편성을 할 때 드라마 PD에 대한 의존율이 크다. 타 방송사처럼 드라마제작만을 전담하는 별도의 부서가 없고, 드라마를 제작하는 PD들도 소수이기 때문에 드라마의 형식과 내용을 결정하는 드라마 편성을 위해서는 드라마 PD의 의견이 많이 반영되는 편이다. 드라마제작이 다른 포맷의 프로그램과 비교해 볼 때 그 과정이 복잡하고 어렵기 때문에 편성 실무 PD들의 이해에는 한계가 있을 수 있기 때문이다. 따라서 드라마의 예산과 방향, 방송편수와 러닝타임 등에 대해 드라마 PD와 편성 PD간의 긴밀한 의견조율이 이루어진다.

> 드라마 같은 경우는 전문적인 요소가 프로그램 제작에 상당수 필요한 장르기 때문에 드라마 쪽 같은 경우는 제작노하우라든지 제작과정에서 얻어지는 현업 PD들의 아이디어를 많이 채택해서 다른 쪽에 비해서는 상당수 더 의견반영이 되고 있구요. 드라마 PD의 의견의 약 70-80%는 반영된다고 볼 수 있겠죠.
>
> B 편성담당 PD

이처럼 드라마 한 편이 편성되기 까지는 여러 과정을 거치게 된다. 편성실이 주도가 되어 여러 방면의 조사를 통해 드라마 기획이 이루어지고, 이에 대해 제작 PD 및 타 부서와의 의견조율을 거쳐, 결재 라인을 통해 드라마가 최종 편성된다. 이러한 편성의 전반적인 과정은 시청자의 공익에 복무해야 함은 물론이다. 각종 조사와 기획, 그리고 편성PD와 드라마 PD의 건전한 긴장관계는 모두 시청자의 이익을 위해 이루어진다는 것이다. 이렇게 편성이 확정되면 새롭게 편성된 프로그램 제작을 위해 곧바로 인사가 이루어지게 된다.

⏩ 인사

방송사에서 행해지는 인사는 프로그램 제작을 위해 대부분 프로그램별로 이루어진다. 기술국, 총무국 등과 같이 제작부서가 아닌 경우에도 프로그램과 직간접적인 관련을 맺으며 인사가 행해진다. 기술국의 경우 주조정실[*1], 부조정실[*2], 편집실 등에 대한 인력배치도 대체로 새롭게 편성된 프로그램에 따라 이루어진다. 총무국의 경우도 편성에 따른 예산, 인력의 변화 때문에 경리 팀과 인사팀 등의 인사도 새롭게 이루어진다.

인사 시기가 다가오면 방송사 전체가 술렁거리기 시작한다. 심리적으로 인사결과에 대한 기대와 우려가 교차하고, 몇몇 PD들은 인사발령이 나기 1달 전부터 자신이 희망하는 부서로 배치받기 위해 국장이나 팀장을 찾아 다니기도 한다.

PD의 입장에서는 좀 더 나은 프로그램을 배정받기 위해서, 국장이나 팀장 입장에서는 자신들과 일할 PD에 대한 사전 탐색 작업으로서 이러한 만남은 유용하게 작용한다. 그러나 이러한 과정을 통해 PD가 자신의 희망을 관철시키는 예는 드물다. 국장이나 팀장은 경우에 따라 PD의 의사를 반영하면서 인사를 단행하기도 한다. 대부분 국장과 팀장들의 회의를 거쳐 본부장, 사장 등의 인사 결재라인을 통해 인력을 배치한다.

> 하고자 하는 애들이 왔을 때, 열의를 가지고 한번 두 번도 아니고 자주 와서 이야기 하는 애들은 인사에 반영이 많이 되지. 프로그램에 대한 준비도 많이 해가지고 오기 때문에
>
> C 제작국장

인사는 먼저 국장, 팀장 등 간부급을 대상으로 이루어지고, 그 다음에 차장과 평사원에 대한 인사가 행해진다. 인사가 단행되기 전에 각 팀에서는 PD들에게 희망부서를 선택하게 한다. 〈그림 3〉 희망 근무서에서 보이는 것처럼 PD들은 3지망까지 원하는 부서를 선택할 수 있는데, 대개의 경우 PD들이 희망하는 부서

해서 소위 '잘나가는 PD'가 될 수 있기 때문이다. 또한 드라마는 다큐멘터리, 종합구성 등과 같은 각종 방송 프로그램 포맷이 사용하고 있는 다양한 표현양식과 이야기 구성 방식이 모두 포함되어 있는 일종의 '종합선물세트'와 같은 것이기 때문에 조연출들이 방송제작의 노하우를 배우기에 가장 적합한 방송 포맷인 것이다. 방송사 외부에서 조연출을 선정하는 경우에는, 다양한 방송관련 업무를 배우는 방송 아카데미 출신자, 또는 방송사에 프로그램을 제작해 납품하는 외주 프로덕션에서의 경험자 등을 중심으로 선정이 이루어진다.

> 그냥 흔한 이야기로 종합예술이라고 이야기 하잖아요. 많은 일들을 단기간에 배울 수 있는 종합코스로 생각했어요. 드라마라는 장르를 한번 거치고 나면 기획, 촬영 등 여러 가지 것들이 다른 어떤 장르에서도 호환이 될 뿐 만 아니라 다른 프로그램을 제작하는데 탄탄한 기반이 될 수 있기 때문이죠. G 드라마 조연출

이렇게 선정된 조연출은 드라마 제작을 위해 '땅바닥을 기어 다닐 정도'로 바쁘다. 제작 전반에 걸쳐 PD를 보좌하면서 연출팀의 안살림을 책임진다. PD의 개인 비서 역할 뿐 만 아니라 제작비 관리, 배우들의 연습 및 촬영시간 조정, 엑스트라 섭외, 촬영 장소 섭외, 소품 준비, 심지어 촬영 현장에서 스텝들의 간식 및 담배 공급에 이르기까지 조연출의 손을 거치지 않는 곳이 없다.

조연출의 업무를 도와주기 위해 FD 2-3명 정도가 선정된다. 이들 FD는 조연출의 손발이 되어 움직인다. 따라서 FD 선정은 대체로 조연출에 의해 이루어진다. FD이외에 연출팀을 구성하는 또 다른 인력에는 스크립터Scriptor가 있다. 스

* 방송사에 입사해서 프로그램 제작의 전체적인 책임을 맡는 PD가 되기 위해서는 조연출 기간을 거쳐야 한다. 방송사에서는 조연출 시절에 다양한 제작 경험을 쌓게 한 후 일정한 시점이 되면 해당 조연출의 능력을 종합적으로 판단해 PD로 승격시킨다. 이처럼 조연출에서 연출자로 승격되는 것을 '입봉'이라 한다. '입봉'이라는 말은 '승격', '승진'이란 말을 대신해 제작현장에서 일상적으로 사용되기 때문에 제작과정의 현장감을 그대로 살린다는 취지에서 여기에서는 이를 그대로 사용한다.

크립터는 일차적으로 조연출에 의해 섭외되고 최종적으로 PD의 허락을 받아 선정되게 된다. FD가 전체 제작과정에서 조연출을 도와 자질구레한 일들을 처리한다면, 스크립터는 촬영 현장에서 PD의 콜Call에 의해 구성된 영상물을 기록하고 관리하는 일을 한다. 하루에 약 20씬에서 22씬 정도를 촬영하기 때문에 이를 체계적으로 관리하지 않으면 영상 편집을 할 때 심각한 문제가 발생할 수 있다. 어떤 테입에 무슨 씬이 있는지 파악되지 않으면 편집에 많은 시간이 걸리고 방송시간에 맞춰 드라마를 방송할 수 없는 일이 생길 수도 있다. 따라서 스크립터는 PD 곁에 그림자처럼 붙어 다니면서 영상물을 관리한다. 조연출, FD, 스크립터로 구성된 연출팀은 드라마 제작 준비에서부터 완성에 이르는 전 과정을 혀로 핥듯이 차질 없이 진행하게 된다.

드라마 작가의 선정은 드라마의 성패를 좌우할 정도로 중요하다. 작가는 드라마의 색깔과 방향, 이야기 틀, 캐릭터 선정 등에 대해 PD가 의도하는 바를 최대한 존중하며 구성 한다. 작가는 PD의 연출력을 극대화할 수 있도록 드라마 대본을 써야 한다는 것이다. 물론 이러한 과정에서 작가의 의사도 매우 중요하게 반영된다. 작가는 대본을 통해 자신을 말한다. 대본 속에는 작가의 능력, 성격 등이 고스란히 녹아들어가 있다. 따라서 PD는 작가가 참여한 이전의 대본을 통해 작가의 자질을 판단하고 제작에 참여시킨다. 대체로 PD는 함께 일해본 경험이 있는 작가들 중에서 자신의 드라마 기획을 잘 뒷받침해줄 수 있는 작가를 선정한다.

> 일단 기존의 작품이 중요하구요, 나와 의식을 공유할 수 있느냐라는 것, 즉 호흡이 잘 맞느냐를 보고, 그 다음에 작가의 표현능력을 보고 작가를 선정하죠
>
> D 드라마 PD

카메라맨은 방송사내에서 영상 팀과 PD의 협의를 거쳐 선정된다. 영상 팀에

는 많은 카메라맨이 있는데, 이들은 드라마 뿐 만 아니라 다양한 프로그램을 소화해야 한다. 카메라맨이 자율적으로 프로그램을 선택하는 것이 아니라 공식적인 인사에 의해 제작할 프로그램을 배정받는다. 그러나 드라마를 제작할 카메라맨의 경우에는 드라마 PD의 의사가 일차적으로 존중된다. PD는 예전의 경험을 바탕으로 함께 일해 본 카메라맨 중에서 자신의 영상연출을 잘 구현해줄 카메라맨을 선택한다. PD는 이를 영상팀장과 의논하고, 영상팀장은 해당 카메라맨의 의사를 확인한 후에 최종적으로 카메라맨이 드라마에 배치된다.

영상 팀에 소속되어 있는 대부분의 카메라맨은 2개 이상의 프로그램을 맡아 촬영한다. 그러나 드라마를 맡은 카메라맨은 여타의 프로그램을 촬영 하지 않고 드라마에만 전념한다. 이는 복잡하고 힘든 드라마의 특수성을 감안한 조치이다.

PD는 카메라맨을 선정한 후에 조명 팀과 오디오 팀을 구성한다. 이를 위해 PD는 카메라맨과 긴밀한 의견을 교환한다. 조명과 오디오는 좋은 영상을 얻기 위해 매우 중요한 요소이기 때문에 PD보다는 카메라맨과 호흡이 잘 맞아야 한다. 기술적인 측면에서 카메라맨이 요구하는 조명의 세팅과 오디오의 수음이 원활이 이루어져야 한다는 것이다. 따라서 조명 팀과 오디오 팀의 선정에서는 대부분 카메라맨의 의사가 많이 반영된다.

카메라 팀은 카메라맨과 그를 도와주는 보조 2-3명으로 구성되고, 조명 팀은 5-7명, 오디오 팀은 2-3명으로 짜여 진다. 이외에 특수 장비 팀[*1]과 소품 팀[*2]이 구성되기도 한다. 그러나 '학교이야기'의 경우처럼 이러한 구성없이 카메라 팀과

[*1] 드라마 제작에서 좋은 영상을 얻기 위해 각종 장비들이 동원된다. 레일 위에서 카메라를 유연하게 움직이게 하는 달리(Dolly), 높은 곳에서 내려다보는 부감 샷(Shot)을 가능하게 하는 크레인(Crane), 지미 짚 등의 장비를 전문적으로 대여하는 업체를 특수 장비 팀이라 한다.

[*2] 드라마에는 많은 소품이 등장한다. 시대극이 아니더라도 자질구레한 생활용품을 비롯해 드라마마다 특별히 중요하게 사용되는 소품들이 있다. 이러한 다양한 소품들을 공급하고 관리하는 전문 업체를 소품 팀이라 한다.

조명 팀에서 필요한 장비를 준비하고, 연출팀에서 각종 소품을 챙기기도 한다. 이밖에 분장 및 코디 팀은 PD의 경험에 의해 인맥을 통해 구성된다. 이들은 배우들의 분장과 미용, 의상을 책임진다.

드라마 제작 단계

드라마 제작을 위한 사전 준비 단계로서 드라마의 편성과 그에 따른 인사, 이어서 담당 PD의 스텝구성이 완결되면 실제적인 드라마 제작에 돌입하게 된다. 본격적인 드라마 제작은 크게 3가지로 나누어 살펴볼 수 있다. 먼저 드라마의 향방을 가늠하는 대본작업, 둘째 대본을 영상으로 표현하는 촬영 작업, 셋째 이렇게 촬영된 영상을 편집, 오디오 믹싱 등을 하는 완성 작업 등으로 나누어진다. 드라마 제작 단계를 요약하면 〈그림 4〉와 같다.

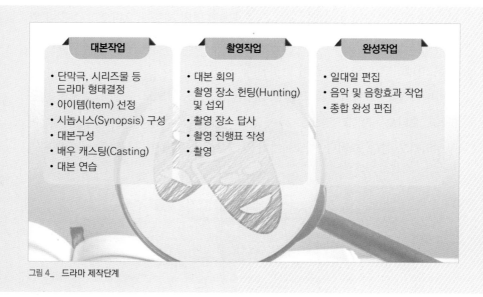

그림 4_ 드라마 제작단계

포스트 모더니즘에서 본 영상콘텐츠

⠶▶ 대본 작업

드라마 대본 작업은 드라마의 완성도를 높이기 위해 가장 중요한 단계이다. 드라마 대본은 시청자를 사로잡기 위해 대본 속에 많은 장치들을 설정한다. 극의 주요긴장들을 일정한 간격으로 배치하며, 각종 아이러니와 메타포를 설정하고, 극 전개에 대해 '미리 알려주기'와 시청자들에게 '예상하게 만들기'를 암묵적으로 실현한다. 또한 '콩쥐착한 역할-팥쥐나쁜 역할' 장치들을 통해 선과 악의 대결구도를 만들기도 한다. 또한 사건의 단초를 주고 시청자 스스로 사건을 해결하게 하는 '씨뿌리기와 거둬들이기' 장치도 사용하기도 한다.

드라마 대본 작업에서는 드라마의 형태* 결정, 아이템 선정과 시놉시스Synopsis 구성, 캐릭터 구성 등의 작업이 이루어진다. 이들 작업들은 드라마의 뼈대를 형성하는 것으로, 아이템이 새로운가?, 이야기가 매력적인가?, 캐릭터가 입체적인가? 등의 문제에 따라 드라마의 성공여부가 결정된다. 따라서 방송제작자들은 완성도 높은 대본을 만들기 위해 밤낮없이 기획회의를 하며, 짧게는 1개월에서 길게는 1년 정도의 기간 동안 대본에 공을 들인다. 한편 드라마 대본 작업은 배우 캐스팅과 대본 연습과도 깊은 관련이 있기 때문에 이절에서는 이에 대해서도 살펴볼 것이다.

드라마 대본은 작가와의 긴밀한 협의를 통해 완성된다. 대개의 경우 PD가 드라마의 전체적인 방향을 잡고, 대체적인 캐릭터character, 즉 등장 인물들을 제시한다. 작가는 PD가 제시한 전체 틀 위에서 본격적인 대본작업에 착수한다. PD는 먼저 드라마의 형태에 대해 작가와 논의한다. 드라마를 단막극의 형태로 표현할 것인

* 드라마 형태에는 크게 단막극, 그리고 연속극 형태로서 일일극, 또한 시리즈물 형태로서 주말극, 미니 시리즈 등이 있다. 이는 방송편성시간과 방송 러닝타임(running time)에 따른 구분이다. 단막극은 60분 내지 80분 분량의 1회분의 형태이며 드라마의 실험성이 강한 것이 특징이다. 일일극은 월요일에서 금요일까지 1주일에 5일 방송되며 우리 주변에서 흔히 볼 수 있는 평범한 일상적인 삶을 주요 소재로 다룬다. 미니시리즈는 1주일에 2회 평일에 방송되는데 주제의식이 뚜렷하고 작품성이 강한 것이 특징이다. 토요일과 일요일에 방송되는 주말극은 일일극의 일상적인 내용과 미니시리즈의 작품성이 함께 나타나는 것이 특징이다.

지 아니면 시리즈물로 처리할 것인지에 대해 논의한다. 드라마의 형태에 따라 드라마의 내용이 다르게 표현되기 때문에 이러한 논의가 우선적으로 있게 된다.

드라마 형태는 대부분 편성실에서 이미 결정되어 편성되는데, 경우에 따라서 드라마 방송시간만 편성하고 구체적인 형태와 내용은 제작팀에 일임하는 사례도 있다. '학교이야기'의 경우 편성실에서 다큐드라마 형태로 편성하였으나, 이후 제작팀의 의견이 반영되어 단막극 드라마로 편성되었다.

드라마의 형태가 결정되면 여기에 맞는 적합한 아이템을 찾게 된다. 단막극이냐 연속극이냐에 따라 아이템이 달라진다. 이는 방송 러닝타임running time에 따라 드라마의 내용이 결정되기 때문이다. 단막극의 경우에는 1회 분량으로 극의 전개가 모두 끝나야 하기 때문에 단편위주의 문학작품이나 사건과 상황이 비교적 단순한 이야기들이 주요 아이템이 된다. 연속극의 경우에는 보통 3개월에서 6개월 정도 방송이 지속되기 때문에 사건과 등장인물의 구성이 비교적 다양한 아이템들이 선정된다. 방송 러닝타임에 따른 아이템의 차별적 선정이외에도 드라마의 기획의도에 따라 아이템 선정이 달라진다.

'학교이야기'의 경우에는 학교에서 일어난 실제의 사례를 찾아 드라마로 극화하는 것이었다. 이러한 기획의도를 충분히 살리기 위해 학교 현장에 대한 탐방과 10대 청소년들에 대한 취재, 그리고 시청자들의 제보 등을 통해 아이템을 선정했다. 현실감 있는 이러한 아이템에 감동, 재미, 갈등, 긴장 등의 드라마적 요소를 적절하게 배치하였다.

> 실제사례를 중심으로 아이템을 찾았기 때문에 학생들 수기집이나 기사검색
> 등을 통해 학교현장에서 일어나는 실제 사건이나 갈등을 골라서 쓴 것 같애요.
>
> J 드라마 작가

드라마의 형태와 아이템이 결정되면 PD는 등장인물을 포함한 드라마의 전체

포스트 모더니즘에서 본 영상콘텐츠

줄거리에 대해 작가와 논의한다. 시놉시스에 대한 대체적인 내용을 PD를 중심으로 논의하게 된다. 이를 토대로 작가는 구체적인 시놉시스를 구성한다. 작가는 구성된 시놉시스를 갖고 PD와의 논의를 통해 여러 차례의 수정을 거친 후, 완성된 시놉시스를 토대로 본격적인 대본작업에 들어가게 된다.

> 몇 번의 아이템 회의를 거치고 시놉 구성을 넘어 초고가 나온 지 3일 만에 수정고가 나왔다. 이번에는 지난 월드컵 축제 때문에 작가가 완전히 감각을 잃어버린 것 같다. 대-한민국의 함성 속에 완전히 녹아들어간 형국이다. 여하튼 6주 만에 나와야할 원고가 영 딴판으로 나와 최근 1주일 동안 아이템을 3번 바꾸고 결국 오늘 수정고가 나온 것이다.
>
> 제작일지 2002년 7월 9일

이렇게 대본작업이 수차례의 논의와 회의를 거쳐 이루어지는 이유는 앞서 살펴 본 것처럼 대본이 드라마의 성패를 좌우하기 때문이다. 대본이 드라마의 처음이자 끝이라 해도 과언이 아니다. 물론 대본을 영상화하는 작업도 중요하지만, 대본이 좋으면 영상 구성이 미흡해도 드라마는 성공할 수 있다. 그러나 대본이 나쁘면 아무리 영상구성을 세련되게 해도 그 드라마는 실패할 확률이 높다. 따라서 드라마 PD들은 능력 있는 작가를 만나기 위해 많은 노력을 기울인다. 드라마 PD가 작가를 키우기도 하지만, 능력 있는 작가가 드라마 PD를 선택하는 경우도 있다.

대본이 완성되거나 또는 완성되어 가는 과정에서 배우 캐스팅 작업이 이루어진다. 주연 배우들은 이미 대본작업 과정 중에 정해 놓는다. 드라마의 등장인물을 구성할 때 주연 배우의 극중 성격*과 직업 등에 대한 설정이 결정되기 때문이다. 그러나 섭외과정에서 주연 배우가 바뀌기도 한다. 주연 이외의 배우들에

* 주연의 캐릭터가 코믹한지, 진지한지, 또는 생기발랄한지, 우유부단한지 등과 같은 배우의 성격은 대본 구성 단계에서 이미 결정된다.

대한 캐스팅도 이루어지는데, 이 과정에서도 작가와 PD는 긴밀하게 협의하지만 대부분 PD의 결정이 우선한다. 배우들에 대한 정보는 일차적으로 영화나 드라마에 출연했던 배우들을 중심으로 얻고, 그 다음 연기자 협회에서 만든 연기자 주소록, 그리고 연예기획사 등을 통해 취득하게 된다.

대본 작업과 캐스팅 작업이 끝나면 대본연습으로 이어지게 된다. 대본연습은 배우들이 PD, 작가 등과 만나서 자신의 캐릭터를 구체화 시키는 과정이다. 배우가 대본만 보았을 때 감지 할 수 없었던 자신의 극중 캐릭터를 다듬어 가는 과정이다. 다시 말해 PD의 작품해석과 실제에 가까운 연기연습을 통해 더욱 구체적으로 캐릭터를 만들어 가게 된다. 대부분 출연 배우들이 모두 참여해서 대본 전체를 리딩reading한다. 이 과정에서 배우와 PD는 계속되는 긴장 속에 있게 된다. PD는 배우의 실제 성격에 맞게 캐릭터를 수정하기도 하고, 배우는 PD의 요구에 맞게 캐릭터를 구체화 시켜 나간다.

> 한 가지 대사를 여러 가지 느낌으로 말할 수 있지 않겠어요? 감독님과 같이 대본연습을 할 때에는 내가 생각지 못한 부분을 많이 지적해 줄때가 많아요. 그럴 때 도움을 많이 받게 되죠.
>
> P 연기자

대본 연습 과정에서는 조연출이 배우들과 전체 촬영일정에 대해 협의 조정하기도 한다. 미리 작성된 촬영 진행표를 배우들의 스케줄과 비교하면서 조정하게 된다. 또한 분장·코디 팀은 배우들의 미용과 의상에 대해 배우들과 상의하기도 한다. 배우들의 신체적 조건에 맞는 헤어스타일과 의상 컨셉concept에 대해서도 협의한다.

이상과 같이 PD와 작가의 긴밀한 협의를 거쳐 이루어지는 대본작업은 드라마의 성공을 가늠할 수 있는 중요한 절차이다. 드라마 형태를 결정하고, 아이템을 선정하고, 등장인물을 구성하고, 이야기의 줄거리 작성을 거쳐 완성된 대본은 영상으로 옮겨지기 위해 이제 촬영 작업으로 넘어가게 된다.

⏩ 촬영 작업

촬영 작업은 대본회의, 장소 헌팅hunting 및 섭외*¹, 장소 답사, 촬영 진행표 작성, 본격적인 촬영의 순서로 나누어 살펴볼 수 있다. 대본회의는 배우들을 중심으로 이루어진 대본연습과 달리, 영상 연출에 대한 PD의 생각을 카메라 팀, 조명 팀, 오디오 팀, 소품 팀 등의 스텝들이 공유하고 의논하는 자리이다. 예를 들어 PD는 클로즈 업close up 위주의 영상구성을 위해 카메라의 앵글angle과 조명효과, 오디오 수음 정도 등에 대해 주문하고 이에 대한 스텝들의 의견을 듣는다. 각각의 스텝들은 맡은 분야에서 PD의 아이디어를 증폭시키기도 하고, 물리적으로 불가능한 것에 대해 PD의 양해를 구하기도 한다. 또한 촬영 장소를 헌팅하기 전에 대본에 나온 촬영 장소에 대한 의견도 교환한다. 촬영 장소가 촬영하기에 충분히 넓어야 하며 자연광이 넉넉해야 하고, 창문과 출입구의 방향이 일정해야 한다는 등 대본에 설정된 촬영공간이 현실의 촬영 가능한 공간으로 되기 위해 어떤 조건들이 필요한지를 의논한다.

대본회의가 끝나면 실제로 촬영할 장소를 헌팅하고 섭외하게 된다. 이러한 일은 대부분 로케이션location 전문 업체*²에서 맡아서 처리한다. 로케이션 맨location man이 PD의 지시를 받고 가장 적합한 장소를 찾아온다. PD는 로케이션 맨이 찾

---

*¹ 드라마에서 나오는 공간은 세트장과 실제의 촬영장소로 나누어 볼 수 있다. 세트장은 방송사 스튜디오나 영화 촬영소, 또는 지방의 특정 지역에 집, 카페, 병원, 성곽 등을 실제로 건축해서 사용하는 것을 말한다. 세트장을 짓게 되는 이유는 특정한 공간이 전체 드라마에서 주요 무대가 되고, 또한 그 공간을 현실에서 찾기 힘들기 때문이다. 따라서 드라마에 설정된 공간을 가장 잘 표현할 수 있도록 세트를 만들게 된다. 이와 달리 세트장을 만들 필요가 없을 경우에는 실제의 장소를 헌팅·섭외하게 된다. 촬영할 장소를 물색하는 것을 장소 헌팅(hunting)이라 하고, 헌팅한 장소 중에서 실제로 드라마 촬영장으로 결정된 곳에 대해 드라마 촬영 협조를 구하는 것을 장소 섭외라 한다. 장소 섭외는 일반적으로 장소 사용료를 지불하거나, 간단한 촬영의 경우 기념품 지급으로 대체하기도 한다.

*² 드라마 촬영 장소를 찾아주는 전문 업체를 말한다. 실제의 드라마 제작에 있어서 대본에 설정된 장소를 정확히 찾는 다는 것은 어려운 일이다. 연출팀에서 촬영을 위한 제반 준비를 하면서 촬영장소를 물색하는 것은 시간상으로 힘든 일이다. 따라서 촬영 장소는 전문 업체에 맡기는 경우가 많다. 이들 업체에서는 섭외가 어려운 병원, 호텔, 부잣집, 공항 등에 대해서 그들만의 노하우를 이용해 쉽게 섭외하기도 한다. 보통 회당 계약을 맺게 되는데, 로케이션 맨에게 1회당 150만원-250만원 정도를 지급하게 된다.

아온 장소를 6미리 테이프*¹을 통해 간접적으로 확인하거나 그 장소를 직접 방문해 확인한 후 최종 촬영지로 결정한다. 로케이션 맨이 장소를 헌팅·섭외하는 방식이외에 조연출이 직접 장소를 헌팅·섭외하는 경우도 있다. '학교 이야기'와 같은 단막극에서 로케이션 맨의 기용 없이 조연출이 FD의 도움을 받아 장소를 헌팅·섭외한다. 이때에도 마찬가지로 PD가 촬영장소를 최종 결정한다.

촬영 장소가 결정되면 PD는 카메라 팀, 조명 팀, 오디오 팀 등 스텝들과 함께 주요 장소를 답사한다. 이를 통해 PD는 영상구성에 대해 구체적으로 논의하게 된다. 대본회의를 할 때에는 대본을 바탕으로 상상력에 의해 촬영계획을 세웠다면, 장소답사를 통해 이러한 계획을 더욱 구체화 시키게 된다. 즉 촬영 장소에 적합한 배우들의 동선과 소품들의 배치, 이에 따른 카메라 포지셔닝positioning과 카메라 워킹working에 대한 계획이 구체적으로 이루어지는 것이다.

촬영 장소 답사를 마치고 나면 조연출은 촬영 진행 스케줄을 구체적으로 작성하게 된다. 배우들과 대본연습을 할 때 대략적으로 잡은 촬영 스케줄은 촬영 장소의 섭외·답사가 끝나면 실제 촬영을 위해 잘 계산된 촬영 스케줄표로 바뀌게 된다.

〈그림 5〉 촬영 스케줄 표에서 나타나는 것과 같이 촬영 스케줄 표는 하루 촬영 분을 기준으로 만들어진다. 밤 씬의 포함 여부에 따라 촬영 분량이 달라지지만 대체로 하루에 17씬에서 20씬 정도를 촬영하게 된다. 촬영순서는 대체로 촬영 장소에 따라 정해진다. 장소의 이동에 따른 촬영시간의 지연을 막기 위해 가능하면 동일한 장소를 한꺼번에 촬영할 수 있도록 스케줄 표가 작성된다. 촬영 스케줄 표에는 촬영 장소이외에도 출발시간, 등장인물, 소품, 의상, 대본의 분량 등 촬영을 위한 모든 것들을 한 눈에 볼 수 있게 일목요연하게 정리되어 있다. 배우를 포함한 촬영에 참여한 모든 스텝들은 촬영 스케줄 표를 분신처럼 가지고 다니며 촬영 진행 상황을 체크하고, 그 다음 촬영을 위한 준비도 하게 된다.

촬영스케줄 표*² 작성이 끝나면 본격적인 촬영에 들어간다. 촬영 출발 시간은

포스트 모더니즘에서 본 영상콘텐츠

스 케 줄 표

제 63 화 "냄 새"

2002년 1월 4일 금요일

S#	p	D/N	내 용	장소	등 장 인 물	미 술/소 품	비고
31	76	반D	아버지가 좀 다쳤다	병원복도	김씨E 규진		4
37	86	D	복도를 걸어오는 규진	병실복도	규진		4
32	77	3	아버지처럼살기싫어서	병실	아빠, 규진	깁스,	4
41	90	2	모두 거짓말이죠?	병실	아빠, 규진	가방, 주스박스,	5
45	98	2 N	새벽 노을 은은한까뿌저.	병실안	아빠, 규진		5
36	85	1 D	규진이한텐 버빌.	병실	선우, 아빠	깁스, 봉투	4
38	87	반D	고개 옆구고 오는 규진	병실앞	규진, 선우		4
40	89	D	병실문을 나서는 선우모	병원복도	선우모, 규진	가방	5
10	29	반D/N	과외 한 과목 더 하구과	선우집 거실	선우,	전화기	1
28	70	5 D	규진이 야한 말야서니?	선우집 거실	규진, 선우, 선우모	과일, 과도,	3
29	75	반D	옷에 냄새를 맡아본다	선우집 화장실	규진		3
30	75	1 D	야릇한 표정으로 규진 보는 선우	거실	규진, 선우,	쓰레기봉투,	3
1	7	4 D	놀림당하는 규진	학교근처(하교)	규진, 아빠, 초등애들	각자가방,청소차,목도리	회상
2	11	1 D	목도리를 버리는 규진	골목길	규진, 아빠	가방,목도리,쓰레기더미	회상
44	98	N	희탈한 규진	거리	규진		5
47	101	2 N	함께 걸어가는 아빠와아들	새벽거리,	규진, 아빠	청소차	5
14	36	N	힘겹게 밀고 가는 아빠	새벽거리,	아빠	청소차	1, 2

- 규진, 아빠 07:00까지 교총. 혹은 강남e병원.
- 선우 09:00까지 강남e병원.   - 선우모 09:30까지 강남e병원.
- 초등애들 15:00까지 공덕동.

그림 5_ 촬영 스케줄 표   출처: EBS 학교이야기 제63화 냄새(2002년 1월 24일 방송)

[*1] 소형 디지털 캠코더에서 사용하는 영상기록용 테이프를 말한다. 과거에는 8미리(mm)테이프도 있었으나, 요즈음에는 6미리(mm)테이프를 주로 사용한다.

[*2] 촬영 스케줄 표에서 각각의 씬에 줄이 그어져 있는 것은 촬영이 끝난 씬을 표시하기 위해서이다. 이렇게 그어진 줄은 촬영이 빨리 끝나기를 기대하는 심정과 촬영이 씬별로 완료 될 때 마다 느끼게 되는 성취감을 보여준다.

보통 오전 7시부터이다. 가까운 지방으로 하루 촬영을 다녀올 경우 새벽에 출발하기도 하고, 낮 씬 보다 밤 씬 촬영이 많은 경우 점심 식사 후에 출발하기도 한다. 그러나 대체로 오전 7시에 출발하는데, 그 이유는 제작비 절감을 위해서이다. 촬영시간이 오후 6시를 넘길 경우 조명비와 오디오비 그리고 엑스트라 배우들의 출연료가 상승하기 때문이다.

> 촬영이 늦어지면 제작비 부담이 많아지고 밤 씬을 하루로 몰아서 찍고 그러죠.
> 그럴 때 받는 심적 스트레스는 말로 다 못하죠.　　　　　　　　　G 드라마 조연출

　촬영이 시작되면 모든 스텝들은 전장에 나가는 병사들의 심정이 된다. 한정된 시간과 예산 때문에 촬영은 전쟁처럼 시작된다. 원래의 계획보다 촬영이 하루 더 연장되면 학교이야기의 경우 제작비가 1일당 300만원에서 500만원이 상승한다. 말 그대로 '시간이 금'인 것이다. 따라서 PD는 촬영이 지연되지 않도록 전장의 지휘관이 되어 스텝들을 일사분란하게 움직이게 한다. 시간에　기는 것 이외에도 촬영현장에서 예상 밖의 일들이 속출하는데 이를 잘 통제해야 한다. 거리 씬에서는 각종 소음과 싸워야 하고 집씬에서 집 주인의 불평을 감내해야 한다. 또한 기상이변이 생겨 눈이나 비라도 내리는 날에는 하루를 그냥 흘려버리는 경우가 많다. 이 모든 변수와의 싸움 때문에 PD는 한바탕 전쟁을 치르는 것이다.

　촬영현장에서 PD는 자신이 계획한 영상구성을 위해 '영상 콘티[*1]'를 짠다. 촬영하기 전에 사무실에서 미리 콘티 작업(그림 6) 영상구성콘티 참조을 하기도 하지만 경험이 많은 PD의 경우에는 촬영현장에서 콘티를 짠다. 왜냐하면 실제로 촬영될 장소에서 배우들의 동선動線[*2]을 짜고, 소품의 배치 등을 감안해 콘티를 구성하는 것이 더 정확한 영상구성이 될 수 있기 때문이다. 실제로 사무실에서 구성한 콘티는 촬영 현장에서 바뀌는 경우가 많다.

촬영현장에서 대본의 내용이 수정되기도 한다. 이는 구체적인 촬영 공간에서 느껴지는 배우들의 감정선感情線과 방송국에서 대본연습 할 때에 감지되는 감정선이 다르기 때문에 나타나는 현상이다. 또한 촬영지의 변경이나 특정 소품의 추가 등에 따라 대본이 수정되기도 한다. 그리고 촬영 분량이 방송시간을 초과하거나 부족하다고 예상될 때 대본의 생략 또는 추가가 이루어진다. 이러한 경우에 PD는 촬영 중에 곧바로 대본을 수정해서 촬영한다. 수정할 부분이 많은 경우에는 작가에게 대폭 수정을 요청하기도 한다.

촬영 콘티와 대본이 수정·확정되면 곧바로 촬영이 이어진다. 콘티에 나타난 것과 같이 배우들의 동선과 영상 사이즈, 카메라 워킹이 이루어지며 이와 동시에 조명 설치와 오디오 수음도 진행된다. 촬영 중에 NG*3가 발생하기도 한다. 한 번의 촬영으로 OK 영상을 얻는 경우는 거의 없다. 수차례의 NG를 겪으면서 최종적으로 좋은 영상을 얻게 된다. 카메라 워킹에 문제가 있거나 배우들의 연기에 문제가 있는 경우 NG가 발생한다. 또한 조명이나 오디오에 문제가 있을 때, 그리고 촬영장소의 소음 등 다양한 원인에 의해 NG가 나온다.

이상과 같이 촬영스텝들과의 대본회의에서부터 시작되는 촬영 작업은 촬영 장소의 헌팅·섭외·답사와 촬영 진행과정을 한눈에 살펴볼 수 있게 하는 촬영 스케줄 표 작성, 그리고 본격적인 촬영의 순서로 이루어진다. 대본을 영상으로

---

*1 콘티뉴이티(continuity)의 약자. PD가 드라마 대본의 내용을 가장 효과적인 영상으로 만들게 위해 카메라의 사이즈(size) 및 앵글(angle), 카메라 워킹(working) 등을 포함해 배우들의 동선을 미리 설정해 놓은 일종의 '영상구성 설계도'를 말한다.

*2 블로킹(blocking)이라고도 하며 배우들의 움직임을 말한다. 극중에서 배우들은 여러 가지 형태로 움직이게 되는데, PD는 이들의 움직임을 미리 계산하고 설정하게 된다. 만약에 이러한 설정을 하지 않게 되면 배우들이 카메라 앵글 밖으로 벗어나서 보이지 않게 된다. 연극 무대에서 배우들의 동선이 미리 설정되어 무대 밖을 벗어나지 않도록 하고, 그러한 움직임을 통해 관객들에게 최상의 연기를 보여주기 위한 것과 같다.

*3 노 굿(No Good)의 약자. 배우의 연기나 카메라 워킹 등에서 PD의 원래 계획대로 이루어지지 않을 때 NG가 발생한다. NG인지 아닌지에 대한 판단은 대본과 영상 콘티 등에서 이미 약속된 대로 이루어졌는가에 달려 있기 때문에 PD 뿐 만 아니라 배우를 포함한 스텝들 모두 NG 사인을 낼 수 있다. 그러나 최종 OK 사인은 PD의 고유 권한이다.

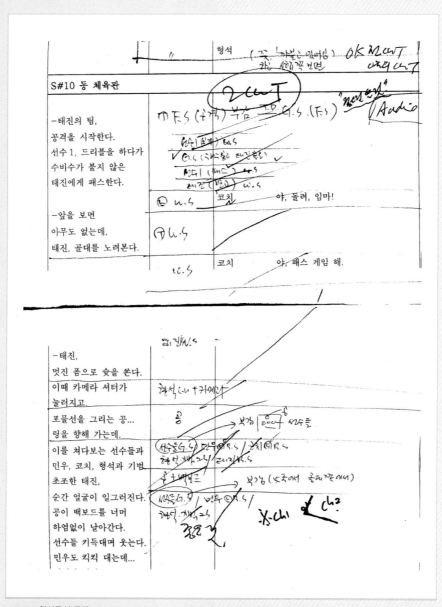

그림 6_ 영상구성 콘티　　　　출처: EBS 학교이야기 제72화 '만화처럼'(2002년 3월 28일 방송)

담아내는 이러한 촬영 작업이 끝나면 마지막 단계로 촬영된 영상을 방송 영상으로 만드는 드라마 완성 작업에 들어가게 된다.

🎬 완성 작업

드라마 완성 작업은 PD의 일대일 편집*, 음악 및 음향 효과작업, 종합완성편집 등으로 나누어 볼 수 있다. 일대일 편집은 촬영된 원본 영상을 대본의 콘티대로 PD가 직접 컷cut 편집을 하는 것을 말한다. 이 작업은 최초에 촬영된 영상을 생략하거나 압축 또는 연장하는 것이다. 일반적으로 드라마가 전개되는 순서대로 편집한다. 그러나 편집 과정 중에 드라마의 전개 순서를 바꾸기도 하고, 불필요하다고 판단되는 씬이나 컷은 생략되기도 한다.

> 편집은 과학이다. 오디오의 분리에 의한 자연스런 오디오 편집. 종이를 풀로 붙이듯 리액션과 눈길, 호흡 등의 비디오 편집. 항상 머리 속에는 시청자들이 상황을 인식하고 배우들의 정서적 감정적 교감 등을 가장 자연스럽게 받아들일 수 있도록 신경 쓴다. 눈길하나 숨결하나 동작하나가 연결돼서 전체 스토리를 이해 할 수 있도록 손가락에 담아내 편집버튼을 누른다.   제작일지 2003년 1월 28일

제작일지에서 나타난 것처럼 편집은 과학이라고 표현되기도 한다. 프레임frame 단위의 미세한 조정을 통해 영상을 구성하기 때문이다. 편집은 종이를 풀로 정교하게 붙이듯이 컷과 컷을 치밀하게 이어 붙이는 작업이다. 일대일 편집은 PD

---

* 1차 편집 혹은 가(假)편집이라고도 한다. 모니터용과 레코드용으로 구성된 2대의 선형 편집기를 이용해 편집한다. 이는 컴퓨터 편집 방식인 아비드(Avid)나 프리미어(Premier) 등의 비선형 편집과 다른 방식으로 편집이 이루어진다. 비선형 편집이 각종 비디오 이펙트와 음악, 자막 등의 삽입도 가능한데 반해, 선형편집 즉 일대일 편집은 단순한 컷 편집만 가능하다.

의 연출 역량을 표현하는 최종 수단이다. 편집을 어떻게 하느냐에 따라 영상의 느낌이 완전히 달라진다. 컷과 컷의 간격이 3-4프레임정도만 차이가 나더라도 완전히 다른 느낌의 영상이 구현된다. 또한 시간에 쫓겨 원래의 의도대로 촬영되지 못한 영상도 편집을 통해 어느 정도 수정 보완될 수 있다.

일대일 편집 과정에서 PD는 종합완성편집에 사용될 각종 비디오 이펙트effect나 자막의 삽입, 각종 효과음과 음악에 대한 구상도 하게 된다. 편집은 경우에 따라 전문화된 편집기술을 보유한 편집기사가 맡아서 하기도 한다. 이는 빡빡한 드라마 촬영 일정 때문에 PD가 직접 편집을 할 수 없을 때 이루어진다. 편집 기사는 PD의 편집콘티를 바탕으로 편집을 하게 된다. PD는 편집 기사의 편집 영상을 차후에 확인하고 수정을 거쳐 종합 완성 편집을 하게 된다.

일대일 편집이 끝나면 음악 및 음향 효과 작업이 이루어진다. 드라마에서 음악의 역할은 매우 크다. 음악은 극중에 나오는 배우들의 다양한 감정선感情線을 더 깊고 풍부하게 한다. 음악은 배우들의 연기를 돋보이게 하며 드라마의 전반적인 정서를 결정하는데 중요한 역할을 한다. 또한 드라마의 성공에 음악이 중요하게 작용하기도 한다. 드라마 시청률이 어느 정도 상승하기 시작하면 드라마에 사용된 음악이 유행되기 시작한다. 드라마 음악이 시중에 널리 유통되면 다시 드라마의 시청률은 재상승 한다. 이처럼 드라마 음악은 드라마의 성공과 깊은 관련을 맺고 있다.

집을 지을 때 마지막 단계에서 페인트칠을 하는 것처럼 드라마에서 음악은 그런 것인데, 음악이 어떻게 나오느냐에 따라서 드라마의 색깔이 있어 보인다고 할까요?

N 드라마 음악감독

음악작업과 함께 음향 효과 작업도 이루어진다. 음향효과 작업이란 드라마에서 사용될 각종 음향을 적절하게 사용하는 것을 말한다. 차 소리, 새소리, 문소리, 발자국 소리 등과 같은 음향을 필요한 장면에 삽입하는 것이다. 사극에서 사용되는 칼 소리, 활 쏘는 소리 등이 음향효과에 해당한다. 이 작업은 대부분 PD의 콜call에 의해 효과맨이 음향을 준비해서 깔게 된다.

드라마 음악과 음향효과가 삽입된 영상은 완성된 드라마가 되기 위해 종합 완성편집 작업에 들어가게 된다. 종합 완성편집 작업은 PD에 의해 편집된 일대 일 편집영상과 음악 및 음향 효과가 실린 영상이 드라마 전개 순서대로 합쳐져서 방송영상으로 만들어지는 것을 말한다. 여기에 드라마 타이틀title*1과 스크롤 scroll*2, 그리고 다양한 비디오 이펙트effect와 자막 등이 첨가되어 가정에서 볼 수 있는 방송영상으로 만들어지게 된다.

이상과 같이 드라마 편성을 시작으로 드라마 PD의 인사, 스텝구성, 대본작업, 촬영 작업, 완성 작업 등의 길고도 복잡한 과정을 거치면서 한 편의 드라마가 완성된다. 이렇게 완성된 드라마는 이제 각 가정에서 볼 수 있도록 주조종실에서 최종 송출만 기다리게 된다.

*1 타이틀은 방송 프로그램의 제목을 말한다. 모든 방송 프로그램은 시작할 때 프로그램 제목을 띄운다. 프로그램 제목은 대부분 컴퓨터 그래픽과 영상을 합성해 프로그램의 전체 내용을 알 수 있도록 내용을 압축해서 만들어진다. 프로그램이 시작되면서 나오는 앞 타이틀과 끝나면서 나타나는 끝 타이틀로 나뉘어 진다.
*2 스크롤은 프로그램에 참여한 스텝들의 이름과 촬영협조관계, 협찬관계 등의 내용이 아래에서 위로 흘러나오는 것을 말한다. 대개의 경우 1편의 방송 프로그램이 끝난 후 프로그램 끝 타이틀이 나오기 전에 스크롤이 나타난다.

03

규율권력은 TV 드라마 제작과정에서
어떻게 습관적으로 스며들고 있나?

공간의 분할

푸코는 규율권력의 침윤양식으로 먼저 공간의 분할을 지적한다. 규율권력은 공간을 분할함으로써 개인들을 기능적으로 배치하고 서열화 시킨다. 이는 개인의 노동력을 극대화시켜 생산력을 증대시키는데 기여한다. 또한 공간의 분할은 흩어져 있는 것들에 질서를 부여하게 됨으로써 규율권력의 습관적 침윤을 수월하게 진행시킨다.

〈그림 1〉은 방송사 제작국 사무실의 공간 분할을 보여준다. 제작국 뿐 만 아니라 총무국이나 기술국과 같은 다른 부서에서도 일반적으로 이러한 방식의 공간 분할이 나타난다. 이러한 공간분할은 푸코의 말대로 위치결정의 원칙이나 분할방식의 원칙에 따라 이루어진다. 개인마다 정해진 자리가 있고위치결정의 원칙, 팀별로 할당된 지역분할방식의 원칙이 있다Foucault, 1975, 225-226쪽 참조. 〈그림 1〉에서 볼 수 있는 것처럼 국장의 시선 아래 각 팀들이 분할 배치되고, 각 팀들 내에서는 팀

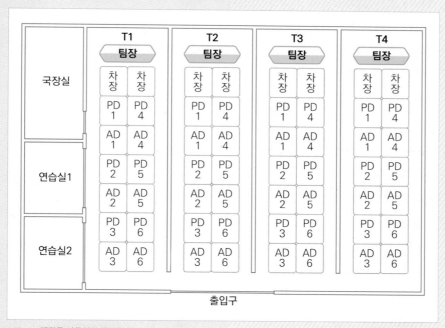

그림 1_ 제작국 사무실의 공간 분할

장의 시선 아래 팀원들이 프로그램별로 배치된다.

  이와 같은 공간분할은 개개인의 출결사항을 명백히 하고, 개인의 소재를 쉽게 파악할 수 있도록 한다. 또한 유익한 연락체계를 확립하고 감시하고, 평가하고 제재하며, 개인의 자질과 공적을 측정할 수 있게 한다. 공간분할을 통해 개별적인 신체가 완전히 파악될 수 있도록 일목요연해지면 개인 단위로 분석이 가능해진다. 누가 촬영 중에 있으며 어떤 PD가 누구를 섭외하고 있고, 프로그램 제작의 진행정도는 어떠한지를 파악할 수 있다. PD에 대한 감시와 평가가 축적되면 이는 곧 해당 PD 개인에 대한 자료가 되고, PD는 언제나 분석 가능한 대상이 된다.

  이처럼 관례적으로 구획된 사무실의 공간 분할은 국장과 팀장, 그리고 구성원들의 관계를 일정하게 분할하여 그들의 역할과 업무를 자연스럽게 수행할 수 있도록 암묵적으로 유도하고 있다.* 이러한 것을 가능하게 하는 것은 강제된 권력 행사를 통해 이루어지는 것이 아니라, 공간 분할을 통해 규율권력이 구성원들에게 습관적으로 스며들어가게 함으로써 이루어지는 것이다. 공간의 분할은 규율권력이 습관적으로 스며들어가게 하는 하나의 양식인 것이다.

〈그림 1〉에서 나타난 것처럼 제작국의 사무실 공간은 팀별로 구획되어 있다. 팀들이 차지하는 공간은 높고 딱딱한 벽으로 구획되어 있는 것이 아니라 낮고 기능적인 사물함으로 나누어져 있다. 사물함으로 구획되어 있는 팀들의 공간은 벽으로 나누어진 공간구획 만큼이나 부서별로 닫혀 있다. 어깨 넘어 다른 팀들의 공간을 볼 수 있고 쉽게 왕래도 가능하지만, 팀 내에서 일어나는 일들에 대해 다른 팀에서는 정확히 알 수도 없고 관여할 수도 없다. 이는 푸코의 지적과 같이 공간에 따른 팀별 분할은 다른 팀에게는 이질적이면서 자체적으로 닫혀 있게 되는 것이다Foucault, 1975, 222쪽 참조.

팀마다 프로그램의 성격이 다르기 때문에 그 팀만이 가지는 고유한 정서가 형성되어 있다. 이러한 정서는 비슷한 성격의 프로그램을 제작한다는 업무의 특수성에서 비롯되며 일종의 동지애의 발현이다. 팀별로 일상적인 식사와 간헐적인 회식을 같이 하고 MT를 가면서 이러한 정서는 깊어진다.

예를 들어 어린이 프로그램을 전문적으로 제작하는 어린이 부서와 다양한 다큐멘터리를 제작하는 다큐 부서의 정서는 다를 수밖에 없다. 업무의 차이가 구성원들의 차이를 만들고, 이러한 차이를 분화시켜서 좋은 프로그램을 만들도록 유도하는 것, 이것이 바로 습관적으로 침윤되어 있는 규율권력의 보이지 않는 모습이다.

이처럼 팀을 구획하고 있는 공간의 분할은 규율권력이 구성원들에게 습관적으로 스며들어가서 프로그램 제작이라는 업무를 자연스럽게 효율적으로 수행하도록 한다. 각 부서의 보이지 않는 벽이라는 것도 구성원들의 기능적 배치를 위한 것이다.

이와 같은 상황은 같은 팀 내에서 팀원들 사이에서도 발생한다. 〈그림 1〉에서 나타난 바와 같이 같은 팀 내에서도 프로그램별로 자리가 배치된다. PD와 AD가 한 묶음으로 묶어져 있어서 드라마 팀의 일을 다른 프로그램을 제작하는 PD가 잘 알 수 없다. 부서 간에 보이지 않는 벽이 같은 부서 내에서도 암묵적으로 설정되어 있어서 프로그램별로 다른 정서를 가지고 있는 것이다.

제작국내에서 공간의 분할은 팀별로, 그리고 같은 팀 내에서 프로그램별로 상호교차하며 나타난다. 제작국내에서 나타나는 이러한 공간분할은 구성원들의 전문성을 최대한 보호하고, 그들의 능력을 십분 활용할 수 있도록 한다. 기능적으로 PD들을 분할하고 배치함으로써 프로그램의 생산력을 높인다. 이러한 것들은 규율권력이 보이지 않게 PD들에게 스며들어가 있음으로써 가능한 일이다. 가시적인 권력이 강제적인 방식으로 PD들의 업무를 강요하는 것이 아니라, 규율권력이 일상생활 속에서 자연스럽게 그들의 일을 잘하도록 만드는 것이다.

여기에서 또 한 가지 중요한 점은 편성행위도 공간의 분할을 통해 규율권력이 PD들에게 습관적으로 스며들도록 만든다는 것이다. 〈표 1〉 편성일람표에 나타나는 제작주체, 프로그램 명, 시간, 포맷구분, 인력 등을 구분하는 선은 실제의 사무실 공간에서 공간의 분할로 나타난다. 앞서 살펴본 제작국의 공간분할은 편성에서 시작된다. 편성을 통해 다양한 프로그램이 신설 또는 폐지되고, 이를 바탕으로 인사가 이루어진다. 프로그램 배치를 위해 이루어지는 인사는 편성행위 없이는 이루어질 수 없다. 따라서 편성에서 계획된 인력의 배치와 예산의 배분은 곧바로 서열중심의 공간의 분할로 이어지게 되는 것이다. 또한 편성일람표는 푸코의 지적대로 다양하고 복잡한 프로그램과 인력 등을 조직적으로 관리

이러한 공간분할 이외에도 각각의 공간 속에 배치된 책상과 의자, 그리고 공간의 크기 등도 규율권력의 습관적 침윤을 효과적으로 만든다. 가령 국장실의 공간은 팀장과 팀원의 공간보다 훨씬 크며 책상과 의자의 크기와 형태도 다르다. 국장실의 넓은 공간과 큰 책상 등은 국장의 서열적 위치를 암묵적으로 말해준다. 볼 수 없지만 보이는 국장의 시선과 행사되지 않지만 행사되는 국장의 권력은 이러한 공간과 공간속의 사물들에 의해 방송사 구성원들에게 자연스럽게 투과 된다. 이는 그들에게 규율권력이 쉽게 침윤되고 효과적으로 행사되게 만든다. 팀장과 팀원의 관계에서도 이러한 양태는 비슷하게 나타난다.

하고, 전체적으로 파악하여 통제할 수 있는 도구가 된다Foucault, 1975, 234쪽 참조.

이처럼 일람표를 포함해서 일정한 공간에 개인을 분할해 배치하는 분할의 기술은 개별적인 것과 집단적인 것을 연결한다. 분할의 기술은 한 개인을 개인으로서 특징짓는 동시에, 어떤 일정한 다수에 질서를 부여하도록 한다Foucault, 1975, 235쪽 참조. 예를 들어 PD 개인을 팀과 연결시키고 팀장은 이를 전체 제작국과 연결시킨다. 이를 통해 PD는 자신이 맡고 있는 프로그램에 의해 특성화된다. 다큐멘터리 PD, 드라마 PD, 교양 PD 등과 같은 분류가 이에 해당한다. 따라서 이 기술은 개별적인 요소들로 구성된 전체에 대한 통제와 그 활용을 위한 일차적 조건이다.

서열 중심의 공간 분할을 현실화시키는 인사행위는 규율권력에 의해 부과되는 보상이자 처벌이다. 푸코에 의하면 서열은 어떤 분류·등급 속에서 사람이 차지하는 위치이고, 가로줄과 세로줄이 만나는 지점이며, 차례차례로 둘러볼 만

표 1_ 편성 일람표

매체	편성구분	제작주체	프로그램명	시간	편수	포맷구분	주수	PD
TV	본방송	과학환경	하나뿐인 지구	40	1	다큐	45	4.0
TV	본방송	과학환경	퀴즈퀴즈 과학을 찾아라	40	1	종합구성	45	2.0
TV	본방송	기획특집	자연다큐			다큐		3.0
TV	본방송	기획특집	억사극장	50	1	드라마	45	3.0
TV	본방송	기획특집	기획다큐			다큐		4.0
TV	본방송	사회문화	효도우미 0700	50	1	종합구성	45	1.5
TV	본방송	사회문화	일요초청특강	60	1	강담	45	
TV	본방송	사회문화	우리말 우리글	30	1	종합구성	45	1.0
TV	본방송	사회문화	예술의 광장	60	1	중계	45	1.0
TV	본방송	사회문화	시네마 천국	40	1	종합구성	45	1.0
TV	본방송	사회문화	부모교육파일	40	3	종합구성	45	2.0
TV	본방송	사회문화	바둑교실	50	1	일반구성	45	0.5
TV	본방송	사회문화	문학산책	40	1	종합구성	45	3.0
TV	본방송	시사통일	PD리포트	40	1	취재	45	5.0
TV	본방송	시사통일	EBS 통일 진단	50	1	토론	45	1.0
TV	본방송	시사통일	EBS 교육문화뉴스	10	5	취재	45	4.0
TV	본방송	시사통일	생방송 난상토론	90	1	토론	45	1.0
…	⋮	⋮	⋮	⋮	⋮	⋮	⋮	⋮

출처: EBS 2003년 편성 일람표

포스트 모더니즘에서 본 영상콘텐츠

큼 차이를 둔 간격이다. 그것은 여러 신체를 한 곳에 뿌리박게 하지 않고, 분배하여 하나의 관계망 속에서 순환하게 하는 위치 결정에 따라 신체를 개별화시키는 것이다_{Foucault, 1975, 230쪽 참조.}

인사발령을 통해 규율권력은 PD에게 자연스럽게 스며들어간다. 만약에 어떤 PD가 지속적으로 드라마를 제작하고 싶다면 자신의 프로그램에 최선을 다해야 한다. 그렇지 않다면 그 PD는 다른 프로그램을 제작해야 한다. 이는 누군가에 의해 강제되기 때문이 아니라, 인사발령을 의식해서 나타나는 현상이다. 인사발령에 따른 보상과 처벌을 통해 방송사는 완성도 높은 프로그램을 방송할 수 있고, PD는 자신이 희망하는 드라마를 맡게 된다. 이러한 현상은 인사발령에 따른 서열 중심의 공간 분할을 통해 규율권력이 PD들에게 습관적으로 침윤됨으로써 자연스럽게 이루어진다.

촬영 작업에서도 공간의 분할을 찾아 볼 수 있다. PD는 원활한 촬영 진행과 질 높은 영상을 얻기 위해 영상구성 콘티를 짠다. 영상 콘티에는 배우들의 동선이 구획되어 있고, 카메라의 방향과 각도 등 촬영공간이 분할되어 있다. 〈그림 2〉에서 나타난 바와 같이 배우들의 움직임이 대사와 지문에 따라 분할되어 있다. 유 선생이 '돈을 돌려주라'고 말하면서 교실을 나가도록 설정되어 있고_{Fr-o, Frame Out}, 은혜와 경진은 학생들의 중심에 위치하도록 공간적으로 구획되어 있다 ① G.S, Tight Group Shot. 카메라도 낮은 앵글_{low A, Low Angle} 상태로 은혜와 경진에게 서서히 움직이며 다가가도록 함으로써_{Dolly} 촬영공간을 분할하고 있다.

이처럼 영상 콘티를 통해 배우들의 움직임과 카메라 워킹을 계획적으로 분할함으로써 다양한 영상을 효율적으로 생산하게 한다. 영상콘티를 통한 공간의 분할은 촬영에 참여하는 스텝들에게는 의사소통의 기준으로 기능하며 촬영을 원활하게 만든다. 이러한 의사소통의 기준이 되는 영상콘티를 통해 규율권력이 촬영 작업에 자연스럽게 녹아들어가게 되며 또한 그러한 침윤양식을 반복적으로 재생산 한다.

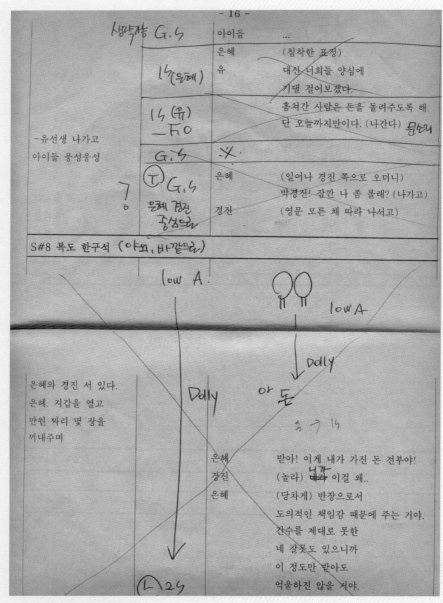

- 16 -

생략장면 G.S 아이들 ...

은혜 (침착한 표정)

14(은혜) 유 대신 너희들 양심에
기댈 걸어보겠다.

14(유) 훔쳐간 사람은 돈을 돌려주도록 해.
─FO 단 오늘까지만이다. (나간다) 문닫어

-유선생 나가고 G.S -X.
아이들 웅성웅성
(T)G.S 은혜 (일어나 경진 쪽으로 오더니)
박경진! 잠깐 나 좀 볼래? (나가고)
은혜 경진 경진 (영문 모른 채 따라 나서고)
공성으로

S#8 복도 한구석 (야외, 바깥으로)

low A.

low A

Dolly

은혜와 경진 서 있다. Dolly 야 돈
은혜. 지갑을 열고
만원 짜리 몇 장을 흑 ─ 14
꺼내주며

은혜 받아! 이게 내가 가진 돈 전부야!
경진 (놀라) 너까 이걸 왜..
은혜 (당차게) 반장으로서
도의적인 책임감 때문에 주는 거야.
간수를 제대로 못한
네 잘못도 있으니까
이 정도만 받아도
억울하진 않을 거야.

(L) 2S

그림 2_ 영상콘티에 나타난 공간분할 　　　　　　　출처: EBS 한국교육방송공사

　　　　　　　　　　　　　　포스트 모더니즘에서 본 영상콘텐츠

현장에서 각 스텝들 간의 원활한 의견소통을 위해서 영상콘티가 있는 것 같아요.
그런 작업영상콘티이 없으면 일일이 설명을 해야 되고, 카메라, 조명 등에서 혼란이 있
게 되고 뭔가 고급스러운 작업이 되질 못하죠, 미리 그런 콘티작업을 함으로 해서
연기자나 카메라맨이 현장에서 더 나은 의견들을 낼 수 있는 것이니까…ㅣ카메라 감독

촬영 현장에서 관례적으로 구획되어 있는 스텝들의 공간도 규율권력이 습관
적으로 침윤해 있음을 잘 보여준다. 촬영현장의 공간은 일반적으로 〈그림3〉*과
같이 분할된다. 〈그림 3〉에서 보듯이 각각의 분할된 공간은 어떤 특정인의 명령

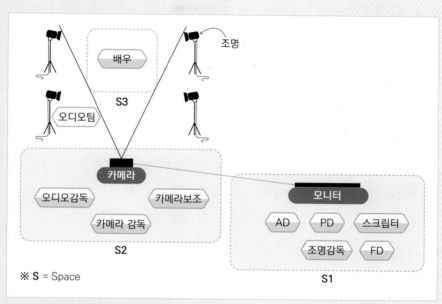

그림 3_ 촬영현장에서의 공간 분할

* 여기에서 말하는 촬영공간은 야외촬영에서 나타나는 것이다. '학교이야기'가 스튜디오 촬영 없이 야외촬영만으
로 이루어졌기 때문에 스튜디오 촬영에서 나타나는 공간문제는 생략되어 있다.

에 의해서 형성된 것이 아니라, 오랜 작업과정을 거치면서 자연스럽게 만들어진 것이다. 촬영을 원활히 하기 위해 규율권력에 의해 자연스럽게 형성된 것이다.

촬영현장 전체를 통제하는 곳은 S1이다. 이곳에는 카메라맨이 잡은 영상을 볼 수 있는 모니터monitor를 중심으로 PD, AD, 스크립터, FD, 조명감독 등이 모여 있다. PD는 모니터의 영상을 통해 영상구성이 계획대로 잘 이루어졌는지, 배우들의 연기가 제대로 되고 있는지, 조명과 오디오가 정상적인 상태인지 등에 대해 체크한다. PD는 모니터에서 흘러나오는 영상을 보고 Q를 외치고, OK 또는 NG 사인을 낸다. 이러한 PD의 콜call에 의해 촬영현장의 스텝들은 일사분란하게 움직이게 된다. PD는 이러한 행위를 통해 최상의 컷cut을 생산하게 되는 것이다. 공간분할을 통해 S1에서 이루어지는 영상 생산 방식은 규율권력이 스며든 결과임과 동시에 규율권력의 습관적 침윤을 더욱 공고히 하는 방식이기도 한다. PD의 판단 속에 이미 들어와 있는 가치관과 방송사에서의 경험 등을 통해 규율권력이 습관적으로 스며들어오게 되는 것이다.

> ok와 ng 사인을 내는 것은 내가 뭔가를 표현하기 위한 것인데…그 표현의 기준은 나의 주관적 판단이죠. 근데 그 판단에는 방송사의 규율이라든지 뭐 객관성, 타당성 등이 들어가 있겠죠. ok와 ng의 기준은 어릴때 부터 학교교육과 직장생활 뭐 이런 것을 통해서 가지는 가치관과, 두 번째는 방송사에서의 경험을 통해 시청자들이 원하는지 안 원하는지 등과 관련된 경험이겠죠.　　　D 드라마 PD

카메라 공간인 S2도 마찬가지이다. S2에는 카메라와 카메라 팀, 오디오 감독 등이 있는데, 이곳에서 카메라맨이 PD의 콜에 의해 계획된 영상을 잡게 된다. 카메라 앞에는 미리 설정되어 있는 배우들과 소품 이외에는 다른 어떤 것도 있어서는 안 된다. 계획되지 않은 사람들과 차량들은 모두 통제된다. 이는 영상을 담아내는 방식에 규율권력이 녹아 들어가 있기 때문에 발생하는 현상이다. 달리dolly, 팬pan 등의 카메라 워킹 때에 모든 스텝이 카메라 뒤로 숨는 진풍경도 이러한 이유 때문이다. 즉 습관적으로 스며들어가 있는 규율권력이 계획된 시간 안에 가장 최적화된 영상을 얻도록 이러한 과정을 관례화 한 것이다.

S3은 배우들의 연기공간이다. 이곳에서도 이미 설정되어 있는 움직임 이외에는 그 어떤 동작도 허용되지 않는다. 또한 촬영이 시작되면 출연할 배우를 제외한 그 누구도 이곳에 들어 갈 수 없다. S3은 배우들이 최상의 연기를 할 수 있도록 PD에 의해 구획되어 있다. 미리 계획된 동선blocking에 따라 배우들이 움직이기 때문에 카메라맨은 이를 정밀하게 잡아내어 영상으로 표현한다.

> 전 계획된 동선을 거의 넘어 본적이 없어요. 왜냐하면 약속이기 때문에 이 약속을 어기면 상대방 배우가 당황하잖아요. 블로킹이 정 불편하면 감독님께 말씀드려 다시 설정한 후에 시작하죠. 정해진 블로킹을 깨는 경우는 극히 드물어요. O 연기자

이 밖에도 조명공간과 오디오 공간이 분할되어 있다. 조명공간에서는 S3 공간을 계획대로 잘 표현하기 위해 다양한 조명기술이 사용된다. 조명공간에서는 조명 팀만이 작업을 할 수 있으며 다른 스텝들은 이 공간에 들어와서 이들의 작업을 방해할 수 없다. 오디오 팀은 배우들과 가장 밀접한 거리에서 오디오를 담아낸다. 그러나 이들도 S3을 침범할 수 없다. 침범하는 순간 NG가 발생한다. S3의 근접한 곳에서 오디오 팀만의 공간을 가지며 오디오 작업을 수행한다.

이처럼 촬영현장에서의 공간 분할은 개개인을 작은 단편으로 절단하고, 또한 조작 가능한 관계를 수립한다. 그리고 자리를 지정하고, 그 가치를 명시하며 개개인의 복종뿐 아니라 시간과 동작에 대한 최상의 관리를 확보한다Foucault, 1975, 233-234쪽. 따라서 각각의 스텝들의 노동을 분업화시켜 영상을 효율적으로 생산하게 한다. 공간의 분할은 PD, 카메라맨, 조명감독 등 개인의 분할을 통해 생산력을 확대시킨다. 촬영현장에 개인을 분할해 배치하는 분할의 기술을 통해 규

율권력은 습관적으로 작동되는 것이다.

공간분할을 통한 개인의 기능적 배치는 드라마 완성 작업에서도 찾아 볼 수 있다. 〈그림 4〉[*1]에서 나타난 바와 같이 오디오 맨, 기술 감독TD, PD, 비디오 맨 등이 공간을 일정하게 분할하여 차지하고 있다. 기술 감독의 공간은 영상소스용 모니터인 M1과 최종편집 영상을 볼 수 있는 M2를 동시에 볼 수 있는 곳에 위치해 있다. 이 공간에서는 드라마 완성작업 전체를 기술적으로 통제하는 스위처switcher[*2], 비디오 이펙트기 등이 놓여 있어서 PD의 콜에 맞게 영상을 완성 편집하게 된다. 오디오 맨의 공간에는 시사용 모니터인 M3와 오디오 콘솔 등으로 구성되어 있고, 비디오 맨의 공간에는 시사용 모니터인 M4와 비디오 조정판이 놓여 있다. 이들은 각자의 공간에서 전문화된 자신의 업무를 수행한다. 물론 기술 감독이 기술과 관계되는 전체적인 일에 대해 통제하지만 대체로 각자의 분야를 존중하며 일하게 된다.

PD는 이들과는 다른 공간에 있게 된다. 완성 작업의 전체과정을 확인하고 조정할 수 있도록 최종 편집 영상을 가장 잘 볼 수 있는 위치에 PD가 있다. PD는 M2를 통해 흘러나오는 최종 영상물을 보면서 완성작업의 전체과정을 통제하게 된다. 그러나 PD가 기술 감독, 오디오 맨, 비디오 맨의 공간으로 넘어가서 그들의 일을 대신하는 경우는 없다. 이처럼 완성 작업에서도 공간의 분할을 통해 규율이 습관적으로 침윤되어 작동되는 것을 확인할 수 있다.

시간의 관리

규율권력은 시간 관리를 통해 개인에게 습관적으로 스며들어 긍정적인 생산의 원리를 만들어 낸다. 규율권력이 개인의 신체에 들어가서 시간을 잘게 나누고, 이를 통해 더 많은 이용 가능한 순간을 만들어 매순간을 생산적인 것을 양

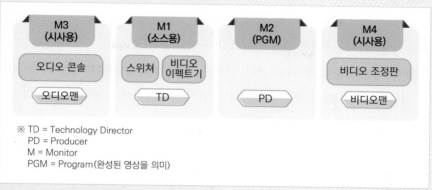

그림 4_ 완성 편집실에서의 공간분할

산하도록 개인을 세팅한다는 것이다. 시간을 분해하면 분해할수록, 그 하위구분을 늘여 놓으면 놓을수록, 훨씬 빠르게 또 효율적으로 어떤 행동을 추진시킬 수 있다Foucault, 1975, 243쪽 참조. 그러나 개인들은 자신의 몸에 스며든 규율권력의 작용을 의식하지 못한 채 자신의 행위와 사고가 일정한 방향으로 유도되게 된다.

규율권력은 시간 관리를 통해 연속적인 활동을 계열화 한다Foucault, 1975, 250-251쪽 참조. 푸코는 시간적인 순서의 계열을 규율의 시간이라고 말한다. 이를 드라마 제작과 관련하여 살펴보면 다음과 같다. 방송사에 입사한 누군가가 드라마 PD가 되고 싶다면 AD 기간을 일정하게 거쳐야 한다. 이렇게 하는 이유는 드라마 PD가 되기 위해 여러 계열, 즉 다양한 프로그램을 경험하도록 함으로써 드라마 PD의 자격을 부여하기 위한 시간의 관리방식이기 때문이다. 푸코는 이를

*[1] 이 그림은 방송사에서 일반적으로 사용하고 있는 선형(linear)편집실의 공간분할에 해당된다. 요즈음 방송장비가 디지털화되면서 편집실도 비선형(non-linear)편집실로 바뀌고 있다. 비선형 편집실의 경우에는 이 그림에서 볼 수 있는 공간분할과는 다른 방식으로 이루어진다. 여기에서는 '학교이야기'가 선형편집실에서 완성 작업이 이루어졌기 때문에 비선형 편집실의 공간분할 문제는 생략하였다.

*[2] 스위처는 기술감독이 PD의 지시를 받아서 컷이나 디졸브 등의 화면전환을 할 때 주로 사용하는 기계장치이다. 스위처는 종합 편집실에서 뿐만 아니라 스튜디오 프로그램을 제작할 때 부조정실에서도 사용된다.

규율의 시간이라고 하는데, 이를 통해 드라마 PD가 되기 위한 연속적인 활동을 계열화한다. 규율의 시간에 의해 PD는 정교하게 잘게 분해되어 등급화 되고 계층화 된다. 이는 PD를 항상 관찰하고 통제할 수 있게 하며 어느 때라도 PD의 활동에 대해 대응할 수 있게 한다. 이처럼 PD의 활동을 계열화하는 시간 속에는 규율권력의 시선이 관통되고 있다. 시간의 마디마디에 분절된 신체가 대응되고, 각 개인의 일거수일투족이 규율권력의 작동에 의해 구성되어진다. 개인들은 자신의 몸에 각인된 규율권력의 작용을 의식하지 못한 채 습관적으로 규율 권력의 이끌림에 따라간다.

시간 관리를 통한 규율권력의 습관적 침윤은 방송사 전체를 관통하며 나타난다. '방송은 시간과의 싸움이다'라는 말이 이를 잘 말해준다. 방송사에서의 모든 업무는 시간과 관련되어 있다. 몇 분짜리 프로그램이냐에 따라 제작인력과 예산이 결정된다. 제작 PD는 방송시간 엄수를 목숨처럼 중요하게 여긴다. 러닝타임 준수는 곧 광고 시간의 할애와 직결된다. 예를 들어 60분짜리 프로그램의 통상적인 러닝타임은 57분 30초이다. 나머지 2분 30초는 광고시간에 할당된다.* 57분 30초를 초과하게 되면 방송사에 막대한 금전적 손실을 가져온다. 또한 방송시간은 시청자와의 약속이기 때문에 러닝타임은 반드시 지켜져야 한다. 방송사에서 러닝타임 준수는 어떤 언명보다도 절대적이다. 따라서 PD는 제작 매순간마다 시간 관리를 해야 한다. 대본구성에서부터 촬영, 편집에 이르기 까지 시간 관리는 제작의 모든 과정에서 나타난다.

방송사에서 금과옥조처럼 지켜지는 시간 관리는 제작스텝들에게 침윤되어 있는 규율권력의 모습이며, 또한 시간의 시침과 분침에 따라 제작이 이루어 질 수 있도록 만드는 하나의 습관 일체는 규율권력에 의해 형성된 것이다. 즉 시간 관리는 규율권력에 의해 부지불식간에 세팅된 것이며 동시에 규율권력이 지속적으로 침윤되어 가는 양식인 것이다.

시간 관리를 통한 규율권력의 침윤은 먼저 편성에서 찾아 볼 수 있다. 방송사에서 편성행위의 가시적인 결과물은 '편성표'이다. 편성표는 하루 동안의 방송시간을 어떻게 나누어 프로그램을 배열할 것인가를 기준으로 만들어진다. 〈그림 5〉에서 처럼 1주일 동안 방송될 프로그램들이 시간별로 배치되어 있다. 편성표는 일반적으로 6개월 동안 적용되면서 채널을 통해 운용된다. 편성은 방송시간을 정밀하게 구분하고, 방송활동을 반복적으로 주기적으로 설정하는 것이다. 방송 프로그램마다 러닝타임을 몇 분으로 하며 1주일 중에서 어느 요일에 어떤 시간에 편성할 것인가를 결정하는 것이 편성 팀의 주요한 업무 중의 하나이다. 시간 관리를 중심으로 이루어지는 편성행위는 편성된 모든 프로그램이 성공해야 한다는 긍정적인 생산의 원리에 입각해 이루어진다. 이는 규율권력이 시간을 정밀하게 조립하여 개인의 생산 활동을 긍정적으로 유도하는 방식과 같다.

대본작업에서도 시간 관리를 찾아 볼 수 있다. 드라마는 러닝타임에 따라 드라마의 형태와 내용이 결정된다. 60분 분량의 단막극과 60분 분량의 16부작 미니 시리즈와는 내용이 다를 수밖에 없다. 단막극의 경우에는 60분 안에 한편의 이야기가 모두 끝나야 하기 때문에 비교적 짧은 이야기 전개와 단순한 인물 구성으로 이루어져 있다. 이와 달리 미니 시리즈는 복잡한 사건구성과 인물구성을 통해 비교적 호흡이 긴 이야기로 전개된다. 따라서 드라마의 내용과 직결되는 아이템 선정도 러닝 타임과 깊은 관련을 맺을 수밖에 없다.

시놉시스를 구성할 때에도 PD와 작가는 방송시간을 맞추기 위해 많은 노력을 기울인다. 시놉시스는 전반적인 이야기 전개와 등장인물의 구성이 모두 포함되기 때문에 신중히 구성하지 않으면 실제로 대본 작업을 할 때 러닝 타임이 넘칠 수 있다.

대본 집필에서도 시간 관리는 중요하다. 러닝타임과 관련하여 드라마의 형태

광고시간은 프로그램마다 다르며 같은 프로그램이라 하더라도 요일에 따라 달라진다. 시청률에 따라, 또는 광고주의 영향력에 의해 광고의 내용과 양이 항상 바뀌기 때문이다. 따라서 할당된 광고시간을 못 채울 경우에는 방송사의 이미지 광고나 캠페인 등을 채워서 방송하는 경우가 있다.

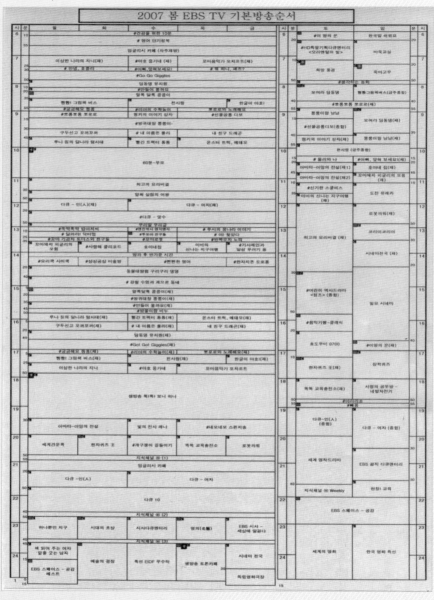

그림 5_ 편성표

출처: EBS 한국교육방송공사

포스트 모더니즘에서 본 영상콘텐츠

를 결정하고 시놉시스 구성을 마무리 했더라도 마지막 대본 작업에서도 러닝타임을 잘 관리해야 한다. 대본의 양은 방송시간과 비례한다. '학교이야기'처럼 40분짜리 드라마의 경우 대본의 양은 약 48씬에서 52씬 정도의 분량이며 A4용지로 약 15장 정도에 이른다. 작가는 대본 집필과정에서 적절한 대본 분량을 지키기 위해 많은 노력을 기울인다.

> 40분이라는 시간이 너무 짧아서 갈등을 조장하고 해결하기가 힘들었죠. … 40분짜리라고 해도 광고시간 등을 빼면 38분 몇 초밖에 안되니까 …일단 처음에 시간에 관계없이 갈등을 막 만들어 쓰다가, 주로 A4용지로 러닝타임을 계산하는데, 15장 정도가 넘어가면 그때부터 정리에 들어가죠. 갈등을 3개를 둬야 할 것을 1개로 줄여야 하니까 원래 생각했던 대본에 영향을 주죠.
>
> J작가

러닝 타임 때문에 작가는 자신의 원래 대본을 일정부분 변형시키게 된다. 이것이 오히려 드라마의 완성도를 높이기도 한다. 사건의 전개와 갈등 해결을 늘어지지 않고 짜임새 있게 만드는 측면도 있기 때문이다. 또한 러닝 타임 준수는 전체 편성표에 나와 있는 다른 프로그램에 영향을 주지 않도록 미리 조치하는 것과 같다. 드라마 시간이 오버되면 다른 프로그램의 방송시간에 영향을 주기 때문에 러닝 타임 준수 원칙을 통해 모든 프로그램이 질서정연하게 방송 되도록 하는 것이다.

러닝타임 준수는 누군가에 의해 강요된 것이 아니라 작가의 몸속에 철칙으로서 또한 룰rule로서 자연스럽게 만들어진다. 시간 관리가 이미 몸에 배어 있는 것이다. 규율권력은 이미 시간 관리를 통해 몸속에 습관적으로 스며들어와 있는 것이다.

> 찍는 과정도 복잡하고 돈도 많이 들고 꼭 지켜야 되는 것이죠. … 약속이라는
> 것이 있으니까. 시간엄수는 철칙이잖아요. 누가 강요한건 아니지만 몸에 체득되어
> 있고 룰이니까
>
> J 작가

작가 스스로 몸에 체득된 룰이라고 여길 정도로 방송 시간 관리는 반복된 대본 작업에 의해 형성된다. 이는 규율권력에 의해 시간이 작가의 신체에 관통되기 시작하면서 규율권력의 모든 치밀한 통제가 작가의 대본 작업 전체에 걸쳐 진행된다는 사실을 잘 보여 준다Foucault, 1975, 239쪽 참조. 여기에서 규율권력의 통제는 작가가 말한 시간을 지켜야 하는 이유에서 찾아 볼 수 있다. 그것은 시간엄수를 통해 제작비*를 절감 하고, 제작과정이 복잡하고 힘들기 때문에 스텝들의 고생을 감소시킬 수 있고, 시청자들과의 약속을 지킬 수 있도록 하는 것, 이것이 규율권력의 치밀한 통제의 결과인 것이다. 이러한 결과는 대본 작업 이후의 과정에서도 지속적으로 나타난다.

대본이 1차 완성되면 PD는 이를 검토하고 반복적인 수정을 거친다. 이때에도 방송시간은 항상 고려되며 PD는 40분 안에 끝날 수 있는 이야기 구성을 요구한다. 시간이 넘칠 경우 씬 자체를 통째로 생략하기도 한다. 이러한 수정작업은 임박한 방송일정 때문에 충분히 이루어지지 못하는 경우도 많다.

> 짧은 기간에 벼락치기 하듯 나온 원고가 제대로 될 리 없다. 1차 수정고가 나왔
> 지만 영 마음에 들지 않는다. 고3여름나기의 현실을 제대로 담아 낸 것 같지도 않
> 고 곳곳마다 드라마적 개연성과 펌프질이 약하다. 당장 이번 주 일요일부터 촬영
> 에 들어가야 하는데 또 원고를 새로 쓸 여유는 없다. 결국 코믹물로 가기로 하고
> 내가 직접 손을 봤다. 감정처리와 호흡 조절 대사손질 등 하루 종일 걸려서 결국
> 인쇄소로 넘겼다. 긴 하루였다. 과연 이번 90화는 어떤 모양으로 탄생될지 궁금
> 하다.
>
> 제작일지 2002년 7월 9일

이처럼 정해진 방송시간과 계획된 촬영일정 때문에 대본 수정작업이 원활히 이루어지지 않는 경우도 있다. 이와 같이 대본작업에서도 러닝 타임 준수, 방송시간 준수, 촬영일정 준수 등과 같은 시간관리 양식을 찾아볼 수 있다.

촬영 작업에서도 규율권력의 습관적 침윤양식인 시간관리가 나타난다. 촬영 작업에서는 촬영 진행과정에서 나타나는 시간 관리와 PD와 카메라맨의 몸속에 체화된 시간관리라는 2가지 측면에서 살펴 볼 수 있다.

먼저 촬영 진행과정과 관련해서 촬영 스케줄 표를 살펴 볼 필요가 있다. 〈그림 6〉에서처럼 스케줄 표는 하루 분량의 촬영을 어떻게 효과적으로 할 수 있느냐라는 기준에서 작성된다.

촬영 시간은 제작비와 직접적인 연관이 있기 때문에 시간의 관리는 정교하게 이루어진다. 촬영 시간을 절약하기 위해 촬영 장소별로 스케줄 표가 만들어진다. 촬영장소로 이동하는 시간을 최소화하기 위해서이다. 또한 조연출은 각 씬마다 등장하는 배우와 소품을 일목요연하게 정리해 둠으로써 촬영시간을 절약한다. 배우들은 스케줄 표를 보고 자신의 씬을 준비하고, 소품 팀은 다음에 촬영될 소품을 미리 준비하여 촬영이 신속하게 진행되도록 한다.

> 스케줄 표는 원활한 촬영을 위해서 만드는데 이게 다 제작비를 줄이기 위해섭니다. 제작비를 최소화하는 방안을 스케줄 표를 통해 표시하는 건데 촬영날짜랄지 배우 스케줄, 장소, 기타 등등 많은 것을 신경 써서 스케줄 표를 만듭니다.　H 조연출

---

* 제작비는 드라마 대본의 시간준수 뿐만 아니라 드라마 제작과정 전체에 큰 영향을 미친다. 방송 러닝타임의 준수, 배우캐스팅, 제작스텝의 구성, 촬영일정의 조정 등과 같은 제작과정 매 순간이 정해진 제작비와 연동되어 이루어진다. 따라서 제작비는 드라마 생산에 직접적인 영향을 주며 결국 드라마의 질적 수준도 대부분 제작비에 의해 결정된다. '학교이야기'의 경우에는 타 방송사 드라마 제작비의 1/4에도 못 미치는 수준이었기 때문에 드라마 생산자들의 심리적 압박감은 높았다. 참고로 '학교이야기' 제작비는 다음과 같다.

표준제작비총액	집행 총액	집행률	편당 표준제작비	편당 집행액
377,193,307원	392,380,730원	1.040264	16,399,709원	17,060,032원

참조: 6개월 총 23편에 해당하는 것임.　　　　　　　　　　　출처 : EBS 한국교육방송공사

제54화 "앙숙"

11월 1일 목요일

S#	P/G	D/N	내 용	장 소	등 장 인 물	미 술/소 품	비고
7	30	N	1시 아빠랑 살면 안돼..	화장실안	은경,구선생.	핸드폰	1
30-4	75	N	MONTAGE 화장실에서 잠못자느라 세수하는 은경	은경방	은경,구선생	공부준비	4
18	49	N	우울하게전화하는 은경	욕실안	은경	핸드폰	2
19	50	N	전화도청하는 구선생	욕실앞	구선생	책	2
20	50	N	아빠 전화랑 전화했어.	욕실앞	은경,구선생	핸드폰,책#19연결	2
39	88	N	아빠집앞의 은경과	아빠집현관앞		#38연결 가죽가방	7
4-1	19	D	MONTAGE 어질러진 집	거실	은경	책,빨래,설거지거리	1
4-2	19	D	MONTAGE 청소하는 은경	거실	은경	오디오,진공청소기	1
4-3	19	D	MONTAGE 집안정리하는 은경	거실	은경	국자,설거지거리,진공청소기,앞치마	1
4-4	19	D	MONTAGE 빨래너는 은경	거실	은경	건조대,빨래	1
4	19	D	엄마라도 잘맘못하잖아	은경집(거실)	은경,구선생	진공청소기,국자,건조대,브레지어,책,빨래,그릇,오디오,칼치마,빨래바구니	1
30-3	74	N	MONTAGE 독서실서 공부하는 은경	독서실	은경,정화,재희	독서실 공부거리	5
6	26	N	엄마랑 공부하는 은경	은경방	엄마E,구선생,은경	울고있는못난이인형,공부학습	2
17	44	N	전남편과 전화하는 구선생	거실	구선생	무선 전화기	2
17	46	N	차라리 아빠한테보내지..	거실	구선생,은경	전화기,밥상,수학책,노트,은경가방	2
5	24	N	TV보지말고 공부해	거실	은경,구선생	드라마테잎,TV,리모콘	1
29	73	N	엄마뒷모습보고 마음아픈은경	거실	은경,구선생,주인E	가디건,앉은뱅이탁자책,노트,필기구	2
41	89	N	집에서초조히기다리는구선생	은경집거실	구선생	무선전화기	7
43	91	N	왜다시들어오니?왜왔니며?	아파트앞카타	구선생,은경	가죽가방	7
40	88	N	초조로 전화끊는 은경	아파트 앞	은경,여자목소리E	가죽가방,핸드폰	2
13	42	N	혼자걸어가는 은경	독서실 앞	은경,정화,재희,정화모	두터운잠바,각자가방	2
15	45	N	아빠는 통화중	거리	은경	핸드폰,은경가방	2
42	90	N	길거리에서 방황하는 은경	거리	은경	가죽가방	7

- 은경,구선생 07:30까지 교총
- 정화, 재희, 정화모 21:00까지 우면동 대림아파트 101동 1101호

"Ｘ. 오리리라 – 아.야. ~~~) 때청?
上명 arrange한것.

그림6_ 촬영 스케줄 표   출처: EBS 학교이야기 제54화 앙숙(2001년 11월 22일 방송)

스케줄 표를 바탕으로 PD는 전체 촬영과정을 신속하게 진행시킨다. 촬영 진행속도에 따라 제작비가 상승하느냐, 절약되느냐가 결정되기 때문이다.

드라마를 처음 맡았을 땐 촬영이 마치 전쟁이었음. 영상구성을 어떻게 하며 쫓기는 시간과 싸우느라 머리가 빠개질 정도였음. 한정된 예산과 시간 때문에 항상 초조해 했음. 2년이 지난 지금은 많이 여유로워짐. 전쟁을 수 없이 치른 고참상사의 심정이랄까 뭐 그런 것. 그래도 새벽 6시경에 일어나기는 아직도 힘든 상황임. 아침에 일찍 일어나는 것은 너무 힘듦. 그러나 빨리 찍기로 소문이 날 만큼 촬영현장에서의 통제는 잘되고 있는 편이다.

제작일지 2002년 7월 20일

촬영 진행과정에서 나타나는 시간관리 이외에 PD와 카메라맨의 몸속에 각인된 시간관리 양식은 관행적으로 이루어지는 영상제작방법에서 찾아 볼 수 있다. 드라마 PD는 영상구성을 할 때 각각의 컷마다 일정한 시간이 경과한 후에 커팅cutting*을 한다. 즉 하나의 컷을 찍을 때 처음 시작 후 3초에서 5초 정도 지난 후에 배우에게 연기의 시작을 지시하며, 연기가 끝나면 일반적으로 3초에서 5초 후에 커팅 사인을 낸다. 컷의 처음과 끝에 3초에서 5초 정도의 여유를 두는 것이다. 이는 촬영 후에 편집 작업을 할 때 원활한 편집을 위한 것이다.

내가 찍은 컷을 충분히 살리기 위해서 여유를 두는 거죠. 여유 없이 내가 쓸려는 컷만 찍게 되면 후반 작업 때 힘들어집니다. 나중에 편집 할 때 비디오와 오디오를 충분히 잘 살려서 편집 하려고 그렇게 하는데… 뭐 원래부터 그렇게 해왔으니까 하는 거죠.

D 드라마 PD

* 영상의 최소 단위인 컷(cut)을 찍을 때, 컷 촬영이 완료되었음을 알리는 PD의 마무리 콜(call)을 커팅(cutting)이라 한다. 컷 촬영의 시작은 큐(Q)사인을 통해 이루어진다.

카메라맨의 경우에 PD의 콜에 따라 녹화단추를 on-off하는 이유도 방송사의 간부가 특별히 지시했기 때문이 아니라, 촬영현장에서 관행적으로 이루어져 온 것이기 때문에 PD의 콜에 따른다.

> 옛날엔 필름이 굉장히 아까웠어. 그래서 연출자가 큐 하면 딱 누르고 컷 하면 딱 눌렀는데 … 필름시대에 있었던 버릇이 ENG에 그대로 넘어 온 거지. 습성이 배인 것 같아요, 무의식중에 연출이 컷하면 습관적으로 오프를 시키니깐. │카메라 감독

PD와 카메라맨이 영상구성을 관행적으로 행한다는 말은 이미 규율권력에 의해 시간 관리 양식이 그들의 몸속에 체화되어 있다는 사실을 의미한다. 푸코의 지적처럼 시간이 신체를 관통함으로써 규율권력이 긍정적인 생산의 원리를 만들어 내는 것이다. 시간이 이미 몸속에 체화되어 있기 때문에 시간을 정밀하게 관리하면 할수록 PD와 카메라맨의 사고와 행동의 매순간은 이용 가능한 것으로 바뀌게 된다.

이는 푸코가 실례로 제시했던 것처럼 군대의 행진과 글쓰기 교본에서 나타나는 시간의 신체침투 양식과 같다Foucault, 1975, 239쪽 참조. 즉 규율권력에 의해 형성된 시간의 신체침투를 통해 발끝에서 집게손가락 끝까지 몸 전체가 엄격한 규칙에 따라 움직일 수 있도록 하는 것처럼, PD의 콜과 카메라맨의 on-off 행위도 이와 같은 방식에 의해 시간이 신체 전반에 스며들어와 있기 때문에 나타나는 현상이다.

완성 작업을 할 때에도 시간관리 양식을 찾아 볼 수 있다. PD는 일대일 편집을 통해 촬영한 영상의 대체적인 시간을 파악할 수 있다. 러닝타임이 초과될 것으로 예상될 경우 PD는 적절한 양의 영상을 생략하기도 하고 몇 개의 씬을 통째로 들어내기도 한다.

방송시간에 일단 맞추는 것이 목표잖아요. … 일단 씬은 살려 놓고 컷을 줄이는 방법을 찾고요 … 더 줄여야 한다면 이야기가 손상되지 않는 한도 내에서 가슴 아프지만 씬을 들어내게 되죠.

F 드라마 PD

일대일 편집은 초 단위의 작업을 넘어 프레임frame단위의 작업이다. 몇 프레임으로 편집하느냐에 따라 같은 영상이라도 많은 차이가 난다. 프레임의 차이에 따라 영상구성이 달라지기 때문에 편집 작업에 들어가는 PD는 시간과의 또 다른 전쟁에 들어가게 된다. 전쟁을 치르듯이 미세한 시간의 관리를 통해 자신이 연출역량을 보여주며 한편의 드라마를 완성하게 된다.

완성 작업에서도 러닝 타임 때문에 많은 영상이 생략되기도 한다. 드라마 타이틀과 스크롤 등이 포함되기 때문에 원래의 예상보다 시간이 초과되는 경우가 많다. 이때에도 씬 단위별로 생략되거나 적당한 부분을 생략하기도 한다.

드라마 한편이 완성되기까지 러닝 타임 준수 때문에 많은 내용들이 생략된다. 따라서 드라마의 내용이 원래의 기획대로 구성되지 못하고 다르게 구성되기도 한다. 러닝 타임 때문에 드라마 내용이 변형될 수도 있는 것이다.

이처럼 시간의 관리는 규율권력의 침윤양식으로서 드라마 제작과정의 많은 부분에서 나타난다. 편성, 대본 작업, 촬영 작업 등에서 러닝타임의 기준이 지속적으로 적용된다는 것은 드라마 PD의 업무를 시간으로 잘게 나누어서 효율화시킨다는 것을 의미한다. 다시 말해 PD의 신체 속에 시간이 들어가 있고, 이 시간을 정밀하게 나누어 이용가능하게 만듦으로써 완성도 높은 드라마를 생산하게 한다는 것이다.

힘의 조합

푸코에 따르면 규율권력은 개인들의 힘을 조합하여 효용성과 이익을 극대화시킨다. 또한 개인의 신체를 다른 신체와 결합시킨다. 이는 곧 신체 속에 있는 시간을 결합시키는 것과 같아서 각각 다른 개인들의 시간을 효과적으로 합쳐서 힘의 조합을 이끌어 낸다.

먼저 드라마 편성에서 힘의 조합을 찾아 볼 수 있다. 프로그램 편성은 다른 팀에서 할 수 없는 편성 팀의 고유한 업무이다. 편성 팀은 편성을 위해 다양한 조사와 기획, 제작비의 설정, 투입될 인력에 대한 구상, 방송장비 현황에 대한 파악 등의 주요한 업무를 수행한다. 이때 각 부서의 협조는 반드시 필요하다. 편성 팀은 총무국으로부터 제작 예산과 인력에 관한 일반적인 통계자료를 협조 받거나, 영상 국으로부터 사용가능한 방송 장비 현황 파악에 대해 도움 등을 받는다.

학교이야기 편성의 경우에는 드라마 PD의 의견 반영이 많았다. 학교이야기가 편성실 차원에서 처음 편성될 때에는 학교 현장에서 실제로 일어나는 일을 소재로 하여 이를 드라마와 다큐멘터리 형식으로 표현하는 '다큐드라마' 포맷이었다. 그러나 제작 PD들의 반대에 부딪혀 드라마 형식으로 제작하게 되었다. 드라마 형식에 다큐멘터리 포맷이 결합하다보니 드라마의 맥이 끊어지고 시청자들의 반응이 좋지 않았기 때문이었다. 결국 우여곡절 끝에 편성 팀에서 제작 PD들의 의견을 받아들여 '학교이야기'는 드라마 형식으로만 편성되게 되었다. 그 결과 프로그램의 완성도가 높아졌고 시청률도 상승해서 약 3년 4개월 동안 방송되면서 교육방송의 대표적인 프로그램이 되었다.

제작자의 입장이 더 세게 반영되었다라고 봐야겠죠? …제작PD들의 요구에 의해 프로그램의 기본목적의 변경이 일어났다고 봐야 될 거예요. … 제작자들의 픽션에 대한

　　　　　　　　　　　포스트 모더니즘에서 본 영상콘텐츠

열망이 사내의 의사결정 구조에서 주요한 팩터factor로 작용이 돼서 포맷이 바뀌
게 된 거죠.

A 편성팀장

편성 팀에서는 학교이야기 PD의 전문성을 인정했고, 제작 PD들의 힘을 적절
하게 조합하기 위해서 방송포맷을 바꾸게 되었다. 편성 팀과 드라마 PD의 힘의
조합은 푸코의 지적대로 훈련된 개인을 다른 개인과 결합시킴으로써 생산의 효
율성과 이익을 극대화시키는 것과 같다. 즉 편성 팀에서 드라마를 편성할 때 드
라마 PD의 훈련된 경험을 조합하여 학교이야기 생산의 효용성을 극대화시키는
것이다.

힘의 조합은 PD의 스텝구성에서도 나타난다. 일반적으로 방송은 혼자만의
작업이 아닌 협업이기 때문에 모든 프로그램에는 일정한 스텝들이 참여하게 된
다. 대개의 경우 PD를 제외한 스텝은 조연출 1명, 작가 1명, 카메라맨 2명, 엔지
니어 약 3명 등 10명 안팎으로 구성된다. 이들은 각자의 분야에서 훈련을 통해
쌓은 전문성을 가지고 있다. 이러한 전문성이 각각 볼트와 너트처럼 조밀하게
사용됨으로써 1편의 방송프로그램이 탄생한다.

학교이야기의 경우에는 조연출, 작가, FD, 카메라 맨, 오디오, 조명, 분장·코
디, 엔지니어 등으로 구성되었는데, 그 인원은 드라마를 제외한 다른 프로그램
에 비해 많았다. 학교이야기 1팀*에 참여했던 스텝들을 표로 정리하면 다음과
같다.

〈표 2〉에서 나타나는 것처럼 학교이야기의 스텝은 숫자 면에서 다른 프로그
램에 비해 월등히 많다. 모두 28명의 스텝들이 참여해서 자신의 역할을 수행한
다. 이렇게 많은 스텝들이 참여한다는 것은 학교이야기의 제작과정이 그만큼 복

* 학교이야기는 모두 4팀으로 구성되었다. 4명의 PD를 중심으로 작가와 조연출, 카메라맨 등이 각각 따로 팀별로
구성되었다. 따라서 학교이야기 제작에 참여한 전체인원(4팀 × 28명)은 100여명이 넘는다.

표 2_ 학교이야기 스텝

스텝	이름	방송경력	인원수	주요업무
조연출	이○○	2년	1	PD보조, 제작과정 전체진행
작가	김○○	9년	1	대본집필
스크립터	김○○	6개월	1	대본관리, NG관리, 촬영테이프관리
FD	이○○	1개월	2	AD보조
	조○○	1개월		제작과정 전체진행 보조
카메라감독	장○○	10년	1	촬영
카메라보조	이○○ 외	2년	2	
오디오감독	홍○○	8년	1	오디오픽업
오디오보조	이○○, 박○○	6개월	2	
조명감독	허○○	16년	1	조명작업
조명보조	황○○ 외	1년-8년	5	
분장 및 코디	박○○	12년	2	배우의미용, 분장, 의상관리
음악감독	최○○	7년	1	드라마 음악 작곡 및 편곡
음악보조	최○○ 외	2년	2	
음향효과	김○○	8년	1	음향효과 작업
기술감독	김○○	16년	1	완성 편집
오디오	고○○	7년	1	
C/G	김○○	8년	1	자막 및 컴퓨터그래픽 작업
소품	박○○	11년	1	소품지원
차량	김○○	14년	1	차량지원
			28명	

잡하고 어렵다는 사실을 잘 말해준다. 각각의 역할에 맞게 분업화되어 있어 스텝들은 자신의 업무를 전문적인 식견을 갖고 수행한다.

〈표 2〉에서 보는 바와 같이 각 스텝들의 전문성은 적게는 2년, 많게는 16년 동안의 경험과 훈련을 통해 갖추게 된다.* PD는 이들이 갖고 있는 잘 훈련된 전문성을 자신의 의도에 맞게 활용하게 된다. 스텝들이 가진 힘을 잘 조합하여 완성도 높은 드라마를 만들게 되는 것이다. 학교이야기도 이러한 스텝들의 힘의 조합을 통해 만들어졌다.

이렇게 드라마 제작에 참여하는 스텝들은 방송경력이나 해당 분야에서 서로 다른 개인의 역사를 가진다. 그러나 특정한 분야에서 전문성을 갖추기 위해 쌓아온 방송경력들과 많은 수의 스텝들의 힘을 조합시키는 것은 드라마 제작과정에서 그렇게 어려운 일이 아니다. 그냥 자연스럽게 드라마 한편을 만들기 위해 PD를 중심으로 구성되기만 하면 된다. PD는 관행대로 그들의 전문성을 최대한 존중해주고 적당한 대가를 지불하면 된다. 이미 제작관행이라는 준비되어 있는 '판field'에 들어가기만 하면 자연스럽게 제작이 이루어진다. 규율권력이 제작관행에 이미 스며들어가 있기 때문에 스텝들의 힘은 자연스럽게 조합되고 또한 힘의 조합을 통해 규율권력이 침윤된다.

푸코의 지적대로 스텝들의 신체가 드라마 제작을 위해 서로 합쳐지고, 합쳐진 신체들은 그들이 가진 시간들을 효율적인 제작을 위해 또 다시 결합되게 한다. 이렇게 합쳐진 신체와 시간은 PD의 콜에 의해 자동적으로 그리고 습관적으로 움직이게 되고, 이는 곧 질 높은 드라마 생산의 토대가 된다Foucault, 1975, 258-261쪽 참조.

> 드라마 같은 경우에는 각 파트별로 전문성이 많이 요구됩니다. PD 혼자 다 할 수 있는 것이 아니고 세분화가 되면 될 수록 완성도가 높아진다고 볼 수 있어요. 그래서 스텝들이 많은 거죠. 일반교양 프로 같은 경우에는 전문성을 요구하는 파트가 그렇게 많지 않은데 드라마는 다르죠.… 적당한 대가의 요금을 지불하고, 그 다음에 팀 정신이라고 할까 '우리는 하나다'라는 동료의식을 많이 공유하려고 했죠. 인간적으로 대화하고 중요한 결정은 내가 내리지만스텝들의 전문성을 최대한 존중해주죠. 그게 실질적으로 드라마 완성도에 많은 도움이 되고…   D 드라마 PD

대본작업에서의 힘의 조합은 PD와 작가의 관계에서 나타난다. PD는 대본작업의 전체적인 과정을 조정하면서 작가의 전문성을 최대한 활용한다. PD가 아이템의 선정, 캐릭터 구성, 이야기 전개 방식 등과 같은 드라마의 전체적인 방향

* 여기에서는 카메라 보조, 오디오 보조 등은 논외로 하고 각 분야의 책임자를 기준으로 한 것이다. 단 연출팀에서 드라마 조연출은 업무의 전문성 때문에 포함시켰다. 스크립터와 FD는 대부분 방송 입문자들이 주로 하기 때문에 논외로 했다.

을 설정한다면 작가는 이를 토대로 세밀하게 대본을 쓴다. PD는 복잡한 드라마 제작과정 전체를 통제해야 하기 때문에 직접 대본을 쓸 여유가 없다. 따라서 작가의 힘을 빌려와서 자신의 드라마 기획의도에 맞게 대본을 완성한다. 이러한 과정은 다음의 제작일지에서 찾아 볼 수 있다.

> 작가와 조연출은 오늘의 일련의 과정을 나와 함께 하면서 무슨 생각을 할까? 결국 빵이쳐 써오면 거의 다 수정되고, 있는 머리 없는 머리 굴려 어렵게 캐스팅하면 자신의 생각과 다르게 캐스팅 되고. 도대체 날 어떻게 생각할까? 내 입장에서도 작가처럼 백지위에 눈발자국을 남기듯 치열하고 정교하게 글을 쓰지 못한다. 다만 극 전체의 흐름과 중요 마디에서의 긴장감 조성, 순간적인 호흡과 감정처리 등 연출자 입장에서 조정할 줄 만 안다. 물론 작정하고 글만 쓰겠다고 들어앉아서 키보드를 두드릴 수만 있다면 지금의 작가처럼 글을 쓸 수 있겠지만 어디 한국의 방송사가 PD들에게 그런 시간적 여유를 주었던가?　제작일지 2002년 7월 9일

학교이야기 제 90 화 '여름나기'2002년 8월 1일 방송의 경우, 처음 아이템을 선정할 때 작가보다 PD의 아이디어가 더 많이 제시되었다. 아이템 선정은 특정 소재가 드라마적으로 구성될 수 있느냐에 따라 결정된다. 드라마적으로 구성될 수 있는 아이템이란 적당한 긴장감과 갈등, 화해 등의 요소들이 적절히 배치될 수 있고, 이를 통해 시청자들에게 감동과 재미를 줄 수 있는 아이템을 말한다. 학교이야기의 소재가 학교 현장에서 벌어지는 실제의 이야기이기　때문에 드라마적 구성요소들이 적절하게 배치될 수 있느냐의 문제는 아이템 선정의 중요한 판단기준이 된다. '여름나기'의 경우에는 작가가 이러한 기준에 맞는 적절한 아이템을 찾지 못했다.

> 연습 전에 작가와 다음 아이템에 대한 회의를 했다. 뭐 특별히 회의랄 것도 없이 둘이 앉아 소재를 선택하고 선택된 소재에 대한 대강의 줄거리를 프리 토킹하

는 것이다. 정말 브레인스토밍Brainstorming이 되어야 하는데 왜 항상 나만 일방적으로 이야기하는 걸까? 왜 작가는 참신한 소재와 아이디어를 내 놓지 않는가?

제작일지 2002년 7월 10일

이러한 상황에서도 PD는 작가의 전문성을 끌어낼 수밖에 없었다. 아이템 선정에서 작가가 실망스러웠지만 선정된 아이템을 드라마적으로 구성하기 위해 작가의 힘이 절대적으로 필요했다. 따라서 PD는 먼저 고3 수험생들의 여름방학 생활을 취재하게 하고, 수집된 객관적인 사실들을 대상으로 드라마적으로 구성하기 좋은 것들을 뽑아서 대본으로 쓰도록 지시했다. 이 과정에서 PD는 작가가 자신의 능력을 최대한 발휘할 수 있도록 여러 방면으로 노력했다. 의도에 맞지 않게 대본이 구성되더라도 직접적인 거부감을 표시하지 않고, 좋은 말로 추스르며 대본을 수정 하도록 했다.

작가가 제대로 대본을 쓰게 하기 위해서 저 같은 경우에는 작가와 대화를 많이 했던 것 같아요. 그 사람이 상상력을 최대한 발휘할 수 있도록 주로 이야기를 많이 했죠. 뭐 자극도 주고 격려도 하면서 하여튼 끊임없이 의견교환을 했어요. … PD의 의식 세계를 작가한테 잘 설명하고 작가는 나의 생각에 플러스 알파를 했던 게 제일 컸던 것 같아요.… 제가 생각한데로 대본이안 나오면 일단 말을 하죠. 말을 해서 내 생각은 이건데 당신 생각은 아닌 것 같다고 허심탄회하게 얘기해서 절충점을 찾아서 대본을 수정하게 되죠.

D 드라마 PD

대본 수정이야기가 나오면그 순간에는 기분이 나쁠지 모르지만 뒤에 가서 딱 생각해보면 밸런스를 잡아준 게 다행이라고 생각해요. 글을 내고 나면 나중에 누가 수정했다는 것이 남는 게 아니라 최종고 자체가 남기 때문에 훨씬 더 유익한 방향으로 더 많이 갔던 것 같아요.K 작가 대본작업과정에서의 힘의 조합은 이처럼 대본 집필을 두고 벌어지는 PD와 작가의 미묘한 역할 분담을 통해 이루어진다. PD가 대본의 시작에서 부터 끝까지 개입해서 자신의 생각을 작가에게 끊임없이 이야기하고 작가의 상상력을 자극하여 PD의 의도에 가장 적합한 대본을 만들게 된다.

규율권력의 침윤양식으로서의 힘의 조합은 촬영 작업에서도 나타난다. 드라마 촬영의 원활한 진행을 위해 PD는 먼저 조연출과 FD, 스크립터 등의 연출팀의 힘을 조합한다. 이들이 신나게 일할 수 있도록 PD는 좋은 여건을 만들기 위해 노력한다.

> 촬영 후 코디 팀과 연출팀을 데리고 저녁을 먹음. 그동안 박봉에 고생을 많이 하는 것 같아서 거부집에서 맛있는 생고기를 먹음. 알고 봤더니 00와 00가 나보다 술을 더 잘 먹는 것 같음.
>
> 제작일지 2002년 7월 21일

촬영에 참여하는 전체 스텝들과도 이러한 회식 자리는 마련된다.

> 촬영이 끝난 후 전체 스텝들과 삼겹살을 먹음. 그런데 23명의 스텝들이 46인분의 삼겹살을 먹음. 물론 그 돈은 고스란히 나의 몫. 오디오 이00씨와 붐 맨의 재미있는 관계. 여리고 예민한 우리 00씨의 붐 맨에 대한 애교스런 짜증이 재미있음.
>
> 제작일지 2002년 7월 22일

스텝들과의 회식을 통해 쌓은 친밀한 인간관계는 실제의 촬영 작업에서 많은 도움이 되기도 한다. '여름나기'의 수영장 씬에서 카메라 감독이 수중 촬영을 제안했다. PD는 수영장 씬이 전체 이야기 전개 과정에서 중요한 부분을 차지하지 않기 때문에 간략히 촬영하려고 계획했다. 그러나 카메라 감독이 자율적으로 나서서 수중촬영을 함으로써 당초 계획보다 훨씬 입체적인 영상을 얻게 되었다.

물속에서 로low 앵글로 받아 줬을 때 느낌이 좋을 것 같았기 때문에 그렇게 한 것이고 … 연출자가 스텝들을 거느리는 태도나 상대방에 대한 존중, 이런 것들은 드라마를 잘 만든다는 제작능력과는 다른 연출자의 능력이에요. … 저의 의지도 있었지만 연출자의 인간성에 따라 자율성과 창의성이 더 나올 수 있고 그렇죠.」 카메라 감독

PD의 주도로 스텝들의 힘을 조합하지 않더라도 이처럼 촬영 스텝이 자율적으로 새로운 아이디어를 제안함으로써 수준 높은 영상을 얻을 수 있다. 이와 반대로 스텝들의 의견 충돌에 의해 촬영이 순조롭게 이루어지지 않는 경우도 가끔 발생한다. 이러한 경우 PD는 스텝들의 힘이 흩어지지 않도록 문제의 스텝들을 화해시키기 위해 많은 노력을 하게 된다.

제 72 화 '만화처럼'2002년 3월 28일 방송에서 체육관 씬의 조명 문제를 두고 카메라 감독과 조명감독이 심하게 다투게 되었다. 원칙적으로는 조명감독이 카메라 감독의 지시를 충실히 따라야 함에도 불구하고, 인물에 어떤 형태의 조명을 주느냐의 문제에서 조명감독이 자신의 고집을 꺾지 않았다. 촬영은 중단되고 촬영장은 적막감이 감돌았다. PD는 약 30분 정도 두 사람이 흥분을 가라앉히게 한다음 카메라 팀과 조명 팀을 오가며 설득작업을 벌였다. 이들이 화해하지 않으면 촬영은 불가능했기 때문이다. 하루 정도 촬영이 지연되면 이에 따른 제작비 손실은 물론이고, 드라마 완성 일정에 차질을 빚어 약속된 방송시간에 방송할수 없게 되는 일이 생길 수도 있기 때문이다. PD는 큰 소리도 쳐보고 달래기도 하면서 약 2시간 만에 두 사람을 화해시켰다.

인물에 데이day 라이트를 줘서 약간 파란 빛이 돌아서 다투게 되었는데 … 나름대로 뮤직비디오나 영화 조명처럼 맞추었는데 이게 카메라 감독과 맞지 않아서 그랬죠. … 감독님PD이 말려줘서 화해가 빨리 되지 않았나 싶어요. 또 일도 계속해야 되고 뭐 그랬던 것 같아요.

L 조명감독

조명이 외부 팀프리랜스, freelance이라 내가 부릴 수 있는 게 한계가 있어요. 그때 내 생각과 너무 다르고 내가 몇 번을 얘기 했는데도 그 친구가 무시를 해버리는 거야. 그래서 언성을 높이게 되었는데 … 그쪽에서 먼저 사과를 해오고 남은 촬영일정도 있고 해서 화해했죠.

ㅣ 카메라 감독

이러한 충돌과 화해 이후에 두 사람은 전례 없는 팀웍team work을 보여주며 학교이야기의 완성도 높은 영상을 창출했다. 크게 한 번 싸운 다음에 친해진다는 속설대로 심한 다툼이 두 사람의 힘을 결집시키는데 한몫했던 것이다. 중요한 것은 의견 충돌이 아니라 이를 화해시키는 과정이다. 이 과정에서 PD는 스텝들이 마음의 상처를 입지 않게 배려하면서 화해를 유도하고, 이를 통해 충돌 이전보다 더 끈끈한 관계를 형성하도록 함으로써 드라마 제작과정이 더 매끄럽게 진행되도록 한다.

드라마 완성 작업에서는 PD가 기술 감독의 자율성을 최대한 발휘할 수 있도록 함으로써 종합편집실에 있는 스텝들의 힘을 조합시킨다. 학교이야기 제 63화 '냄새'2002년 1월 24일 방송의 경우 PD는 옛날을 회상하는 씬을 칼러를 빼고 흑백으로 처리하려고 했다. 이에 기술 감독은 흑백효과 뿐 만 아니라 스트로브strobe효과*를 추가할 것을 제안했고 PD는 이를 받아 들였다.

아이디어를 내가 스스로 내는 것 보다는 담당 PD가 자극을 주면은 더 잘 낼 수가 있겠지. … PD가 한 가지만을 고집하지 않고 여러 가지 아이디어를 제시하는 것 이게 자극인데 이럴 때 더 자율성이 나오지.

M 기술 감독

기술 감독은 종합편집실의 비디오 맨, 오디오 맨에게 지시하여 수정된 영상 이펙트 처리에 따라 오디오와 비디오를 조절할 것을 지시했다. 물론 이 과정에서 스텝들이 항상 기술 감독의 의견에 전적으로 동의하는 것은 아니다. 지시한 사항이 합당할 때, 또는 PD와 기술 감독과의 관계가 좋을 때 대체로 이러한 지시를 따르게 된다. 드라마 완성 편집 결과 기술 감독의 의견이 첨가되면서 드라마 영상이 훨씬 세련되고 풍부해졌다.

기술 감독과 스텝들의 창의적인 아이디어 제시 이외에 제한된 작업시간의 조정도 힘의 조합의 결과이다. 종합 편집실은 드라마 뿐 만 아니라 다른 프로그램에서도 사용하기 때문에 하루의 작업 스케줄이 정해져 있다〈표 3〉 참조. 학교이야기의 경우에는 1주일에 4시간으로 정해져 있었는데, 편집 작업을 하는 과정에서 작업시간을 초과하기도 했다. 작업 시간이 초과되면 완성 작업을 중단하는 것이 원칙이다. 그러나 기술 감독과 PD의 친밀도, 촉박한 방송일정 등에 따라 작업시간이 조정 연장되기도 한다.

표 3_ 편집실 배정표

	위성 제작팀	직업탐구	일요초청 특강	09:00-14:00 연속 인형극	문화 문화인
09:00-12:00					
13:00-15:00	13:00-14:00 교육을 말한다	13:00-14:00 교육을 말한다	13:00-14:00 교육을 말한다		13:00-14:00 교육을 말한다
15:00-18:00	14:00-16:00 바나나 끼끼	14:00-15:30 뿡뿡이랑 야야야	14:00-1700 효도우미 0700	14:00-15:00 교육을 말한다	14:00-18:00 학교이야기
	16:00-1800 알고 싶은 性	15:30-18:00 생) 60분 부모		15:00-18:00 일과 사람들	
19:00-21:00	일과 사람들		17:00-21:00 GoGo Giggles		19:00-21:00 생) 60분 부모

출처 : EBS 2002년 3월 편집실 기본 배정

* 화면 속에 피사체의 움직임의 궤적을 남기는 효과. 즉 움직이는 사람 뿐 만아니라 떨어지는 물방울, 던져진 공 등의 움직임대로 그 동선을 길게 궤적으로 남기는 효과를 말한다..

제 96 화 '외할머니의 방'_{2002년 9월 12일 방송}을 완성 편집할 때 배정된 4시간의 작업시간을 초과하였다. 드라마 음악이 제때에 준비되지 않아서 완성 편집 작업이 예정된 시간에 시작되지 못했기 때문이었다. 이 경우에 PD는 다른 프로그램에 배정된 시간을 빌려오기 위해 다른 PD들에게 작업시간을 부탁하는 등 곤혹스러운 상황에 빠지게 된다. 그러나 기술 감독은 자신이 직접 다른 프로그램과의 작업조정 시간을 통해 완성편집을 할 것을 제안했다. '외할머니의 방'은 기술 감독의 배려 덕분에 무사히 완성해서 방송될 수 있었다.

> 방송시간이 급하면 어쩔 수 없이 해줘야 하는 거잖아요. 또 내 업무니까 해야 하는 거구. … PD와의 친분도 어느 정도 작용은 하겠지. 그러나 그것이 결정적인 것은 아니고, 내가 마무리해야 하니까 하는 거지.
>
> M 기술 감독

드라마 완성 작업에서 힘의 조합은 창의적인 아이디어의 자율적 제시와 작업시간의 조정을 통해 나타나며, 이는 곧 드라마의 완성도를 높이는 결과를 가져온다. PD가 할 수 없는 일을 스텝들의 힘의 조합을 통해 가능하게 함으로써 드라마 생산의 효율성을 극대화 시키는 것이다.

이상에서 살펴본 것처럼 TV 드라마 제작과정에서의 규율권력의 습관적 침윤 양식은 첫째, 공간의 분할, 둘째, 시간의 관리, 셋째, 힘의 조합 등이다. 이를 정리하면 〈표 3〉과 같다.

그러나 여기에서 밝혀 두고 싶은 것은 이들 세 가지 양식이 〈표 3〉에서 정리된 것처럼 서로 분리되어 나타나는 것은 아니라는 사실이다. 이들 세 가지 양식은 상호교차하면서 드라마 제작과정 전체를 통해 드라마 제작 참여자들에게 습관적으로 쌓여 있으면서 동시에 습관적으로 침윤되어 가는 과정에 있다. 또한 이들 침윤양식은 규율권력의 행사양식들과 결합되어 상호작용하면서 규율권력의 침윤과 행사를 더욱 효과적으로 만든다. TV 드라마 제작과정에서의 규율권력의 침윤양식과 행사양식은 분리되어 설명될 수 없고 서로 얽혀있다. 이 양식들은 TV 드라마 제작과정에 참여하고 있는 제작 스텝들의 신체와 정신에 습관적으로 스며들고 동시에 습관적으로 행사된다. 이를 통해 드라마 제작은 효율적인 과정을 거쳐 이루어지고, 그 결과 완성된 드라마는 최적의 상태로 방송될 수 있도록 한다.

따라서 이 연구는 규율권력의 침윤양식과 행사양식이 분리되어 나타나는 것이 아님을 분명히 한다. 다만 설명의 편의상 각각을 나누어 살펴보았다.

표 4_ TV 드라마 제작과정에서의 규율권력의 습관적 침윤양식

규율권력의 습관적 침윤양식	규율권력의 습관적 침윤양식의 내용	주요 분석 내용
공간의 분할	• 개인들의 기능적 배치를 통한 구성원들의 일정한 분할 및 업무의 전문성 고착 • 서열적 공간분할을 통 한 생산력 증대 • 한 개인을 개인으로서 특징짓는 동시에, 어떤 일정한 다수에 질서를 부여함으로써 규율권력 의 원활한 침윤 이룸	• 방송사 사무실의 기능적 배치를 통한 팀별 전문화 및 PD의 객관화 • 제작주체, 인력 등으로 구획된 편성일람 표의 공간 분할을 통한 규율권력의 습관적 침윤 • 인사를 통한 서열중심의 공간배치를 통한 업무의 효율성 극대화 • 영상콘티에 나타난 영상 공간 분할을 통한 제작작업의 효율성 극대화 • 촬영현장 및 완성편집에서의 공간분할을 통한 규율권력의 침윤
시간의 관리	• 시간을 개인의 신체에 침윤시킴 • 시간을 잘게 나누어 더 많은 이용 가능한 순간 을 만듦 • 매순간을 생산적인 것 을 양산하도록 세팅 • 개인들은 무의식중에 습관적으로 규율권력에 이끌려감	• 방송시간으로 정밀하게 구분되어 있는 편성표에 따른 방송활동의 반복적 주기적 설정. 이를 통한 제작효율성 제고 • 제작참여자들의 몸에 들어와 있는 러닝타임의 준수 • 드라마 대본의 분량 조절의 일상화 • 촬영 스케줄 표를 통한 촬영시간관리. 이를 통한 제작비 절감 및 촬영업무의 효율성 제고 • 촬영 컷의 초(秒)단위 시간조절 • 초(秒) 및 프레임(frame) 조절을 통한 영상 편집
힘의 조합	• 훈련된 개인을 다른 개인과 결합시킴으로써 효용성과 이익을 극대화 • 개별적인 신체는 다른 신체와 결합됨 • 개인의 시간이 다른 개 인의 시간에 맞게 조정 되고 결합됨	• 편성 팀과 타 부서와의 협조를 통한 힘의 조합 • 다양한 스텝들의 신체와 시간의 결합을 통한 제작 효율성 극대화 • PD와 작가의 대본작업을 통한 힘의 조합 • 촬영 작업에서 나타나는 촬영스텝들의 협업 • 종합편집 작업에서 기술스텝들과의 협업

04

규율권력은 TV 드라마 제작과정에서
어떻게 행사되고 있나?

위계적 감시

푸코에 따르면 위계적 감시는 규율권력의 행사양식으로서 우리의 일상생활 속에서 자연스럽게 이루어진다. 위계적 감시는 규율적 공간에서 잘 계산된 감시의 시선으로 작동된다. 여기에서 말하는 규율적 공간이란 개인의 존재와 활동을 가능하게 하는 규율로 얽혀 있는 사회의 모든 지점을 일컫는다. 위계적 감시는 억압적이며 폭력적으로 이루어지는 것이 아니라, 부지불식간에 긍정적이며 생산적으로 이루어진다.

드라마 제작현장에서 규율권력은 시간이나 노동을 목표로 삼는다. 방송시간의 준수강령과 분, 초, 프레임 단위에 이르는 시간의 분절화를 통해 제작 스텝들의 노동을 규범화하고 합리화하여 드라마 제작의 매 순간을 생산적인 것으로 만든다. 규율권력은 신체로부터 최대한의 시간과 힘을 끌어내기 위하여 지속적인 감시체계를 구축하고 이를 규범으로 코드화하여 권력의 움직임을 일상화한다Foucault, 1980, 136쪽 참조. 사용된 제작비와 완성된 드라마의 질에 대한 모니터를 통해 제작 스텝들에 대한 끊임없는 감시가 이루어진다. 이러한 감시체계는 가시적인 감시로 드러나는 것이 아니라 규범으로 코드화 되어 자연스럽게 형성되고, 이는 곧 규율권력이 제작 스텝들의 일상 속에 인위적인 것임에도 불구하고 자연스러운 것으로 스며들면서 습관적으로 작동되게 한다.

위계적 감시를 통한 규율권력의 행사는 드라마 PD의 미적가치와 충돌하기도 한다. 드라마 PD의 미적 가치는 PD의 자의식에서 비롯되는데 이는 세계관, 가치관 등으로 나타난다. PD의 세계관에 따라 드라마의 내용과 영상구성이 독특하게 표현된다. 세계관에 따라 현실성이 강한 리얼리티reality를 추구하거나 이와 반대로 상상의 영역을 표현하는 판타지fantasy로 묘사되기도 한다.

거창하게 미적 가치는 없지만 제가 생각하는 가치관이 녹아들어가서 예술적으로 표현되는 것이겠죠. 감독의 자의식 같은 것인데 … 자신의 세계관 가치관 등이죠. … 비디오건 오디오건 캐릭터든 간에 저는 리얼리티예요. 사실인 것 같은 것을 개인적으로 제일 추구하기 때문에 영상이건 시나리오건 배우이건 간에 제일 중요하게 생각하는 거예요.
D 드라마 PD

PD의 미적가치는 드라마 제작과정에서 방송사의 강령, 편성의도, 채널의 성격, 시청자의 눈, 규제감독기구의 감시와 객관적 영상구성과 보편적인 내용구성의 원칙, 시간의 준수원칙, 편성의도 등과 서로 충돌하면서 규격화·표준화되어 생산적인 기준으로 다듬어진다. PD의 미적가치는 합리적인 드라마 제작을 위해 대부분 포기된다.

편성의도와 채널의 성격을 벗어나면서 예술성을 추구하는 것은 옳지 않다고 생각하구요 … PD가 그 틀 내편성의도와 채널의 성격에서 반응하려고 노력하는 쪽 이죠 … 정말 예술 하려면 영화를 해야 된다고 생각하니까…
F 드라마 PD

의견과 입장이 받아들여지는 것이고, 그렇지 않고 기획의도의 훼손이나 제작비 요소의 상승 등과 같은 기타 요소들의 훼손이 일어난다면편성 팀에서양보하지 못하는 경우가 있죠.

A 편성팀장

드라마 편성과 관련되어 나타나는 위계적 감시는 드라마 내용의 선정성, 기획 의도 및 제작방향의 부합도, 제작비 및 제작인력의 적절성 등에 대한 상시적인 감시를 통해 이루어지고 있다. 위계적 감시는 일방적으로 나타나는 것이 아니라 편성 팀과 드라마 제작 팀 간에 쌍방향적으로 나타난다. 또한 억압적이고 부정적인 방식으로 이루어지는 것이 아니라 생산적인 것으로 행사된다. 규율권력이 위계적 감시를 통해 드라마가 완성도 높게 제작되어 시청자에게 서비스 되도록 유도하는 것이다.

드라마 PD를 배치하는 인사에서도 위계적 감시는 찾아 볼 수 있다. 드라마 PD로 인사발령을 내기 위해 간부들은 다양한 경로를 통해 PD를 감시하고 평가한다. 일반적으로 근무평정과 자기업적 평가를 통해 위계적 감시가 이루어진다.

근무평정은 1차에서 3차에 이르는 평가가 이루어지도록 하고 있는데, 대체로 차장, 부장, 국장 등의 의해 평가가 실시된다. 평정요소에는 업무목표 및 달성도, 난이도, 업무의 질과 양 등으로 나뉘고, 이들 요소에 대해 등급점수를 세분화하여 평가 한다.

자기업적평가는 평정 대상자 본인이 자신에 대해 스스로 평가하도록 하는 것이다. 대부분의 경우 6개월 단위로 평정이 이루어지며 업무목표 및 주요 업무 추진실적을 스스로 기입하도록 하여 방송사내에서 자신의 역할과 위치를 스스로 점검하도록 한다. 또한 자기 평가서 항목을 두어 평정 대상자의 업무수행능력 등에 관하여 세밀하게 평가할 수 있도록 점수화 하고 있다. 자기업적평가를 평정대상자가 수행하도록 하는 것은 자신에 대한 감시를 스스로 내면화하는 것에 다름 아니다. 학교이야기의 PD도 이와 같은 과정을 경험하였다.

처음에 감시당한다는 기분이 드는데 … 인사의 객관적 기준이라는 것도 사실 좀 애매하고 … 사람을 적재적소에 배치할 수 있는 인사평가가 되면 좋은데 … 방송사에서도 아웃풋을 창출해야 하니까, 시청자를 위한 공익적 프로그램을 잘 만들어야 하니까 평가서를 작성하는 것 아니겠어요?

D 드라마 PD

근무평정과 자기업적 평가 등을 통해 방송사 조직이 PD를 감시하고, 또한 PD 자신이 감시를 내면화 하여 스스로를 감시함으로써 위계적 감시의 기술이 질서정연하게 상호교차 되어 행사된다. 위계적 감시는 PD가 좋은 프로그램을 만들도록 암묵적으로 유도한다. PD가 근무평정의 대상자가 되고 스스로 자기업적을 평가하는 행위 그 자체는 이미 규율권력이 PD의 몸속에서 행사되고 있음을 말해준다.

드라마 PD의 스텝구성에서도 상호교차 하는 위계적 감시를 찾아 볼 수 있다. 드라마 PD는 작가, 카메라 감독, 조명감독, 음악감독 등의 스텝들을 구성할 때 대체로 그들이 참여한 기존의 작품을 통해 스텝을 선정한다. 작품 속에는 해당분야에 대한 그들의 자질과 능력이 그대로 드러나기 때문이다. 작품을 통한 이러한 평가는 스텝들에게는 부담스러운 감시의 시선으로 나타난다. 그러나 이러한 부담이 스텝의 자실을 향상시키는 긍정적인 힘으로 작용하고 있다.

일하는 면에서 빨리 하거나 대충 대충하면 속도는 빠를지 모르지만 나중에 작품결과가 안 좋고 평가가 안 좋으면 다음 작품을 하기가 힘들지 않을까 생각합니다. … 평가를 내리는 사람은 담당 PD, 카메라, 스텝들인데 … 좀 부담스럽기는 하지만 평가가 있어야 서로 발전을 하고 생각을 할 수 있는 그림을 만들지 않을까 합니다.

L 조명감독

포스트 모더니즘에서 본 영상콘텐츠

위계적 감시가 나타나는 스텝구성과 관련해서 미시적인 규율테크닉에 대해 간략히 살펴볼 필요가 있다. 드라마 제작 현장에서 나타나는 미시적인 규율테크닉들은 시선the gaze을 통해 설명할 수 있다. 푸코에 따르면 시선은 행정관리들이 가시성visibility에 의해 해당 제도의 인구들을 관리하기 위해 사용했던 권력-지식의 테크닉인데, 여기에는 일람synoptic하고 개별화individualize하는 두 가지 방식이 있다. 일람적 가시성은 드라마 제작 스텝들 간의 관계를 일별할 수 있도록 한다. 한편의 드라마 방송이 끝나면 제작 참여자의 이름이 나타난다. 이러한 규율을 만든 것은 참여자 스스로가 제작에 대한 책임감을 고취하는 것인 동시에 관리자 입장에서 이들을 쉽게 일별하고 감시할 수 있게 하기 위해서이다. 개별화하는 가시성은 스텝 개개인이 습관이나 개인의 경력에 대해 관찰하는 것을 목표로 한다Fraser, 1981, 269쪽 참조. PD는 자신의 드라마에 참여할 스텝들을 선정하는 과정에서 스텝들이 참여했던 기존의 작품들과 자신과 일했던 경험 등을 바탕으로 스텝을 선정하게 된다. 이 과정에서 스텝들 각자의 경력과 제작습관 등이 노출되게 된다. 따라서 일람하고 개별화하는 시선은 전체 드라마 제작과정과 개인의 일상사 속에 투과되어 있어서 규율권력이 도처에서 자연스럽게 작동하도록 한다.

여기에서 한 가지 짚고 넘어가야 할 것은 일람하고 개별화하는 가시성은 보이지만 보이지 않는 감시의 시선이라는 것이다. 스텝들이 참여한 작품에는 그들의 습관과 경력이 누구나 볼 수 있게 명료하게 드러나는 것이 아니라, 이를 볼 수 있는 사람만 볼 수 있다. 또한 보려고 할 때에만 보이는 것이다.* 따라서 여기에서 말하는 시선은 보이지 않으면서 보아야 하는 감시의 기술이다.

학교이야기에 드라마 음악감독으로 참여한 최OO 감독은 타방송사에서 방송

---

* 예를 들어 시청자는 볼 수 없지만 PD를 포함한 드라마 제작 참여자들은 볼 수 있다. 또한 항상 드러나 있어서 드라마 제작 참여자들이 언제나 쉽게 볼 수 있는 것이 아니라 보아야겠다고 생각할 때 볼 수 있는 것이다. 스텝들의 경력과 개인적인 습관은 겉으로 드러나지 않지만 쉽게 드러나기도 한다.

된 기존의 작품과 PD와의 친분관계를 통해 선정됐다. 최OO 감독은 드라마 음악 분야에서 손꼽히는 음악감독이었다. 최 감독이 작곡한 드라마 음악의 상당수가 공전의 히트를 기록했다. 최 감독은 드라마 PD가 가장 선호하는 음악 스텝이었기 때문에 섭외가 쉽지 않았다. 그러나 PD와의 친분관계와 기존의 작품에 대한 높은 평가를 통해 최 감독을 음악 스텝으로 참여시키게 되었다. 음악감독으로서의 능력을 제외하고 단순히 친분관계만 고려 했다면 스텝으로 참여시키기 어려웠을 것이다. 기존의 작품을 통해 이미 최 감독의 능력을 충분히 검증할 수 있었고, 그의 음악적 취향과 습관이 학교이야기와 맞았기 때문에 음악감독으로 참여시킬 수 있었다. 최 감독은 이미 자신이 참여한 작품 속에서 위계적 감시의 시선에 투명하게 노출되어 있었던 것이다.

> 내가 한 것을 연출 후배나 작가 후배들, 그리고 다른 방송사에서 눈여겨 볼 텐데. 잘 해야지 음악감독으로서 작곡가로서 내 이름을 내 스스로 주변에 알리게 되는 것이니까. 그런 생각들을 많이 하면서 음악작업을 하죠.   N 음악감독

기존의 작품을 통해 보이지 않지만 보아야 하는 위계적 감시의 기술은 대본 작업과정에서도 찾아 볼 수 있다. 드라마는 시청자의 눈을 벗어날 수 없다. 드라마는 PD 자신을 위해서 또는 방송사를 위해서 만들어지는 것이 아니라 시청자들을 위해서 만들어진다. 드라마 PD는 항상 시청자의 시선을 의식하며 드라마를 제작한다.

드라마 대본은 이러한 맥락 속에서 구성된다. 대본은 시청자 모두가 이해할 있는 보편타당한 내용이어야 하고, 재미와 감동을 줄 수 있는 내용이어야 한다는 원칙이 자연스럽게 설정되어 있다. 이 원칙은 시청자들의 감시의 시선을 PD와 작가가 의식해서 나타난 결과인 것이다.

학교이야기의 경우에도 시청자의 위계적 감시를 찾아 볼 수 있다. 아래의 제

작일지에서 나타난 것처럼 제 93 화 '아들에게'2002년 8월 22일 방송는 시청자의 보편적 정서를 자극하기 위해 남녀공학이라는 소재와 엄마의 사랑이라는 정서를 바탕으로 청소년들의 이성문제를 다루었다. 캐릭터 구성도 시청자들이 주변에서 흔히 볼 수 있는 청소년들로 구성하였다.

> 어제 아이템을 정하고 대강의 등장인물과 캐릭터를 정했다. 또 대강의 구성을 협의한 후 오늘 정리된 시놉을 검토했다. 주인공을 중심으로 이성교재에 울트라 개방적인 엄마, 같은 남학교의 친구, 남녀공학에 다니는 또 다른 친구 등 대강의 얼개를 짰다. 모자사이를 경쾌하고 친밀한 관계로 설정하고 이성교재를 꿈같이 그리워하는 같은 학교 친구와 가진 자의 여유를 부리는 남녀공학 재학중인 친구로 성격을 부여했다. 그리고 주인공은 목표의식이 뚜렷한 이성에 관심 없고 공부에만 열중하는 아이로 설정했다. 그리고 주제를 이성에 대한 청소년들의 생각을 진솔하게 담아내고 특히 남녀공학에 대한 막연한 동경도 그려볼까 한다. 또한 친구 같은 모자관계를 설정해 공부만 하는 한쪽으로 치우쳐진 청소년보다는 사랑도 할 줄 아는 따뜻한 가슴을 가진 아이로 성장하기를 바라는 엄마의 심정도 담아보기로 했다.
>
> 제작일지, 2002년 7월 11일

이처럼 현실에서 쉽게 찾아 볼 수 있는 리얼리티reality 강한 아이템과 등장인물로 드라마를 구성하는 것은 시청자의 위계적 감시의 결과라 할 수 있다. 드라마가 보편적인 내용으로 시청자들에게 재미와 감동을 주어야 한다는 암묵적인 원칙은 방송사에서 강요했거나 PD 자신이 설정한 것이 아니라 시청자의 위계적 감시에 의해 이루어진 것이다. 이미 시청자의 시선이 PD와 작가의 몸속에 들어와 있고, '재미와 감동의 원칙'이 스스로 작동되게 함으로써 규율권력의 행사를 자연스럽게 이루어지도록 한다.

촬영 작업이 이루어지는 촬영공간은 위계적 감시가 상호 교차하는 규율의 공간이다. PD는 각 스텝들의 역할을 감시하고, 스텝들은 PD의 연출력을 감시한다. 배우들의 연기도 감시의 대상이다. 먼저 PD는 카메라맨의 앵글과 사이즈, 워킹 등에 대해 감시하고, 조명의 강도와 오디오 상태 등을 체크한다. 스텝들은 PD가 배우들에게 어떤 연기를 지시하며 영상을 어떻게 구성하고 조명과 오디오 연출을 어떻게 지시하는지에 대해 감시의 시선을 던진다. 이처럼 촬영 작업에서는 위계적 감시의 그물망이 그어져 감시의 시선이 작동하는 것이다.

그러나 이와 같은 감시는 스텝들 그 누구도 눈치 채지 못할 정도로 당연하며 자연스럽게 이루어진다. 촬영현장에서 위계적 감시는 질서정연하게 상호교차되어 있는 감시의 기술로 나타난다. 이 감시의 기술은 보이지 않으면서 보아야 하는 시선의 기술을 통해 각 스텝의 일거수일투족을 면밀히 들여다본다Foucault, 1975, 268쪽 참조. 따라서 촬영공간이라는 규율적 공간에 놓인 스텝들은 촘촘히 짜인 감시망 속에 갇혀 있으며 그들이 규율권력의 시선에 놓여 있다는 사실을 잘 알 수가 없다. 또한 이들 시선을 인지하더라도 규율권력이 신체에 자연스럽게 각인되어 있기 때문에 개인들은 잘 계산된 시선의 작용에 투명하게 노출되어 있는 것이다.

이외에도 촬영 작업에서 위계적 감시가 나타나는 것은 영상구성방식에서이다. 입체적인 영상구성과 시청자가 쉽게 이해할 수 있는 영상구성이라는 원칙은 위계적 감시에 의해 이루어지는 것이라 해도 과언이 아니다. 시청자와 방송사의 지속적인 위계적 감시를 통해 지루하지 않고 보편타당한 영상이 구성되는 것이다. 이러한 사실은 학교이야기 제 90화 '여름나기'2002년 8월 1일 방송에서 찾아 볼 수 있다. '여름나기'에서는 수중영상 등과 같은 입체적이고 다양한 영상을 촬영했다.

> 수영장 씬에서 수중촬영을 함. 역시 그림의 다양성 측면에서 괜찮은 설정이었던 것 같음. 방송되는 시기가 학생들 방학 중이어서 바닷가 등 좀 더 시원한 영상을 담아내지 못해 아쉬움.
>
> 제작일지, 2002년 7월 20일

포스트 모더니즘에서 본 영상콘텐츠

드라마 영상을 다양하게 촬영하는 것은 시청자들이 드라마의 내용과 상황을 쉽게 이해할 수 있도록 유도하기 위해서이다. 드라마에서 보여 지는 영상이 상황을 이해할 수 없게 한다든지 심지어 현실을 왜곡하는 경우 TV드라마는 존재할 수 없다. 따라서 드라마의 영상은 일정한 기준에 따라 구성되어야 한다. 즉 영상 사이즈에 따라 풀 샷Full Shot, 미디엄 샷Medium Shot, 클로즈 업Close Up 등의 순서를 원칙적으로 지켜야 하며, 영상의 시간적 호흡도 영상 워킹Working에 따라 다소 다르지만 대체로 한 컷Cut당 3초에서 5초 정도의 길이로 구성되어야 한다. 물론 상황에 따라 영상 사이즈의 구성과 영상의 호흡이 다르게 편집될 수 있지만 대체로 위의 영상구성의 원칙을 지켜야 한다. 이러한 원칙은 〈그림 1〉 '여름나기'의 영상구성 콘티에서 잘 나타나고 있다.

〈그림 1〉에서처럼 진철이가 물에 빠지는 상황을 쉽게 이해할 수 있도록 타이트 풀 샷① F.S., Tight Full Shot으로 보여준 다음 물속에 빠진 상황을 진철의 원 샷1S, One Shot으로 구성했다. 또한 현석과 미정이 물속에서 부딪치는 장면을 물 속 투 샷2S, Two Shot으로 촬영하도록 함으로써 시청자가 쉽게 이해할 수 있도록 했다. 이처럼 〈그림 3〉은 시청자의 지속적인 감시를 의식해서 수영장에서 일어나는 사건을 쉽게 알 수 있도록 영상구성을 한 것이다.

완성 작업에서도 위계적 감시의 시선은 교차한다. 먼저 PD의 일대일 편집과정에서 나타나는 위계적 감시를 살펴 볼 수 있다. PD가 영상을 일차적으로 편집 구성하는 일대일 편집은 특정한 기준을 통해 이루어진다. 그 기준은 몸에 베인 방송사 조직 강령과 PD의 가치관, 주관 등이다.

편집에서 제작자의 의도는 어떤 기준에서 개입되는가? 첫쨰는 PD개인이 방송사 조직에서 암묵적으로 체득한 조직 강령과 편성의도에 좌우된다. 두 번째는 해당 아이템 선정 때부터 개입된 PD의 가치관과 주관이다. 학교이야기는 이런저런 방향성을 가져야 되고 이에 걸 맞는 아이템을 선정하고 이것을 구성하고 촬영하

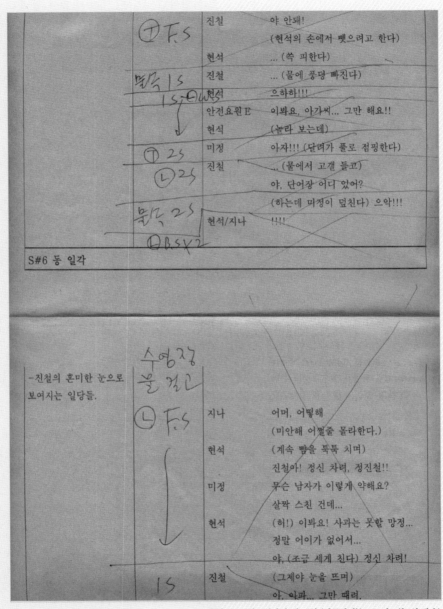

그림 1_ '여름나기' 영상구성 콘티　　　　　출처: EBS 학교이야기 제90화 '여름나기'(2002년 8월 1일 방송)

　　　　　포스트 모더니즘에서 본 영상콘텐츠

는 과정에서 PD개인의 주관으로부터 멀어질 수 없기 때문이다. 세 번째는 편집과정에서 어떤 앵글과 사이즈의 그림을 선택할 것인가를 결정할 때도 이런 요소들은 개입된다. 촬영시 대부분 PD의 연출의도에 따라 찍혀진 그림들이지만 때로는 카메라맨의 의도가 많이 반영될 때도 있다. 결국 편집실에서 어떤 그림을 선택하느냐는 전적으로 PD에게 달려있다.

제작일지, 2003년 1월 28일

제작일지에서 나타난 것처럼 암묵적으로 체득된 조직 강령과 편성의도, PD의 가치관, 주관 등은 규율권력의 행사를 유효하게 하며, 위계적 감시를 통해 규율권력의 행사는 자연스럽게 이루어진다.

또한 완성 편집 작업에서도 위계적 감시를 찾아 볼 수 있다. PD는 종합편집실의 업무를 총책임지고 있는 편집 감독의 종합적인 편집 능력을 감시하고, 편집 감독은 PD의 연출력을 감시 평가한다. 상대방에 대한 이러한 감시를 통한 평가는 소문으로 사내에 유통되고, 이것은 곧장 당사자의 능력이 되고, 정기인사에 일정 부분 반영되기도 한다.

사내에서 벌어지는 '소문놀이'는 방송사 구성원들에게 위계적 감시로 행사된다. 따라서 구성원들은 자신의 업무에 충실할 수밖에 없다. 이러한 소문놀이-위계적 감시의 작동-구성원들의 업무능력 상승 등의 연쇄적이며 순환적인 과정은 규율권력의 행사를 통해 이루어지는 것이다.

규범화한 제재

푸코는 규율권력의 행사양식의 하나로서 규범화한 제재를 제시한다. 규범화한 제재는 개인의 행위를 규범이라는 일정한 틀 안에서 이루어지도록 하는 것을 말한다. 이러한 틀에서 벗어날 경우 일상생활에서 이루어지는 작은 처벌이 내려진다. 사회구성원은 사소한 일상 속에서 서로 처벌하고 처벌받는 구조 속에서 살아간다. 처벌은 법률적이라기보다는 훈련적 차원의 처벌이다. 훈련의 반복을 통해 규율권력은 개인에게 쉽게 안착한다. 규율권력이 부과하는 처벌은 수량화되며, 또한 규율권력은 서열을 통해 개인에게 보상과 처벌을 행사한다. 규율권력이 행사하는 처벌은 억압적인 것이 아니라 사회전체에 이익을 가져다주는 방향으로 기여하게 한다.

규범화한 제재는 드라마 제작과정에서 쉽게 찾아 볼 수 있다. 먼저 드라마 PD가 지켜야 하는 일차적인 규범은 드라마의 보편타당한 내용과 객관적인 영상구성의 원칙이다. 이 규범을 어길 경우 다양한 경로를 통해 규범화한 제재가 이루어진다. 방송사외적으로 먼저 방송위원회를 비롯한 각종 규제감독기관에서 사과방송, 벌금 등 다양한 제재조치가 이루어진다. 또한 시민단체의 모니터 보고, 시청자들의 홈페이지의 게시물 등은 드라마 PD에게 직간접적으로 이러한 규범을 지킬 것을 요구한다. 방송사내적으로는 먼저 심의실을 통해 수정, 경고 등 공식적인 제제조치가 이루어진다. 또한 방송사 조직의 간부들이 편성권과 인사권을 행사함으로써 해당 드라마를 폐방한다던지 담당 PD를 교양 프로그램에 배치하는 등의 제재를 가한다.

규범화한 제재는 PD들의 일상생활 속에서 작은 형벌구조를 형성하며 PD의 주변에 촘촘히 놓여있게 된다. 드라마 PD가 지켜야 할 규범을 잘 따랐다면 그 PD는 드라마 PD로서의 명성을 지속적으로 쌓아 나갈 수 있다. 소위 스타 PD의 반열에 오르게 된다. 반대로 원칙에 벗어나는 PD는 드라마를 지속적으로 제작할 수 없는 열등한 PD로 전락할 수 있다. 스타 PD와 열등한 PD는 방송사의 일상생활 속에서 서로의 차별성을 인식하면서 생활하게 되고 그들 사이엔 보이지 않는 선이 그어지게 된다. 이 선은 규율권력이 행사되는 작은 형벌구조에 의해 부과된 처벌의 선이다. 이제 PD들은 서로 처벌하고 처벌받는 구조 속에서 살아간다.

> 당연히 같은 프로그램을 제작하면 상대 연출자의 작품과 비교를 하게 되는데, 이유는 연출자 나름의 컬러가 다 다르고 작품에 대해 접근하는 스타일이 다르기 때문이다. 우열은 항상 상대적이어서 누가 어느 기준으로 판단하느냐에 따라 달라질 수 있는데, 기본적으로는 시청률이나 시청자 모니터 혹은 홈페이지에 올라오는 게시판 반응 등에 의해 우열을 가를 수 있다고 생각된다. 이러한 반응들에 의해 PD간에 선의의 경쟁의식이 생기고, 더 나아가선 프로그램의 질적 향상에 도움을 준다고 생각합니다.
>
> E 드라마 PD

여기에서 지적하고 싶은 것은 규범화한 제재를 통해 이루어지는 처벌은 법률적judicial이라기보다는 훈련적excercisable 차원의 처벌이라는 것이다. 열등한 PD에게 다른 포맷*의 프로그램을 제작하도록 함으로써 그 과정에서 반복적 훈련을 통해 드라마 PD가 지켜야할 규범을 습득하도록 하는 것이다. 이는 푸코의 지적대로 처벌punishment은 개인의 일탈행위를 없애기 위해 교정적인corrective 역할을 하는 것과 같다. 이를 위해 규율권력이 중요시 하는 것은 벌금이나 감옥 등과 같은 법률적judicial 처벌 보다는 여러 차례 반복해서 되풀이 되는 다양하고 강한 훈련적exercisable 차원의 처벌이다Foucault, 1975, 283쪽 참조.

* 방송포맷을 크게 드라마, 다큐멘터리, 종합구성 등으로 나누어 볼 수 있다. 여기에서 말하는 다른 포맷이란 드라마이외의 종합구성 형식의 교양프로그램을 말한다.

또한 규율권력이 행사하는 처벌은 수량화되어 나타나는데, 시청률이 좋은 예가 될 수 있다. 드라마 PD는 매일매일 시청률의 처벌을 받는다. 시청률의 오르내림에 따라 PD는 천당과 지옥을 오간다. 드라마의 완성도와 사회의 기여도에 관계없이 수치화되어 나타나는 시청률은 해당 PD의 능력이 되고 자질이 되며 심지어는 PD의 얼굴이 된다. 시청률이 곧 PD 자신이 되는 것이다. 규율권력은 숫자의 많음과 적음을 통해 PD들을 서열화 시킨다. 서열은 처벌이면서 동시에 보상이 되기도 한다. 규율권력이 부과하는 처벌은 수량화quantification된다. 이러한 수량화를 통해 규율기구disciplinary apparatuses인 방송사는 '좋은good' PD와 '나쁜bad' PD를 서로 비교하면서 위계질서화hierarchies한다Foucault, 1975, 284-285쪽 참조.

규율권력은 지속적인 처벌, 즉 규범화된 제재를 통해 PD를 줄 세우고 등급화하며 순응하게 하고 차이지게 한다. 다시 말해 PD를 규율권력이 짜놓은 규범의 그물망에 놓여있게 하며 PD를 규격화normalize 시킨다. 그러나 규격화된다고 해서 PD들이 모두 똑같은 것은 아니다. 규율권력은 PD의 성격, 능력, 가치관 등에 따라 규격화시키기 때문에 PD들은 일정한 차이를 가진다. 규율권력은 서로 다른 PD들이 각기 다른 역할을 수행하게 함으로써 방송사와 시청자에게 이익을 가져다준다. 규율권력은 PD들로 하여금 억압되고 억눌린 상태로 똑 같은 모양과 크기의 벽돌을 찍어내게 하는 것이 아니다. 오히려 PD각자의 능력과 색깔에 맞게 창의적인 일들을 수행할 수 있도록 토대를 마련해줌으로써 생산적인 방식으로 기여하게 한다.

드라마 편성에서 규범화된 제재는 제작비와 제작 인력의 조정을 통해 나타난다. 편성된 드라마가 기획의도에 잘 부합하고 제작방향도 제대로 이루어지고 있다면 편성 팀에서는 제작비 상승과 제작인력 증원을 통해 드라마의 완성도를 높이려 한다. 반대의 경우에는 제작비 삭감과 제작인력의 축소가 있을 수 있다. 기획의도와 제작방향에서 벗어난다면 계속되는 회의를 통해 수정 조치할 것을 요구하게 되는데, 이는 규율권력이 부과하는 반복적인 훈련에 해당한다. 반복적인 회의를 통해 원래의 편성의도대로 드라마를 세팅하고 규격화하는 것이다.

학교이야기의 경우 처음에 편성되었을 때2000년 10월 4일 첫 방송 제작 PD 4명으로 구성되었다. 그러나 6개월 후에 다시 편성될 때에는 제작인력이 3명으로 감원되었다. 제작팀에서 편성팀장을 면담한 결과, 감원이유는 새롭게 편성된 프로그램에 인력을 배치하기 위해 학교이야기 팀에서 1명을 감원할 수밖에 없었다는 것이었다. 학교이야기 팀에서는 납득할 수 없는 처사라고 반발했지만 감원조치는 되돌려지지 않았다. 그러나 제작비 및 제작인력 등과 같은 제작여건의 어려움에 대한 긴 설득 작업을 통해 내부 인력이 아닌 외주 프로덕션에서 1편을 제작하기로 결정되었다.

> 회사의 편성정책상 꼭 해야 할 프로그램이 있었는데 그것을 할만한 PD를 물색하는 과정에 학교이야기 PD가 4명인데 3명으로 해도 된다는 판단을 해서 1명을 뺀 것 같아요. … 그 당시에 편성에서는 다큐적인 성격이 강한 것으로 편성했는데 우리는 드라마적으로 간 것이고. 드라마로 갈 것 같으면 1명을 빼도 충분하다고 편성에서 판단한 것 같아요.
>
> D 드라마 PD

다른 프로그램에 필요한 인력 충원을 위해 학교이야기 팀에서 1명을 감원했다는 이유는 표면적인 이유에 불과했다. 편성 팀의 입장에서 봤을 때 학교이야기가 원래의 제작방향*대로 제작되지 못했고, 시청률도 바닥을 기고 있다는 판단 하에 작은 처벌을 내린 것이다. 인원 감원을 통해 학교이야기가 편성 팀의 의도대로 제작되어야 한다는 사실을 제작팀에게 간접적으로 통보한 것이다. 이러한 인원 감원, 즉 규범화한 제재를 통해 학교이야기를 다시 규격화시키려 한 것이다.

* 전체 30분의 러닝 타임 중에서 다큐멘터리와 드라마가 적절히 나누어져 구성되는 것이 편성 팀이 제시한 원래의 제작방향이었으나 학교이야기 팀에서는 드라마를 강화하였다.

드라마 PD에 대한 인사에서도 규범화한 제재를 찾아 볼 수 있다. 규율권력은 서열을 통해 개인을 등급화 하는데, 이는 규율권력의 행사양식으로서 규범화한 제재에 해당한다. 서열은 일종의 보장이자 처벌이며 방송사에서는 인사행위를 통해 PD들을 서열화 시킨다.

앞서 살펴 본 것처럼 1명이 학교이야기 팀에서 빠져야 될 상황 속에서 누가 감원 대상이냐에 대해 많은 관심이 쏠렸다. 같은 드라마 팀 내에서도 서열은 존재했다. 방송경력으로 최고 연장자인 PD I, 그리고 PD II, PD III, PD IV로 서열화 되어 있었다. 또한 입사순서상의 서열과 함께 드라마 제작 능력에 따른 보이지 않는 서열도 형성되어 있었다.

> 나는 학교이야기에 굉장히 애착이 많았는데, 회사정책상 1명이 빠져야 되는데 … 팀장 입장에서는 특정 PD를 내보내려고 했는데, 그 사람 입장에서 볼 때는 다른 PD보다 자신이 훨씬 더 잘 하는데 왜 나가야 되느냐를 많이 생각해본 것 같고 … 팀장님도 곤란해 하는 것 같고 다른 PD들도 힘들어 하는 것 같고 … 나도 뭐 사실은 드라마 제작은 뒤지지 않는다고 생각하지만 팀 분위기도 안 좋을 것 같고 해서 대승적인 차원에서 양보 했죠.
>
> D 드라마 PD

규율권력은 규범화한 제재를 통해 구성원들로 하여금 서로 경쟁하게 하고 긴장관계를 조성한다. 인사발령을 통해 처벌과 보상을 적절히 행하면서 PD를 비교하고 등급화 시켜서 방송사 조직에 순응하게 한다. 이를 통해 PD를 규격화시켜서 드라마 제작을 원활하게 수행하도록 한다.

대본작업에서 규범화한 제재는 PD의 대본 수정 조치에서 나타난다. PD는 이야기의 현실성, 캐릭터 구성의 입체성, 갈등과 긴장의 적절한 배치 등의 기준을 갖고 작가가 쓰는 대본을 수정한다. PD의 수정 기준은 규율권력이 PD에게 암묵적으로 부과한 일정한 행동양식이다. 이는 드라마가 시청자의 보편적 정서를 자극하고, 재미와 감동을 주어야 한다는 규범으로서 규율권력에 의해 설정된 것이다.

이와 같은 규범에 의해 이루어지는 PD의 대본 수정 조치는 작가에게는 심각한 처벌이 된다. PD의 반복되는 수정지시로 인해 작가는 부지불식간에 드라마 대본의 규범에 맞추어지는 것이다. 제 93 화 '아들에게'2002년 8월 22일 방송의 경우 이러한 예를 잘 보여준다.

> 오늘 검토된 시놉은 역시 손 볼 때가 많았다. 감정처리가 미숙하고 구성상의
> 문제도 많았다. 내가 생각하고 있는 이미지들을 이야기하고 구성에서의 문제도
> 세밀하게 검토됐다. 다음 주에 초고가 나오면 뭔가 달라져 있기를 기대한다.
>
> 제작일지, 2002년 7월 11일

주인공 학생이 이성에 대해서 가지는 감정에 비약이 많았고, 어머니와의 관계에서 발생하는 갈등과 화해의 이야기 구성이 미숙했다. PD는 이에 대해 수정지시를 했다.

> 그 이야기 같은 경우에는 전체적으로 감정은 업up 되어 있는 반면에 서사적인
> 구조가 좀 약했던 부분이 있었거든요. 그래서 수정과정이 더 좋았다고 봐요. K 작가

대본 수정은 대본 완성 이후에도 이루어진다. 제 117 화 '계를 조직하다'2003년 2월 6일 방송에서처럼 '출세를 해야 친구도 있다'는 요지의 내용이 배우들의 동선과 약간의 감정처리의 변화를 중심으로 수정되었다.〈그림 2〉 수정된 대본 참조* 이러한 작은

> * 〈그림 2〉 수정된 대본에서는 러닝 타임이 49초에 이르는 원래의 대본이 생략되고, 대본의 하단부에 A4용지로
> 타이핑 되어 있는 수정된 내용을 확인할 수 있다.

차이 때문에 생기는 수정조치는 작가로 하여금 PD의 연출색깔에 세팅되게 한다. PD의 연출성향에 맞추려는 작가의 태도는 규범화된 제재를 통해 이루어지는 반복된 훈련의 결과인 것이다. 이와 반대로 PD도 작가의 눈치를 보며 작가의 스타일에 세팅되기도 한다.

> 클릭클릭 편지함을 드나들면서 정작가의 답신을 은근히 기다린다. 지난번 방송에서 많은 부분을 들어냈다. 물론 시간이 넘쳤기 때문. 그런데 그것이 신경 쓰인다. 괜스리 정작가의 자존심을 건드린건 아닌지. PD는 힘든 직업이다. 이렇게 눈치 볼 곳이 많으니 말이다. 　　　　　　　　　　　　　　제작일지, 2003년 1월 28일

대본작업과정에서 PD가 일방적으로 작가에게 수정지시를 내리기만 하는 것은 아니다. 각자의 전문분야가 있기 때문에 작가의 영역을 완전히 침범하여 PD의 손발처럼 부릴 수는 없다. 적당한 선에서 상호작용하며 수정과 눈치 보기를 반복하는 것이다. 이는 규율권력의 행사양식인 규범화한 제재를 통해 PD와 작가가 서로 처벌하고 처벌받는 것이다.

촬영 작업에서도 규범화한 제재를 찾아 볼 수 있다. 이는 촬영에 참여한 스텝들의 NG를 통해 나타난다. NG는 드라마제작의 일반적인 원칙에서 벗어날 경우에 발생하는데, 이 원칙은 축적된 경험을 통해 만들어진다. 여기에서 말하는 일반적인 원칙이란 영상구성의 보편성과 배우연기의 현실성 등을 말하는데, 이는 곧 드라마의 규범이 된다. 또한 축적된 경험이란 드라마 스텝들의 반복적인 훈련을 통해 생겨난 일정한 행동양식을 말한다. 이러한 규범과 행동양식에서 벗어날 경우 NG가 발생된다. 대체로 PD의 영상구성 콘티에서의 실수 및 연기연출 미숙, 카메라맨의 카메라 워킹 실수, 오디오 팀의 오디오 수음 실수 등이 NG 발생의 주요한 이유이다.

NG는 촬영현장에서 흔히 발생하는 일종의 처벌이다. 처벌하는 것은 훈련하

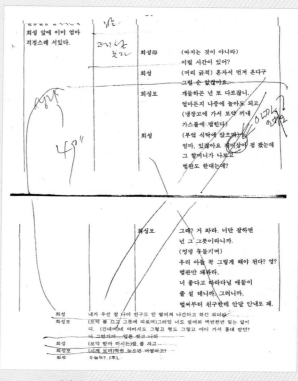

그림 2_ 수정된 대본

출처: EBS 학교이야기 제117화 '계를 조직하다'(2003년 2월 6일 방송)

는 것이며, 반복된 훈련을 통해 규율권력은 개인에게 쉽게 안착된다. 촬영과정에서 발생하는 스텝들의 각종 실수들에 대해 반복적인 NG가 발생하고 이것이 누적되면 훈련의 결과로 나타난다. 즉 각각의 경우에 어떻게 하면 NG가 나는지 또 어떤 경우에 OK가 떨어지는지에 대해 촬영스텝들은 반복된 훈련을 통해 몸으로 익히게 되는 것이다. 규율권력은 이러한 과정을 거쳐 전체 스텝들에게 안정적으로 착지되고 또한 쉽게 행사되게 된다. NG의 예는 스크립터가 작성한 〈그림 3〉 NG 표시 대본에서 잘 나타난다.

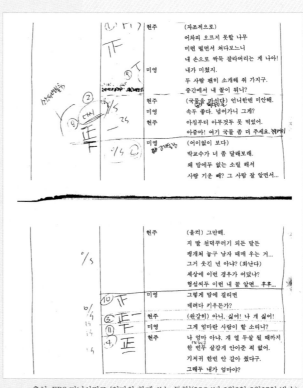

그림 3_ NG 표시 대본

출처: EBS 미니시리즈 '엄마와 함께 쓰는 동화'(2004년 3월3일-3월25일 방송)

〈그림 3〉 NG 표시 대본에서 나타나는 것처럼 각각의 컷마다 바를 정正자로 NG 발생 횟수를 표시하고 있다. 적게는 두 번에서 많게는 여섯 번까지 NG가 발생했음을 알 수 있다. 스크립터에 의해 작성된 이러한 기록은 영상편집을 할 때 최종 OK 컷cut을 쉽게 찾을 수 있게 한다. 또한 NG 컷을 OK 컷 대신에 사용하는 경우가 있는데, 이때 스크립터의 기록은 매우 유용하게 쓰인다.

촬영 작업에서는 공식적인 NG 이외에 서열에 의한 규범화한 제재가 발생하기도 한다. 제 93 화 '아들에게'2002년 8월 22일 방송 촬영과정에서 그 예를 찾아 볼

포스트 모더니즘에서 본 **영상콘텐츠**

수 있다.

> 장마속의 찌는 듯한 더위는 집 씬에서 가히 사우나탕이 된다. 불쾌지수도 높고 촬영하기가 무척 힘들다. ○○○ 선배가 촬영이 끝난 후 공부방 씬에서 느낀 점을 애기함. 자신은 힘들게 창틀에 올라 영상을 만들었는데 후배인 내가 무시했다고 언짢아함. 듣고 보니 맞는 말이다. 내가 왜 그랬을까? 아마 너무 덥고 빨리 끝내고 싶다는 강박관념 때문에 그런 일이 생긴 듯하다. 카메라맨에 대한 배려는 선배든 후배든 간에 신경을 써서 하는 편인데 좋아하는 선배에게서 그런 애기를 들으니 괜히 미안한 마음이 듬.
>
> 제작일지, 2002년 7월 21일

제작일지에 나타난 사례는 카메라맨이 PD보다 선배이기 때문에 나타난 현상이다. 드라마 제작이라는 업무와 관련해서는 PD가 총책임자이지만, 입사순서로는 PD가 후배이기 때문에 카메라맨의 요구나 불만사항이 PD에게 심각하게 전달되기도 한다. 이는 공식적인 NG가 아니더라도 촬영장에서 발생할 수 있는 서열에 의한 규범화한 제재를 잘 보여준다. 촬영장은 이처럼 NG와 서열에 의한 제재를 통해 서로 처벌하고 처벌받는 처벌 구조가 그물망처럼 짜여있는 곳이다.

▌시험

푸코에 따르면 시험은 위계적 감시와 규격화된 제재를 결합시키면서 규율권력의 행사를 효과적으로 만든다. 시험은 개인을 분류하여 일정한 자격을 부여하고 제재할 수 있는 감시이자 규격화하는 시선이다. 시험은 개인의 차이를 기록, 분류, 평가하여 개인을 객체화시킨다. 시험은 규율권력의 대상을 객체화하는 의례인 것이다. 객체화된 개인은 규율권력의 결과이면서 동시에 규율권력 행

프로그램별 참여자 EBS경력현황

성명 : 권혁조   주민등록번호 :

매체	프로그램명	참여구분	방송시작일	방송종료일	편수
TV	EBS 기획특강	진행/스텝	2005-02-01	2005-02-25	19
TV	최고의 요리 비결	진행/스텝	2005-02-28	2005-07-08	95
TV	다큐드라마 - 학교이야기	진행/스텝	2001-04-26	2002-02-14	39
TV	다큐드라마 - 학교이야기	진행/스텝	2000-10-03	2001-03-23	21
TV	학교이야기	진행/스텝	2002-03-07	2003-02-06	42
TV	EBS리포트	직업.일반출연	2000-03-16	2000-08-17	4
TV	EBS리포트	기타경비	2000-04-13	2000-04-13	1
TV	EBS리포트	진행/스텝	2000-03-16	2000-08-17	12
TV	EBS 교육문화뉴스	진행/스텝	1999-01-04	2000-07-21	444
TV	와이드 교육문화뉴스	진행/스텝	1999-02-07	1999-02-14	3
TV	일요 와이드 저널	직업.일반출연	1999-06-13	1999-06-13	1
TV	일요 와이드 저널	진행/스텝	1999-03-07	1999-08-22	22
TV	EBS 와이드 저널	직업.일반출연	1999-11-06	2002-02-19	3
TV	EBS 와이드 저널	진행/스텝	1999-11-06	2000-02-19	9
TV	지금은 시청자시대	진행/스텝	2002-03-03	2002-03-10	2
TV	시민의 힘	진행/스텝	2004-06-03	2004-08-26	13
TV	새로운 영화 새로운 시각	진행/스텝	2004-09-08	2005-02-23	24
TV	도전! 축마고우	진행/스텝	2005-03-06	2005-07-03	17
TV	퀴즈 축마고우	진행/스텝	2004-06-01	2004-08-24	25
TV	<사랑의 PC 보내기> 제4부	진행/스텝	2004-12-16	2004-12-16	1
TV	<사랑의 PC 보내기> 제5부	진행/스텝	2004-12-17	2004-12-17	1
TV	교육주간 특집 다큐드라마<시지프스의 바위>	진행/스텝	2001-05-17	2001-05-17	3
TV	부처님 오신날 특집다큐멘터리-인도로 가는 길-가제	진행/스텝	2000-05-11	2000-05-11	3
TV	남북정상의 만남-그3일간의 기록	진행/스텝	2000-06-18	2000-06-18	1
TV	EBS 어린이 미니시리즈(가제)	진행/스텝	2004-03-03	2004-03-25	12
TV	초등 4년 EBS 방학생활	진행/스텝	2004-07-21	2004-08-26	12
TV	EBS 겨울방학생활 초등4학년	진행/스텝	2004-12-29	2005-02-17	16
TV	신나는 새학기! 꿈꾸는 미래!	진행/스텝	2005-02-21	2005-02-24	4
BS플러스	EBS 기획특강	진행/스텝	2004-09-06	2005-01-28	105
BS플러스	진리의 오디세이-철학이야기	진행/스텝	2004-09-03	2004-12-31	18
BS플러스	논리가 보인다	진행/스텝	2005-02-02	2005-07-29	74
BS플러스	EBS 무료학교	진행/스텝	2004-06-01	2004-08-27	59

그림 4_ 경력현황   출처 : EBS 한국교육방송공사

포스트 모더니즘에서 본 영상콘텐츠

사의 대상이 된다. 규율권력의 행사양식으로써 시험은 먼저 방송사 입사 시험에서 찾아 볼 수 있다.

드라마 PD가 방송사에 입사할 때 치르는 시험은 향후 드라마 PD로서 기능할 수 있게 하는 규율권력의 최초의 객체화objectification 작업이다.[*1] 입사 시험을 통해 처음으로 방송사 PD로서 평가되고 분류된다. 방송사에 입사한 이후에는 드라마 제작을 맡기 전에 다양한 포맷의 프로그램을 경험하게 한다.[*2] 이러한 경험을 통해 PD는 드라마 PD의 자질을 훈련받고 검증 받는 것과 동시에 드라마 제작을 할 수 있도록 세팅 된다. 많은 프로그램을 경험하도록 하는 것 자체가 시험에 해당한다. 입사 후 드라마 PD가 되기까지는 많은 시간이 걸린다. 대체로 3년 이상의 시험 기간을 거쳐야 한다.[*3]

> 입사 후 5년 만에 학교이야기를 했네요. … 드라마 조연출은 1년을 했고, 교양 프로를 합쳐 정확하지는 않지만 약 20개의 프로그램을 조연출 때 했고,… PD 입봉해서는 4개의 교양 프로를 만든 후에 드라마를 한 것 같아요. D 드라마 PD

드라마 PD가 되기 위한 일련의 과정은 인사 기록 카드와 경력 현황에 꼼꼼하게 기록된다.〈그림 4〉 참조 여기에는 입사 이후에 배속 받은 부서와 그동안 제작해온 프로그램이 일목요연하게 기록된다. 인사기록카드에는 일반적으로 발령사항과 직급, 호봉 등이 상세히 기록되고, 경력현황에는 프로그램의 방송시작일과 종

[*1] 여기에서 말하는 객체화는 권력행사의 대상을 구획정리하여 자료로 축적하고 결과적으로 지식화 해서 권력행사가 자연스럽게 이루어질 수 있도록 평가, 분류되는 방식을 말한다(Foucault, 1975, 296-300쪽 참조).

[*2] EBS 이외의 다른 공중파 방송사에서는 교양 PD, 예능 PD, 드라마 PD로 분류되어 방송사에 입사하게 된다. 드라마 PD가 되기 위해 다양한 프로그램을 경험하도록 하는 방식은 EBS에서만 찾아 볼 수 있다.

[*3] EBS 이외의 타 방송사에서는 드라마 PD가 되기 위해서는 대체로 7년 이상의 시험기간을 거쳐야 한다. 일반적으로 교양 PD가 3년 이상, 예능 PD가 5년 이상의 시험 기간을 거쳐야 하는 것을 감안하면 드라마 제작의 복잡성과 전문성을 짐작할 수 있다.

료일, 그리고 편수까지 구체적으로 정리되어 있다.

시험은 이처럼 업무와 관련된 PD의 세세한 것들을 기록으로 남기도록 한다. 이렇게 기록된 것은 서류 문서철로 보관되고 필요할 때 언제든지 꺼내 볼 수 있게 된다. 이렇게 축적된 기록들은 PD 개인을 쉽게 기술하고 분석할 수 있게 만들며 해당 PD의 적성을 가장 적합하게 조립할 수 있도록 한다. 시험은 드라마 PD로서 최적의 작품을 생산할 수 있는지를 판별하게 해준다. 이처럼 시험은 PD을 기록의 그물망에 가두어둔다. 푸코의 지적대로 '기록하는 권력power of writing'은 규율 장치 속에서 본질적인 부분으로 구성된다Foucault, 1975, 295-296쪽 참조. PD가 기록에 의해 분류되고 객체화됨으로써 규율권력은 PD의 몸속에서 자연스럽고 효과적으로 행사된다.

드라마 PD가 본격적인 드라마 제작을 위해 스텝을 구성할 때에도 시험을 통해 규율권력은 행사된다. PD가 조연출, 작가, 카메라 감독, 조명 및 오디오 감독, 분장 및 코디네이터 등을 선택할 때 그들이 그동안 이루어 놓은 성과물들을 검토한다. 스텝 구성 단계에서의 시험은 그들이 참여한 이전의 작품이며 이는 곧 기록된 서류 문서철처럼 기능한다. 그들이 참여한 이전의 작품을 통해 그들의 능력과 성격, 색깔 등을 판단하여 스텝으로 선택한다.

드라마 제작에 참여하고 있는 스텝들은 규율권력을 실어 나르는 매개체의 역할을 한다. 스텝들은 규율에 따라 만들어진 유용하고 순종하는 몸을 갖는다. 푸코에 따르면 드라마 제작에 참여하는 주체*1는 사소한 움직임들에 대한 끊임없는 기록과 검사를 통해 세분화되고 분류되는 개인, 자신도 모르게 자신의 신분에 포위되는 개인을 말한다Foucault, 1975, 306쪽. 예를 들어 기존의 작품을 통해 자신의 존재를 드러내는 작가와 카메라 감독, 조명감독은 PD 등에 의해 끊임없이 기록되고 검사되면서 세분화되고 분류된다. PD도 시청자들을 통해 이러한 과정을 겪는다. 드라마 생산자들은 자신도 모르게 자신의 신분에 스스로 결박당하게 된다.

규율권력의 행사양식으로서의 시험이 스텝구성에서 어떻게 나타나는지를 살펴보면 다음과 같다. 먼저 조연출의 경우 사내의 인사를 통해 배치되기도 하지만 대개의 경우 담당 PD의 의도에 의해 선택된다. 약 2년 6개월 동안 방송된 학교이야기의 조연출은 모두 16명에 이른다.[*2] 이들은 방송사의 인사원칙에 따라 6개월 내지 1년 정도의 조연출 기간을 거쳤다. 이들이 선정되는 기준은 사내에서 이루어진 인사기록과 선후배들의 평판을 통해서였다. 조연출은 시험, 즉 이전에 참여한 작품을 통해 기록되고 분류되어 객체화되어 있는 것이다.

작가의 경우에는 이전의 작품에서 대본 구성력의 독창성, 드라마 캐릭터의 입체성, 긴장과 갈등의 적절성 등의 주요 평가기준을 중심으로 선택된다. 학교이야기에는 모두 11명의 작가가 참여하였다.[*3] 그 중에서 1년 6개월이라는 비교적 오랜 기간 동안 대본을 썼던 김 OO 작가는 학교이야기에 참여하기 전에 다큐멘터리 전문 방송작가로서 사내외에 그 평판이 높았다. 김 작가의 뛰어난 다큐멘터리 구성능력과 감칠 맛 나는 원고멘트를 눈여겨 보아왔던 김 OO PD에 의해 김 작가는 드라마 작가로 선택되었다. 그 결과 김 작가가 참여한 드라마는 매번 시청률이 높았고, 사내외적으로 작품의 완성도 또한 높이 평가 받았다.

제 이름이 나가는 거니까 아무래도 좋은 평가를 받고 싶고 … 이름도 이름이지만 제가 쓴 게 재미가 있었다거나 감동적이라거나 하는 반응이 많으면 많을수록 성취감을 느끼잖아요. … 다른 사람의 평가를 떠나서 제 스스로가 보고 난 다음에 느낌이 좋을 때는 성취감과 보람을 느끼죠.

J 작가

[*1] 푸코에게서 주체는 어떤 선험적인 정체성을 갖지 않는다. 푸코에 의하면 데카르트적인 이성적 주체는 특정한 역사적 시기에 특정한 권력 장치를 통해 만들어진 결과물에 불과하다(Foucault, 1980, 130쪽 참조).
[*2] 학교이야기 4명의 PD가 2년 6개월 동안 1명의 PD 당 평균 4명의 조연출과 함께 일했다. 따라서 PD 4명 * AD 4명 = 16명에 이른다.
[*3] PD에 따라 작가 교체기간이 달랐다. 2년 6개월 동안 PD 1명 당 보통 2-3명의 작가와 함께 작업했다.

김 작가의 경우처럼 작가가 쓴 대본은 끊임없이 관찰되고 평가됨으로써 객관화된다. 재미를 주거나 감동적이어야 한다는 당연논리는 객관화의 한 형태이다. 타인에 의해 자신의 작품이 객관화될 뿐 만 아니라 작가 스스로도 객관화한다. 이는 반복적인 훈련과 시험을 통해 규율권력이 몸속에 이미 체득되어 있고, 또한 체득되어 가는 과정임을 의미한다. 작가의 작품은 경험이라는 관례와 규율이 결합한 시험의 결과물인 것이다. 여기에서 경험은 규율권력에 의해 행사되는 반복된 훈련의 관례적 축적물이라고 할 수 있다.

카메라맨들은 분야별로 객체화되어 있다. 드라마 PD와 마찬가지로 카메라맨도 다양한 프로그램 경험을 통해 자신의 전문분야를 구축한다. 카메라맨은 다큐멘터리, 드라마, 종합구성 프로그램 등 다양한 방송포맷을 경험하면서 영상국내의 선후배 카메라맨 뿐 만 아니라 제작국의 PD들로부터 평가되고 분류된다.

학교이야기 장 OO 카메라 감독의 경우에 이러한 과정에서 높은 평가를 받아 드라마에 적합한 카메라 감독으로 드라마 PD들 사이에서 인기가 높았다. 드라마의 카메라 감독은 예술성 높은 영상을 표현해야 하고, 배우의 연기를 세밀하게 담아낼 수 있는 능력이 있어야 한다. 장 OO 감독은 이러한 능력을 두루 갖추고 있어서 약 2년 6개월 동안 방송된 학교이야기의 카메라맨으로 전례 없이 두 번이나 기용되었다.

조명 및 오디오 감독도 기존의 작품을 통해 선택된다. 작품을 통한 평가 이외에도 PD와 카메라 감독과 얼마나 호흡이 잘 맞느냐에 따라 기용여부가 결정된다. 분장·코디는 드라마 대본 해석을 얼마나 잘 하느냐 그리고 그에 따른 의상과 미용 콘셉트를 어떻게 가져가느냐에 따라 스텝으로서의 참여 여부가 결정된다. 이처럼 드라마 제작에 참여하는 모든 스텝들은 기록되고 평가되며 분류되어 객관화된다. 이는 반복된 훈련에 따른 관례화된 경험, 즉 규율권력의 행사양식으로서의 시험에 의한 것이다.

포스트 모더니즘에서 본 **영상콘텐츠**

스텝을 구성할 때 그 사람의 기존 작품이 일단 중요하구요. 나와 같이 이야기를 꾸려 갈 수 있느냐라는 것, 나와 의식을 공유할 수 있느냐 하는 것들, … 그리고 표현능력 등을 보죠.

D 드라마 PD

스텝구성단계에서의 시험은 그들이 참여한 이전의 작품이며 이는 곧 기록된 서류 문서철처럼 기능한다. 따라서 드라마 제작 과정에서 기록물은 또 다른 기호체계로 이루어져 있음을 알 수 있다. 활자화된 언어가 아니라 영상으로 그려진 언어인 것이다. 그들이 제작한 프로그램을 통해 스텝들은 기술되고 분석될 수 있다.

이는 드라마 PD에게도 해당된다. 드라마 PD는 자신이 만든 작품을 통해 방송사 조직 내에서 평가받고 이를 인사기록부 등에 활자화한 것에 지나지 않기 때문이다. 방송사 외적으로도 시청자들에게 평가되고 분류된다. 또한 방송위원회, PD협회, 시민단체 등 각종 규제기구와 평가기구에 의해 PD는 평가되고 기록으로 남게 된다. 즉 '이달의 좋은 프로그램 상', '이 달의 PD상' 등과 같은 상벌제도가 일종의 시험으로 기능하며 이러한 상을 수상한 PD는 해당 기구의 문서철로 기록으로 남게 된다. 다시 말해 자신이 제작한 작품, 즉 영상언어를 통해 드라마 PD는 분류되고 기록되며 하나의 사례case로 남게 된다. 사례는 지식의 대상이 되는 동시에 권력의 포획물hold이 된다Foucault, 1975, 298쪽. 이와 같이 드라마 PD가 상을 받기 위해 경쟁하게 하고, 각종 규제 및 평가 기구에서 나오는 피드백을 의식하게 하는 것, 이것이 곧 규율권력의 행사 양식인 것이다.

드라마 대본 작업과정에서 시험은 대본의 규격성에서 찾아 볼 수 있다. 드라마 대본은 드라마 제작에 맞게 잘 분류된 객체화된 PD와 작가에 의해 만들어지기 때문에 규격화된다. 규격화된 대본에는 규율권력의 행사양식으로서의 시험이 나타난다. PD와 작가에게서 볼 수 있는 규격화된 시선이 곧바로 대본에서도 투영되어 나타나기 때문이다.

규격화된 대본은 드라마 제작의 오랜 경험을 통해 생겨난다. 드라마 대본을 구성하는 여러 요소들, 즉 등장인물, 긴장과 갈등, 이야기의 전개방식, 표현형식 등에서 그동안 다양한 시도가 있었다. 이러한 시도는 푸코가 지적한대로 반복적인 훈련을 통해 대상을 객체화시키는 시험이다. 규율권력은 시험을 통해 드라마를 구성하는 다양한 요소들을 반복적으로 분류·배열하여 객체화시키고, 이들 요소들을 적절하게 작동하도록 하여 드라마라는 세팅된 장르를 만들게 된다. 시험을 통해 규율권력이 규격화된 대본 속에서 행사된다.

학교이야기는 객체화되고 규격화된 대본을 바탕에 두고 만들어졌다. 예를 들어 제 72 화 '만화처럼'2002년 3월 28일 방송편에서는 자신의 꿈을 친구를 통해 실현하려는 주인공이 그것이 잘못되었음을 알고 스스로 꿈을 향해 노력한다는 스토리 라인은 갖고 있다. 이러한 이야기를 전개시키기 위해 설정한 등장인물 구성, 이들의 관계에서 일어나는 갈등과 긴장, 그리고 이를 해결하기 위한 많은 사건들의 배열 등에서 객체화된 드라마 대본의 요소들을 찾아 볼 수 있다.

먼저 등장인물 구성에서 나약한 주인공, 자식만 생각하는 생활력 강한 엄마, 자신감이 넘치고 모든 방면에서 탁월한 주인공 친구 등으로 캐릭터를 설정했다. 또한 주인공과 친구의 갈등, 주인공과 엄마의 갈등을 적절하게 배치하고 이들의 관계에 긴장감을 조성했다. 그리고 이들의 갈등을 해소하기 위해 다양한 사건과 장치를 마련했다. 이러한 것들이 시험을 통해 규격화된 드라마 대본을 형성하는 객체화된 요소들인 것이다.

드라마 대본을 구성하는 객체화된 요소들은 드라마의 형태로 시청자들에게 노출된다. 규율권력은 PD와 작가 등의 드라마 제작자 뿐 만 아니라 시청자들에게도 자연스럽게 행사된다. 이처럼 드라마 대본은 위계적 감시와 규격화된 제재를 결합시키면서 규율권력의 행사를 효과적으로 만든다.

대본연습도 시험을 통한 객체화의 과정이다. 대본에 설정된 감정선과 전형적인 등장인물, 갈등과 긴장을 조장하고 해결하는 사건들 등이 규격화되어 있어

참고문헌 📖

[국내문헌]

- 강희경, 민경희,(1998). 지역사회 권력자의 권력 자원에 관한 연구,《한국사회학》제32집.
- 권장원(2004). 한국 언론사의 관계 권력 구조에 대한 연구,《한국언론학보》, 48권 2호.
- 김만기(1999). TV 드라마의 현실적 이데올로기에 관한 연구: <목욕탕집 남자들>을 분석 사례로,《한국커뮤니케이션학》, Vol. 7.
- 김선남, 장해순, 정현욱,(2004). 수용자의 드라마 여성이미지에 대한 수용형태 연구,《한국방송학보》, 18-1호.
- 김승수(2003). 언론 권력의 정치경제학,《한국언론정보학보》, 가을 22호.
- 김승현(1992). 매스미디어와 권력,《세계의 문학》, 65호, 민음사.
- 김승현, 한진만(2001).《한국 사회와 텔레비전 드라마》, 한울.
- 김현(2001).《시칠리아의 암소》, 문학과 지성사.
- 마동훈(2004). 담론, 권력, 텍스트: 문화연구 수용자론을 위한 이론적 일고찰,《커뮤니케이션 과학》, 제21호.
- 문성철(2006). 프로그램 제작창의성 결정요인에 관한 연구: 조직문화, 조직지원, 제작환경요소에 대한 프로그램 제작진의 인식을 중심으로,《한국방송학보》, 20-3호.
- 박승관, 장경섭(2000). 한국의 정치변동과 언론권력: 국가-언론 관계모형 변화,《한국방송학보》, 14-3호.
- 박준규(2003). 텔레비전 드라마 '겨울연가'와 디아스포라적 정체성,《한국문화인류학》, 36-1호.
- 신병현(1985). 조직권력분석과 구조의 문제,《경영연구 제 9집》, 홍익대 출판부.
- 심혜련(2001). 발터 벤야민(Walter Benjamin)의 아우라(Aura) 개념에 관하여,《시대와 철학》, 12-1, 한국 철학 사상 연구회.
- 이광래(역)(1987).《말과 사물》, 민음사.
- 이광래(1991).《미셸 푸코》, 민음사.
- 이동수(2001). 하버마스에 있어서 두 권력,《정치사상연구》, 제5집.
- 이민규, 우형진(2004). 탈북자들의 텔레비전 드라마 시청에 따른 남한사회 현실 인식에 관한 연구: 문화 계발 효과와 문화 동화 이론을 중심으로,《한국언론학보》, 48권 6호.
- 이상우(1981). 럼멜의 권력개념,《한국정치학회보》, Vol.15.
- 이오현(2002). 미디어 텍스트에 대한 수용자의 힘과 그 한계: 일일 드라마 <보고 또 보고>의 사례분석,《한국방송학보》, 16-4호.
- 이오현(2005). 텔레비전 다큐멘터리 프로그램의 생산과정에 대한 민속지학적 연구,《언론과 사회》, 13-2호.

- 이은미(1993). 프라임 타임 드라마에 나타난 가족구조 분석,《한국방송학보》, 4호.
- 이윤진(2002). 한국 텔레비전 드라마의 구술성 : 텔레비전의 구술양식과 '이야기',《언론과 사회》, 10권3호.
- 이정우(역)(2005).《담론의 질서》, 서강대학교 출판부.
- 임상원, 유종원, 홍성구 외(2004).《자유와 언론》, 나남.
- 임영호(1999).《기술혁신과 언론노동》, 커뮤니케이션북스.
- 임의영(2005). 비판적 권력이론의 가능성 모색,《한국행정논집》, 17-4.
- 오생근(역)(2005).《감시와 처벌》, 나남.
- 원용진, 주혜정(2002). 텔레비전 장르의 중첩적 공진화: 사극 <허준> <태조 완건> 분석을 중심으로,《한국방송학보》, 16-1호.
- 양운덕(2004).《미셸 푸코》, 살림.
- 유세경, 김명소, 이윤진(2004). 텔레비전 드라마 시청동기와 태도 연구,《한국방송학보》, 18-1호.
- 윤선희(2003). 학문 담론의 포스트 식민주의적 권력과 한국 미디어 문화연구의 메타 분석,《한국방송학보》, 17-2호.
- 윤선희(2005). 신데렐라 콤플렉스의 역전이와 코라: 페미니즘 정신분석학의 시각에서 텔레비전 드라마 다시 읽기,《한국언론학보》, 49권 2호.
- 윤우곤(1985). 권력의 본질에 관한 소고,《사회과학》, Vol. 24. 성균관대학교 사회과학 연구소.
- 윤영철(2000).권력이동과 신문의 대북정책보도,《언론과 사회》,봄 제27호.
- 윤영철, 김연식, 오소현(2005). PD저널리즘에 대한 제작진의 인식과 제작관행: MBC <PD수첩>을 중심으로,《한국언론학보》, 19-4.
- 정상윤(1996). 지역사회 권력구조와 신문사의 네트워킹에 대한 사례 연구,《언론과 사회》, 봄 제 11호.
- 정홍익(1983). 조직 권력론 연구,《행정논총》, 21-2. 서울대학교 행정대학원 한국행정연구소, p.115.
- 주창윤(2003). 텔레비전 드라마의 서사구조: 동성애에 대한 표현방식을 중심으로,《한국언론학보》, 47권 3호.
- 조항제(2001). 민주주의와 미디어의 권력화,《언론과 사회》, 여름 제9권 3호.
- 조항제(2001b). 미디어 권력화의 조건에 대한 시론적 분석,《언론과 정보》, 제7호.
- 하종원(2003). 텔레비전 일일연속극에 나타난 권력관계에 관한 연구,《한국방송학보》, 17-2호.
- 한국철학사상연구회(편)(1990).《철학 소사전》, 동녘.
- 홍성구(2004). 코포라티즘적 계급정치와 언론보도,《언론과 사회》, 가을 제12권 4호.
- 홍성민(2006). 역자후기,《임상의학의 탄생》, 이매진.
- 홍지아(2006). 일본 학원 드라마의 장르적 특성: 문화적 근접성의 가능성을 중심으로,《한국

방송학보》, 20-1호.

- 황인성, 정문열, 장민선(2004). 인터랙티브 TV 드라마와 수용자 간의 상호작용성에 관한 연구,《한국방송학보》, 18-4호.

[외국문헌]

- Alford, R. & Friedland, R.(1985). Powers of Theory, London, Cambridge.
- Allen, R. C.(1985). Speaking of Soap Opera, Chapel Hill: University of North Carolina Press.
- Bachrach, P. S. and Baratz, M. S.(1962). The Two Faces of Power, American Political Science Review, Vol. 56.
- Barnard, Ch. I.(1976). The Function of the Exclusive. 27th. Cambridge: Harvard U. Press.
- Becker, H. S.(1974). Art as Collective Action, American Sociological Review.
- Becker, H. S.(1982). Art World, Berkely: University of California Press.
- Burell, G. & Morgan, G(1979). Sociological Paradigms and Organizational Analysis, London: Heinemann.
- Cantor, M.(1971). The Hollywood TV Producer: His work & His Audience, New York: Basic Books.
- Carpentier, N.(2001). Managing Audience Participation: The Construction of Participation in an Audience Discussion Programme. European Journal of Communication, Vol. 16-2.
- Carpentier, N.(2003). The BBC's Video Nation as a Participatory Media Practice: Signifying Everyday Life, Cultural Diversity and Participation in an Online Community. International Journal of Cultural Studies, Vol. 6-4.
- Clegg, S. R.(1979). The theory of Power and Organization, London: Routledge Kegan and Poul.
- Clegg, S. R.(1989). Framework of Power, London: Sage Publisher.
- Clegg, S. R. & Dunkerley, D.(1980). 김진균, 허석렬(역)(1987).《조직 사회학》, 풀빛.
- Collins, B. E. & Raven, B. H.(1968). World Politics, 2nd ed.
- Coser, L. A.(1976). The notion of power: theoretical development, Sociological Theory, New York: Macmillan.
- Creeber, G.(2001). Taking our personal lives seriously- intimacy, continuity and memory in the television drama serial, Media, Culture & Society. vol.23-4.

- D'Acci, J.(1994). Defining Women: Television and The Case of <Cagney & Lacey>. Chapel Hill: The University of North Carolina Press.
- Dahl, R. A.(1957). The Concept of Power, Behavioral Science. vol.2.
- Dahrendorf,(1959). Class and Class Conflict in Industrial Society, Standford University Press.
- Davis, A.(2003). Whither Mass Media and Power? Evidence for a Critical Elite Theory Alternative , Media, Culture & Society. vol. 25.
- Day-Lewis, S.(1998). Talk of Drama: Views of the Television Dramatist Now and Then, Luton: University of Luton Press.
- Deleuze, G.(1986). Foucault, Minuit. 양운덕(2004), 《미셸 푸코》, 살림.
- Dhoest, A.(2004). Negotiating Images of the Nation: The Production of Flemish TV Drama, Media, Culture & Society, 26(3).
- DiMaggio, P.(1977). Market structure, the Creative Process and Popular Culture: Toward an Organizational Reinterpretation of Mass Culture Theory, Journal of Popular Culture, 11.
- Dornfeld, B.(1998). Producing Public Television, Producing Public Culture. Princeton: Princeton University Press.
- Emerson, R. H.(1962). Power-Dependence Relation, American Sociological Review, Vol. 27.
- Etzioni, A.(1961). A Comparative Analysis of Complex Organization, New York: The Free Press.
- Foucault, M.(1961). 이규현(역)(2005). 《광기의 역사》, 나남.
- Foucault, M.(1963). 홍성민(역)(2006). 《임상의학의 탄생》, 이매진.
- Foucault, M.(1966). 이광래(역)(1987). 《말과 사물》, 민음사.
- Foucault, M.(1969). 이정우(역)(2004). 《지식의 고고학》, 민음사.
- Foucault, M.(1975). 오생근(역)(2005). 《감시와 처벌》, 나남.
- Foucault, M.(1976). 이규현(역)(2005). 《성의 역사 1-앎의 의지》,나남.
- Foucault, M.(1980). Gordon, C.(edt). Power/Knowledge, Selected Interview and Other Writings, 1972-1977, 홍성민(역)(1993), 《권력과 지식, 미셸푸코와의 대담》, 나남.
- Foucault, M.(1981). Sterling M. McMurrin(ed.)(1981). The Tanner Lectures on Human Values, volume 2(Raymond Aron, Brian Barry, Jonathan Bennett, Robert Coles, George T. Stigler, Wallace Stegner and Michel Foucault), Salt Lake City : University of Utah Press and Cambridge, Cambridge University Press, Kritzman, L. D.(1988).

Michel Foucault : Politics, Philosophy, Culture, New York and London, Routledge, 정일준(역)(1994), 정치와 이성,《미셀 푸코의 권력이론》,새물결.

- Foucault, M.(1982). Afterward : The Subject and Power, Dreyfus, H.L.(1982), Michel Foucault : Beyond Structualism and Hermeneutics, The University of Chicago Press, 정일준(역)(1994), 주체와 권력,《미셀 푸코의 권력이론》, 새물결.

- Foucault, M.(1984). Bernauer, J. & Rasmussen, D.(edt.)(1988) The Final Foucault, MIT Press, 정일준(역)(1994), 자유의 실천으로서 자아에의 배려 권력, 자아, 윤리,《미셀 푸코의 권력이론》, 새물결.

- Foucault, M.(1984). 문경자, 신은영(역),(2004),《성의 역사 2-쾌락의 활용》, 나남.

- Foucault, M.(1984). 이혜숙, 이영목(역),(2004),《성의 역사 3-자기배려》, 나남.

- Fraser, N.(1981). Foucault on Modern Power: Empirical Insights and Normative Confusions, Praxis International, 정일준(역)(1994), 푸코의 권력론에 대한 비판적 고찰: 경험적 통찰과 규범적 혼란,《미셀 푸코의 권력이론》, 새물결.

- Galbraith, J. K.(1983). The Anatomy of Power. Boston: Houghton Mifflin Company.

- Gamson, J.(1998). Freaks Talk Back : Tabloid Talk Shows and Sexual Nonconformity. Chicago : University of Chicago Press.

- Geertz, C.(1973). 문옥표(역)(1998).《문화의 해석》, 까치.

- Giddens, A.(1981). A Contemporary Critique of Historical Materialism, vol. 1, Power, Property, and the State, Berkeley: University of California Press.

- Gitlin, T.(1983). Inside Prime Time, New York: Pantheon.

- Grindstaff, L.(1997). Production trash, class, and the money shot: A behind-the-scenes account of daytime TV talk shows. In J. Lull & S. Hinderman(eds.), Media Scandals : Morality and Desire in the Popular Culture Marketplace. New York : Columbia University Press, 164-202.

- Gordon, C.(edt)(1980). Power/Knowledge, Selected Interview and Other Writings, 1972-1977, 홍성민(역)(1993),《권력과 지식, 미셀푸코와의 대담》, 나남.

- Goodwin, C.(2002). Practices of Seeing Visual Analysis: an Ethnomethodological Approach, Handbook of Visual Analysis, Sage.

- Habermas, J.(1995). Some Questions Concerning the Theory of Power: Foucault Again, The Philosophical Discourse of Modernity: Twelve Lectures, Cambridge: The MIT Press.

- Henderson, L.(1999). <Storyline> and the multicultural middlebrow: Reading women's culture on national public radio.' Critical Studies in Mass Communication,

16(3), 329-349.

- Holbert, R. L., Shah, D. V. and Kwak, N.(2003). Political Implications of Prime-Time Drama and Sitcom Use: Genres of Representation and Opinions Concerning Women's Rights, Journal of Communication, 53(1).
- Hollander, E. P.(1960). Competence and Comformity in the Acceptance of Influence, Journal of Abnormal Social Psychology, Vol. 61.
- Jessop, B.(1990). The State Theory, Polity Press, 정일준(역)(1994), 풀란차와 푸코 : 권력 및 전략에 관하여, 《미셸 푸코의 권력이론》, 새물결.
- Laswell, H. D. & Kaplan, A.(1950). Power and Society: A Framework for Political Inquiry. Yale U. Press. 김하룡(역)(1985), 《권력과 사회: 정치학의 기본원리》, 법문사.
- Lenski, G. E.(1966). Power and Priviledge: A Theory of a Social Stratification, New York: MaGraw Hill.
- Lukes, S,(1974). Power: A Radical View, London: Macmillan, 서규환(역)(1992), 《3차원적 권력론》, 나남.
- Lutz, C. & Collins, J.(1993). Reading <National Geographic>. Chicago: University of Chicago Press.
- Marshall, G.(1996). Concise Dictionary of Sociology, Oxford U. Press.
- Minson, J.(1986). Strategies for socialists? : Foucault's conception of power, Toward Critique of Foucault, Routledge & Kegan Paul, London & New York, 정일준(역)(1994), 사회주의자들을 위한 전략? 푸코의 권력개념, 《미셸 푸코의 권력이론》, 새물결.
- Newcomb, H. M. & Alley, R. S.(1983). The Producer's Medium, London: Oxford University Press.
- Organski, A. F. K.(1968). Group Structure: Attraction, coalitions, Communications, and Power, The Handbook of Social Psychology, Addison-Wesley.
- Olsen, M. E.(ed.)(1970). Power in Societies, New York: Macmillan Press.
- Parsons, T.(1956). Suggestions for a Sociological Approach to the Theory of Organizations, London: Tavistock.
- Parsons, T.(1967). On the concept of political Power, Class Status and Power, New York: the Free Press.
- Polsby, M.(1963). Community Power and Polictical Theory, New Haver: Yale Press.
- Poster, M.(1984). Foucault and History, Cambridge : Polity.
- Poulantzas, N.(1968). Political Power and Social Classes, London: NLB.
- Poulantzas, N.(1978). State, Power, Socialism, London: Verso.

- Rockler, N. R.(2006). Friends, Judaism, and the Holiday Armadillo: Mapping a Rhetoric of Postidentity Politics, Communication Theory, 16(4).
- Rossman, G. & Rally, S.(1998). Learnig in the field: An introduction to qualitative research, Sage: Thousand Oaks.
- Russell, B.(1938). Power: A New Social Analysis, London: Allen and Unwin, in Lukes, S.(ed). Power, Oxford: Basil Blackwell.
- Sadler, W. J. & Haskins, E. V.(2005). Metonymy and the Metropolis: Television Show Settings and the Image of New York City, Journal of Communication Inquiry, Vol. 29.
- Sanders, C.(1982). Structural and Interactional Features of Popular Culture Production: an Introduction to the Production of Culture Perspective, Journal of Popular Culture, 16.
- Sarup, M.(1991). 임헌규(역)(1991).《데리다와 푸코, 그리고 포스트모더니즘》, 인간사랑.
- Slater, M. D., Rouner, D. and Long,M.(2006). Television Dramas and Support for Controversial Public Policies: Effects and Mechanisms, Journal of Communication, 56(2).
- Smart, B.(1986). The Politics of Truth and the Problem of Hegemony, Foucault : A Critical Reader, Basil Blackwell, 정일준(역)(1994), 그람시와 푸코 : 진리의 정치학과 헤게모니의 문제,《미셸 푸코의 권력이론》, 새물결.
- Tucker, H. K.(1998). Anthony Giddens and Modern Social Theory, Sage. 김용규·박형신(역)(1999).《앤서니 기든스와 현대사회이론》, 일신사.
- Valaskivi, K.(2000). Being a part of the family? Genre, gender and production in a Japanese TV drama, Media, Culture & Society, Vol. 22.
- Van den Bluck, H.(2001). Public Service Television and National Identity as a Project of Modernity: The Example of Flemish Television, Media, Culture & Society, Vol.23(1). p.109.
- Weber, M.(1947). The Theory of Economy and Society, New York: Becminster Press.
- Whitt, J. A.(1979). Toward a class-dialectical model of power: an empirical assessment of three competing models of political power, American Sociological Review, Vol. 4.
- Wrong, D. H.(1968). some Problems in Defining Social Power, American Sociological Review, 73(6).
- Wrong, D. H.(1979). The New Leviathan, Oxford: The Clarender Press.

Chapter 03

포스트 모더니즘,
그리고 글쓰기

01

중심의 해체,
주변의 부상

영화 '매트릭스'의 함의

매트릭스라는 영화는 보드리야르가 말하는 초현실hyper-reality이라는 '현실보다 더 현실 같은 가상' 속에 살고 있는 우리 인간들의 모습을 영화적으로 재해석한 것이다. 다시 말하면 상징이나 기호 등을 통해 자유를 향유하고 있다고 믿게 되는 우리 인간이 단지 매트릭스라는 판 또는 구조 속에서 놀고 있음을 넌지시 암시한다.

어쩌면 우리가 자유롭게 살고 있다는 생각을, 즉 내가 주체적으로 생각하고, 소비하고, 행동한다고 생각하는데 실제로는 매트릭스에 갇혀 있는 키아누 리브스의 동료들처럼 우리는 짜여진 매트릭스라는 판 속에서 움직이고 있는지도 모른다. 누군가가 판을 만들어서 우리의 행동 하나하나를 보고 있을 수도 있다.

우리는 이러한 판板을 인지할 수 있어야 한다. 인지의 순간이 그 판의 해체의 순간이며 판을 넘어 설 수 있는 기회이다. 인간의 자유를 지킬 수 있는 기회인 것이다. 영화 매트릭스는 우리를 둘러싸고 있는 판, 또는 구조를 인지할 수 있도록 유도한다.

영화 속에서 판을 넘어서려는 인간의 모습을 잘 보여주는 것이 주인공 키아누 리브스가 총알을 피하는 장면이다. 여기서 총알은 매트릭스를 유지하려는 원칙과 기준, 규칙, 권력, 감시의 총알이다. 주인공이 총알을 피하는 장면은 매트릭스를 지배하고 있는 어떤 힘에 대한 저항이며 거부이다. 총알을 피해 매트릭스의 좌표에 고착되지 않으려는 자유를 향한 인간의 몸부림이다.

매트릭스, 즉 판은 우리 주변에 촘촘히 놓여 있다. 인터넷 위에 남겨진 수많은 나의 흔적들은 디지털 알고리즘의 그물망에 남김없이 포획된다. 이메일, SNS, 뉴스검색경로 등은 눈밭에 새겨진 발자국처럼 나의 일부로 기록 보관된다. 필요할 때 언제든지 꺼내서 나를 규정하고 판단한다. 알 수 없는 누군가에 의해 나는 또 다른 나로 만들어진다.

메트릭스는 인터넷을 중심으로 한 디지털 소통수단들 뿐 만 아니라 은행과 주식시장 등과 같은 산업자본주의의 금융시스템을 통해서도 작동한다. 가상의 교환가치를 가진 단순한 숫자들이 오가며 우리는 자본과 금융의 논리에 포섭된다. 돈으로 덧 씌워진 또 다른 자아가 만들어진다. 통장 거래내역과 신용카드 사용내역에는 금융자본주의가 만들어낸 또 하나의 내가 존재한다.

이 판은 중심주의적 사고, 획일적인 원칙들이 관통되면서 유지된다. 남/녀, 부자/빈자, 서울/지방, 선진국/후진국과 같은 이분법적인 사고방식이 대표적인 것이다. 두 가지 기준에 채택되지 않은 것은 주변으로 밀려나 탈락한다. 중심만 있고 주변은 없다. 합리와 이성만 존재하고 나머지 것들은 사라진다.

이 판을 넘어서기 위해서는 중심적인 사고에서 벗어나 다양한 기준과 원칙들이 준용되어야 한다. 판 속에 갇혀 있는 평균적으로 틀 지워진 인간이 아닌 차이를 담지한 다양한 사람들이 넘쳐나야 한다. 중심이 아닌 주변에서 새로운 기준과 원칙들이 돋아나야 한다. 네모이외에 세모와 동그라미, 별과 달 모양 등이 공존해야 한다. 이들이 서로 부딪히며 파열음을 내면서 이 판을 깨부수어야 한다.

‘남/녀’는 있고, ‘남자스러움 ……… 여자스러움’은 없다

헐리웃 영화는 중심주의적 영화이다. 헐리웃 영화 속에는 온갖 자본의 논리, 패권의 논리, 문화식민주의 논리 등이 감추어져 있다. 대규모 자본에 의해 만들어진 해피엔딩의 단순한 영화가 아닌 것이다. 매트릭스는 이에 비해 주변적인 영화이다.

여기서 중심주의적 사고방식에 대해 생각해 보자. 쉽게 말해 이분법적인 인식방법이 대표적인 것이다. 흑/백, 남/녀, 빈자/부자, 중앙/지방, 선진국/후진국 등과 같이 이항 대립적 틀에 맞추어서 인간과 세상을 인식하는 방식이다. 경포대의 모래알처럼 각기 다른 다양한 인간을, 이분법적인 틀로 설명할 수 있을까? 어떻게 남녀라는 성별로, 부자와 빈자라는 경제 권력으로, 또는 서울과 지방이라는 단순한 공간적인 조건으로 어떻게 설명하고 해석할 수 있는가? 따라서 이항 대립하게 하는 칸막이를 허물어야 다양한 인간들에 대한 설명이 가능하고, 또한 그러한 인간들이 관계하고, 구성하고 있는 다양한 사회와 세상을 해석할

포스트 모더니즘에서 본 영상콘텐츠

수 있다. 이분법적 사고가 강제하는 틀 짓기는 전형적인 중심주의적 사고다. 비슷한 것끼리 묶어버리는 '동일성'의 논리, 다시 말해 조금이라도 다른 것은 탈락시키고, 이를 주변으로 밀어내고, 정해진 동일성의 틀로 설명될 수 있는 것끼리 묶어내는 것, 이게 중심주의다. 중심으로 수렴할 수 없는 것, 중심에서 멀어진 것들은, '부스러기', '주변적인 것'으로 옆으로 밀쳐지고, 탈락 된다. 결국 '중심'만 남고, '주변'은 사라진다. 반쪽짜리 인간, 반쪽짜리 세상만 남게 되는 것이다.

주변적인 사고방식은 이처럼 두 가지를 가르는 칸막이를 걷어내고, 그 사이에 있는 다양한 증상들을 드러내자는 것이다. 주변적인 것이란 앞서 살펴본 것처럼 중심에서 탈락한 흔적들을 말한다. 흑백과 남녀의 구분에서 사라진 다양한 인간의 흔적들, 중앙과 지방의 구획에서 빠진 다양한 공간의 궤적들이 주변적인 것인데, 이들을 바라보자는 것이다. 중심에서 탈락한 주변적인 것들을 표면으로 끌어 올리는 것이다.

잠깐 '남/여'의 이분법에 대해 생각해 보자. 남과 여의 칸막이를 걷어 내고 그 사이를 길게 늘려 보자.

남·······································여

여기서 남녀 사이의 무수한 점들은 남자이면서 여성성을 가지거나, 여자이면서 남성성을 가진 수많은 사람들의 존재를 말한다. 어떤 사람은 남성으로서 터프한 성격을 갖고 있지만, 여성 호르몬의 작용에 의해 여성의 섬세한 면도 동시에 갖고 있다. 여성들도 마찬가지로, 적고 많음을 떠나 남성의 특정한 기질을 가지기도 한다. 하리수와 홍석천 같은 극단적인 예를 찾지 않더라도, 남녀의 이분법적 사고방식이 얼마나 위험한지를 잘 알 수 있다. 가난한 사람과 부유한 사람

을 나누는 칸막이는 또 어떠한가? 무수히 다양한 인간들의 삶을 어떻게 '빈자/부자'의 틀로 설명할 수 있을까? 그리고 그렇게 나누는 기준은 무엇이고, 또 그 기준을 누가 만들었는가? 아무리 정교한 기준이라 하더라도 우리네 인간들을, 우리네 삶을 잘 말해줄 수 없을 것이다. 또한 그 기준도 당대의 특정한 사람 또는 특정한 집단들이 만들었다면, 이 칸막이는 얼마나 위험한가? 그들의 이해관계가, 그들의 권력이 삽입되어 있기 때문이다. 중심주의적 사고, 이분법적 도식은 마땅히 해체되어야 할 것이다.

주변에 산포해 있는 작은 이야기들[1]

현업을 떠난 지도 3년이 다 되어 간다. PD로서 약 13년 동안 PD를 바라봤을 때와 방송사 울타리를 떠나 밖에서 바라본 PD에 대한 생각에는 많은 차이가 있다. PD였을 때 그 자리의 중요성을 왜 몰랐을까? 그것이 영광의 자리임을 왜 알지 못했을까? 한 시대를 풍미하는 대중문화의 선도자요, 새로운 정보를 발굴하고 제시하는 정보리더Information Leader임을 왜 몰랐을까? 또한 그것이 책임과 의무의 자리임을 왜 인식하지 못했을까? PD의 연출행위 모든 마디에 사회적 책임이 따른다는 사실을 그때는 왜 절실히 알지 못했는가? 고향을 떠나봐야 고향의 의미를 알 수 있는 것처럼 PD가 아닌 지금 PD의 중요성에 대해 새삼 깨닫게 된다.

돌이켜 보건데, PD로서의 크고 넓은 포부는 방송사 입사 후 얼마 되지 않아 퇴색되었던 것 같다. 세계적인 반향을 일으키는 다큐멘터리 PD가 되겠다던 꿈은 일상적인 프로그램 제작 관행 속에 묻혀 가고 있었다. 시간이 지날수록 벽돌

---

[1] 이 글은 여의도 저널(2008년, 가을호)에 기고한 글이다. 중심을 해체하고 주변을 표면으로 끌어올리는 실제 사례로서 PD의 새로운 역할에 대해서 쓴 글이다.

기자는.

재미있고 유익한 이야기꾼이 되려면 어떻게 해야 할까? 여러 가지 방법이 있겠지만 '작은 이야기'를 잘 할 수 있었으면 한다. 그동안 기자는 너무 큰이야기에 집착했다. 저명한 사람, 큰 사건 위주의, 갈등과 긴장이 있는 일, 서울에서 발생한 일 등과 같은 메타 내러티브에 집중했다. 그러다보니 출입처에 갇혀서 정형화된 틀을 벗어날 수 없었다. 이 틀을 해체하여 열어보자. 우리 동네의 골목이 보이지 않는가? 우리 지역의 산과 바다가 보이지 않는가? 그 속의 우리 이웃이 온갖 이야기를 쏟아내고 있지 않은가? 그저 달려가서 듣고 스토리로 버무리면 되는 것이다. 눈길 미끄러지는 트럭을 세우는 주민, 새내기 아나운서 입사기, 폐광 이야기, 수습기자의 도지사 미팅, 의암호 낚시꾼 등 작은 이야기들이 널려있다.

또 한편으론 화석화된 관점이나 프레임에서 벗어나려는 노력이 필요하다. 취재대상을 대할 때 알게 모르게 특정한 관점으로 볼 때가 있다. 회사의 강령이나 개인의 세계관, 또는 사람과 사물에 대한 선입견 등으로 판단할 때가 많다. 환경의 영향을 받는 개인으로서 어쩔 수 없는 노릇이라고 하더라도, 특정한 방향으로 경도될 수 있음을 경계하면서 겸손하게 취재할 필요가 있다. 카메라 렌즈 밖의 세상이, 렌즈 안의 세상보다 더 사실이고 진실일 수 있다는, 생각을, 항상 해야 한다는 것이다. 특정한 관점에 얽매이지 않고, 열려있는 자세로, 작은 이야기들을 찾으려는 노력이 필요하다 하겠다.

이제 기자의 역할에만 갇혀 있어서는 안 된다. 지평을 넓혀 스토리텔러가 되어야 한다. 우리 기자들이 가진 가장 강력한 무기, 정보력과 인적 네트워크를 활용하여 다양한 이야기를 만들고 전달하는 이야기꾼이 되면 어떨까? 육하원칙의 틀에서 벗어나 '기사 아닌 기사'를 쓰면 어떨까? 그것은 짧은 산문이 될 수도 있고, 시나 소설이 될 수도 있다. 또 논문이어도 좋고, 발제문이어도 좋다. 또는 영상 콘텐츠여도 좋지 않을까? 이야기꾼으로서 우리 지역의 정감 넘치고 사람 냄새 나는 작고 작은 이야기들을 만들어내면 어떨까? 그래서 어려운 이 시기에 조금이나마 위안이 되는 스토리텔러가 되면 어떨까? 늘 옆에서 지지하고 응원할 것이다.

포스트 모더니즘에서 본 **영상콘텐츠**

02

언어 아닌 언어,
새로운 방식의 말하기

SNS, 이를 어찌할꼬?

'ㅋㅋㅋㅋㅋ'

'ㅠㅠㅠㅠㅠ'

'ㅎㅎㅎㅎㅎ'

'ㅍㅎㅎ'

도대체 이게 무슨 뜻인가? 말인가? 낱말의 나열인가? 요즈음 나도 모르게 흔히 주고받는 언어다. 새로운 방식의 말하기다. 근데 입으로 말하는 것이 아니다. 온라인에서만 사용한다. 언제부터 무슨 이유로 사용되었는지는 모른다. 그 뜻도 정확히 모른다. 'ㅋㅋㅋ'는 동의인지 부정인지 잘 모르겠고, 'ㅠㅠㅠ ㅎㅎㅎ ㅍㅎ ㅎ'는 슬픔과 기쁨을 말한다는 것 정도. 지금도 이 낱말들을 자판으로 치면 영어로 자동 전환된다. 문법에 맞지 않는 표현이라는 것이다. 그럼에도 불구하고

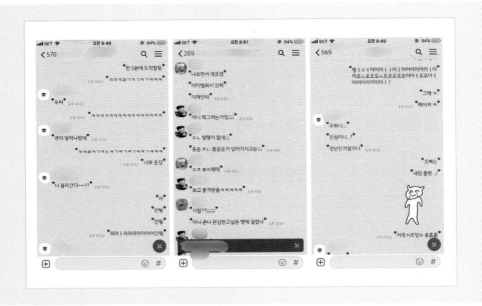

SNS 상에서 보란 듯이 사용되고 있는 이유는 뭘까? 앞으로도 이런 알 수 없는 용어들이 계속 나타나서 사용되는 걸까?

중 1 우리 딸의 카톡이다. 이중에서 반은 그 뜻을 모르겠다. '나를 보면서 개쪼 갬', '어이털려서 진짜' 정도는 짐작으로 알 듯 하다. 'ㅇㅈㄹㅇ 패테'는 도무지 알 수 없어 딸에게 물어봤다. '인정레알 패션테러리스트'란 뜻이란다. 헐~~~~. 요즈음 말로 진짜 허~얼~ 이다. 이것을 한글 오용이라 할지 재해석이라 할지 고민스럽다. 세종대왕께서 한글을 창제한 이래 한글을 가장 창의적으로 사용하는 시대인 것 만은 분명하다. 대왕께서도 울어야 할지 웃어야 할지 잘 모를 거다.

새로운 형태의 말이 등장한 거 말고 머리 아프게 하는 게 또 있다.

'카톡 카톡 카톡....'

쉴새 없이 울린다. 어제 갔던 산행 사진과 소감이 막 올라온다. 한두 개가 아니라 수십 개가 올라온다. 사진이야 핸드폰에 다 있고, 감상도 각자가 가지고 있으면 안되나? 이건 '집단적 추억주입'이다. 오히려 산행의 소중한 기억이 지워지려한다. 성가시다. 카톡에서 확 나가버릴까? 그러면 조직의 쓴맛을 보는 게 아닐까? 카톡을 탈퇴하면 사람들이 뭐라 하지 않을까? 카톡에 완전히 갇힌 꼴이다. 이제 일상은 카톡으로 시작하고 카톡으로 끝난다.

페이스북도 전방위적으로 날아온다. 휴대폰 알림 메시지 뿐 만 아니라 메일을 통해서도 친구들의 근황이 날아든다. 수신 차단을 발동시키고 싶다. 그러나 그놈의 정 때문에 그럴 수도 없다. 소중한 친구들 소식을 보지 않을 수 없다. 하여간 페북에 들어가 보면 친구들의 최근 소식뿐 만 아니라 친구의 친구, 그 친구의 친구까지 연결되어 얽히고설킨다. 친구들의 동정 뿐 만 아니라 뭘 읽고, 뭘 보는지, 뭘 구매하는지 까지 알 수 있다. 친구들의 취향과 취미도 추천된다. 단순히 친구 만들기를 넘어 상업적 코드가 숨겨져 있는 것 같아 찜찜하다.

밴드는 또 어떤가? 무슨 놈의 정보가 이렇게도 많은지 하루에도 수십 건이 올라온다. 모임공지부터 경조사, 각종 정보 등이 쏟아진다. 밴드를 보지 않으면 사회생활이 불가능할 지경이다. 가고 싶지 않은, 놓치고 싶은 정보도 있는데 밴드는 이를 허락하지 않는다. 지연 학연이 그야말로 대일밴드처럼 딱 붙어 있다.

이제 SNS를 통해 소통하는 게 대세다. 하루종일 말 한마디 안하고도 살 수 있다. 어디서 만나고, 뭘 먹을지, 고민할 필요가 없다. 머리 감고 말리고, 뭘 입을지, 거울 앞에서 괜한 시간 죽일 필요도 없다. 디지털 알고리즘 속에 찰싹 붙어만 있으면 만사형통이다. 하고 싶은 말도, 친구 사귀기도, 모임도, 모두 가능하다. 정말 기막힌 소통 기술이다. 너무 편하다.

편한 것이 좋은 것인감?

편한 것이 과연 좋은 것인가? 다 용서가 되는 건가? 그렇지는 않을 것이다. 편한 것이 행복한 것은 아니다. 말하고 싶을 때 말해야 하는데, SNS는 의도와 상관없이 말하기를 강제한다. 친구 만들기도 과잉스럽다. 그리워하거나, 잊고 싶거나, 그냥 내버려뒀으면 하는, 여백이 없다. 보고 싶을 마음, 만나고 싶을 마음을 차단하는 것 같다. 편의점에 진열되어 있는 모든 상품을 다 사먹어야 하는 형국이다. 선택의 여지가 없다.

디지털 감시도 걱정이다. 온라인상에 남겨진 대화의 흔적들을 누군가가 보고 있을지도 모른다. 사법당국 등이 필요할 때 언제든지 꺼내보고, 나의 의지와 상관없이, 나를, 내가 아닌 또 다른 사람으로 규정해버린다. 도서관의 참고문헌처럼 나에 대한 기록이 디지털 상에 남아있고, 이것을 누군가가 열람하고, 규정하고, 다시 보관한다. 무서운 일임에 틀림없다.

전화기는 말의 확장이었다. 시간과 공간을 넘어 말하기를 수월하게 했다. 편했다. 동시에 면대면 대화를 줄어들게 했다. 얼굴 보며 말할 때는 싸우지 않을 일도, 전화로 말하다 보면 싸운 경험이 많다. 자동차는 발의 확장이었다. 가고 싶은 곳, 보고 싶은 것을 빠르게 가서 볼 수 있게 했다. 편했다. 동시에 교통사고가 만연했고 매연이 가득했다. 인간의 감각의 확장을 가져온 문명의 이기들은 양날의 칼이었다.

그렇다면 모든걸 내팽겨치고 산에 올라 '나는 자연인이다'라고만 외칠 것인가?

분명 새로운 소통방식을 받아들여야 한다. 십대들이 사용하는 말들을 이해하려 노력해야 한다. 국어사전 펴 놓고 해당 사항 없다고 무시할 일이 아니다. 그들의 언어도 이 시대의 살아있는 문화이기 때문이다. 차이를 존중해서 다양성이 살아 움직이게 해야 한다.

온라인상의 대화 방식도 존중되어야 한다. 디지털 말하기는 부정할 수 없는 새로운 소통방법이다. 생략과 축약을 통해 촌철살인식 표현을 하고, 각종 이모티콘으로 숨겨진 감정을 적나라하게 드러내는 대화 방식에 익숙해져야 한다. 기존 글쓰기를 통해 필압와 글씨체로 감정을 전달하는 방식만 고집할 필요가 없다. 다만 머리 만지고 옷깃 여미는 여백의 미를 놓치지 말자. 오프라인에서의 다소 불편한 삶도 항상 염두해 두자.

맹점이 있음에도 불구하고 SNS을 통한 대화방식에 익숙해져야 하는 이유는 소통은 곧 인간 자체이기 때문이다. 말이든 글이든 몸짓이든 소통하지 않은 인간은 존재하지 않기 때문이다. 인간성의 실현, 다시 말해 우리 인간들의 행복은 어떻게 소통하느냐에 달려있다 해도 과언이 아니다.

'편한 것'을 잘 사용해 '행복한 것'으로 바꿔보자. 그래서 내 삶이 풍성하고 행복해지도록.

03
인간,
자연의 한 자락

자연의 품을 떠난 인간

정두섭이라는 사람이 있다. 도자기를 굽는다. 어쩌다 보니 친한 동생이 되었다. 아마 두어번 봤을 때부터 형 아우 사이가 되었나 보다. 자연스럽게.

어느 날 전시회를 한다며 글을 부탁했다. 처음엔 사양했다. 무슨 교수 따위가 예술작품에 글을 쓰다니. 난 그런 능력이 없다고 했다. 막무가내였다. 형이 써줘야 한다고. 그래도 사양했다. 또 달라붙었다. 일단 글 쓰보면 나에게 부탁한 이유를 알거라 했다. 이게 무슨 개뼈다구 같은 말인가. 근데 그 말에 묘하게 끌렸다.

먼저 작품을 보러갔다. 작품을 보자마자 아우의 말이 무슨 말인지 알 것 같았다. 평소 나의 생각이 두섭의 작품 이곳저곳에 흩뿌려져 있었다.

자연의 한부분인 인간이, 그 자연의 품을 벗어나면서, 인간은 불행해지기 시작한다. 인간의 편의에 맞게, 자연을 개발하면서, 역설적이게도, 인간은 불편해진다. 아마 그것의 시작은 농업을 하면서 일거다. 정착하며 씨뿌리고 거두면서 인간은 행복해졌다 생각했다. 소와 말, 염소와 닭을 키우면서 역시 그런 생각을 했다. 논밭을 개간하며 농토를 늘려나갔다. 울타리를 치며 드넓은 목장을 만들어갔다. 인간의 욕심은 여기서 끝이 아니었다. 길을 내고, 아스팔트를 깔고, 빌딩을 올리고, 도시를 만들기 시작한다. 검은 아스팔트와 회색 콘크리트가 숲을 밀어냈다. 산을 허물었다. 인간 스스로 자신의 둥지를 없앤다. 생각해보라. 내가 살고 있는 집을, 하루는 지붕을 뜯어내고, 하루는 벽을 허물고, 하루는 구들을 들어낸다. 나만 홀로 남는다. 무엇이 나를 보호할 것인가? 참으로 어처구니없는 짓을 했다. 인간 스스로.

원래 인간은 자연의 이치에 따라 살았다. 계절의 변화에 맞추어 이동하며 먹고 잤다. 말 그대로 노메딕nomadic한 삶을 살았다. 오감을 열고 자연이 주는 혜택을 누렸다. 숲의 향취로 목욕하고, 파도소리에 맑은 기운을 되찾으며, 산들 산들 불어오는 대지의 바람을 온 몸으로 느끼고, 푸른 하늘과 흰 구름으로 눈을 씻고, 상큼 달콤 온갖 열매들로 입안이 즐거웠다. 후각, 청각, 촉각, 시각, 미각의 자연스러운 결합으로 자연과 더불어 살았다. 인간이 자연이요, 자연이 인간이었다. 불편했지만 행복했다.

그런데
지금은
자연은 개발의 대상,
인간은 치유의 대상이 되었다.

인간과 자연은 분리되고, 구분되었다.

정두섭의 작품은 다시 자연과 인간은 하나임을 말해주는 것 같았다.
그래서 글을 썼다.

자연을 빚다 [3]

언젠가 정두섭과 하룻밤을 보낸 적이 있다. 방산 산골에서 쏘가리와 장어라니. 것도 팔딱거리며 살아있는. 파로호 어부의 칼질을 마다하고 살아있는 통째로 가져왔다. 매운탕을 한다며 힘들게 칼질을 한다. 쏘가리도 쏘가리지만 민물장어는 숨이 쉬이 끊어지지 않는다. 손가락 사이로 도망치기 일쑤다. 도예가의 손이 비늘과 핏빛으로 물들었다, 왜 손질하지 않고 가져왔냐고 물었다. 그냥 살아있는 것을 보여주고 싶었단다. 그게 바로 정두섭이다.

날 것 그대로의 것을 담아 오는 것.
자연을 품어 오는 것.

정두섭에게 보이는 모든 것들이 작품이다. 자연의.
그 일부를 펼쳐 보이면서 전체를 볼 수 있도록 한다. 자연을.

아들 토를 군대 보낸 포항해변에서
울릉도 성인봉 구름에서

---

3   이 글은 도예가 정두섭의 「자연을 빚다.2018.11.28.~12.11. 강원방송」 전시회에 붙여 쓴 시작 글이다.

포스트 모더니즘에서 본 **영상콘텐츠**

주왕산 주산지 물에서
자연의 빛을 가져온다.
그 빛을 유약으로, 백자의 옷으로, 우리들 눈앞에 빚어낸다.

이렇게 발 닿는 곳마다, 눈길 가는 곳마다 자연을 담는 이유는
우리 인간들이 자연의 일부임을 말하고자 함이리라.

언제부턴가 인간들은 자연의 한 자락임을 부인하기 시작했다. 맘만 먹으면 인
간의 손아귀로 자연을 틀어쥘 수 있는 것으로 생각했다. 개발이 횡횡했다. 자연
은 정복의 대상이 되었다. 개발하면 할수록, 발전하면 할수록 우리 인간들은 자
연과 멀어졌다. 동시에 괴물이 되어 갔다. 월급에, 지위에, 이름에 갇힌 괴물.

정두섭은 자연을 백자 위에 펼치며
인간이 자연의 일부임을, 인간이 자연임을 역설한다.
하여 개발과 발전에 빠진 우리 인간들의 민낯을 돌아보게 한다.

자연의 빛을 품은 백자 위에서
개구리들이 뛰 놀며 희롱한다.
일상의 갇혀진 틀들을.
실용을 가장한 인간들의 쓸데없는 반복을.

자연의 내음을 품은 백자 위에서
꽃들이 한들거리며 손짓한다.
발전의 길만 가지 말고
하늘 길 산책에 동참하라고.

백자 빛이 만들어 내는 무궁무진한 하늘 길을.

개구리와 꽃,
이들에게 기꺼이 놀이터가 되어 준 백자에게서
잘 우려낸 깊은 자연의 맛이 난다.
그날 밤 매운탕 맛처럼.

추신.
정두섭은 꿈을 꾼다.
개구리와 꽃들에 압록강 물을 먹게 하고
북한 백토를 방산 흰 흙과 어울려
북녘의 자연을 우리의 자연에 투영하려 한다.
그리하여 통일 백자를 빚어내려한다.
정두섭이 빚어낸 자연에서 짙은 통일의 기운이 전해온다.
그의 꿈이 이루어질 것 같아 떨린다. 그리고 설렌다. 그리고 소망한다.

04

본다는 것은
무엇일까?

UHD 엿보기 [4]

최근 HDTV 보다 화질이 4배 좋다는 UHDUltra High DefinitionTV가 도입되고 있다. 방송현장에서는 UHD 관련 하드웨어를 갖추기 위해 동분서주하고 있고, 방송사들 간에는 UHD 콘텐츠를 확보하기 위한 소리 없는 전쟁이 벌어지고 있다. 종전보다 훨씬 실감나는 영상을 재현한다는 UHD가 곧 우리 곁에 다가올 것이다. 우리는 이를 어떻게 해석하고 받아들여야 하는가?

일반적으로 영상은 인간의 감각 측면에서 본다면 시각의 확장이라고 볼 수 있다. 전화기가 귀의 확장이고 자동차가 발의 확장인 것과 유사하다. 그런데 감각의 확장이 오히려 감각의 둔화와 마비를 초래한다. 자동차가 걷는 빈도를 줄임으로써 발 감각의 둔화를 가져 오듯이 영상의 진화는 눈과 시각을 둔감하게 만

---

[4] 이 글은 2014년 4월 22일 뉴시스, 경언저널 7호(2014년)에 실린 글이다.

든다. 직접 보며 참인지를 알아야 하는데 영상은 그렇지 않다. 직접 본다라 함은 시각 뿐 만 아니라 후각, 촉각, 청각, 미각 등 오감이 함께 작동되어 세상을 본다는 것을 의미한다. 그런데 영상은 시각만을 작동시킨다.

영상의 진화는 실재감을 증폭시킨다. 화면이 크고 화질이 좋아질수록 우리는 실감나는 영상이라고 말한다. 화면에서 나오는 영상을 실재의 것과 동일하게 느낀다. 바로 이 지점이 의심해야할 부분이다. 실재가 아님에도 실재인 것처럼 인지하는 것. 영상의 발전과 진화를 환영만 할 수 없는 이유가 여기에 있다.

사진이 우리의 기억을 보전하기 위해 존재하는데 역설적이게도 기억을 망각시키는 역할을 하는 것과 비슷하다. 앨범을 들추어 보자. 그 속에 꽂혀 있는 사진들을 보면서 나의 역사, 가족의 역사라고 생각한다. 그런데 자세히 들여다보면 사진은 특정한 방향으로 틀 지워져 있다. 행복한 순간만 찍혀 있다. 즐겁고 기쁜 일들만 나열되어 있다. 과연 이것이 나의 역사인가? 나와 가족에게 행복한 순간들만 있었던가? 분명히 슬프고 힘든 일도 있었는데 사진은 왜 행복만 나열되어 있는가?

우리를 둘러싸고 있는 기계와 기술들은 사진이 보여주는 맹점들을 가지고 있다. 특정한 순간을 전체의 역사로 왜곡해서 인식하게 하는 것, 다시 말해 특정한 국면만 강조하여 이상 증식시켜서 다른 국면은 보지 못하게 하는 것이다. 종전보다 4배의 실감나는 영상을 구현한다는 UHD도 시각의 이상증식을 촉진시켜 실재가 아닌 영상을 실재로 인식하도록 할 수 있다. 영상과 기술의 발전은 눈과 귀, 발 등과 같은 개인의 감각을 마비시킨다. 개인의 감각의 마비는 우리 사회의 마비이며 인간 전체의 마비를 가져올 수 있다.

뉴스 영상을 떠올려 보자. 여의도에서 집회가 있다. 이를 보도하기 위해 기자는 카메라 뷰파인드로 열심히 영상을 담아 보도한다. 여기에서 의문을 가져보자. 뷰 파인드 안에 보이는 영상이 사실일까, 아니면 뷰 파인드 밖의 전경이 사실일까? 아마도 후자가 사실에 가까울 것이다. 그런데 우리는 뷰 파인드 안에 비친 뉴스 영상을 보고 그것이 사실인 것처럼 인지한다. 사실이 아닐 수 있는 것을 사실처럼 보도하기도 한다. 뉴스 영상은 특정한 국면만을 강조하고 이를 보는 시각은 비정상적으로 증식되고 다른 감각은 마비된다. 이것이 사회적으로 확산되면 사회의 마비를 가져오고 종국에는 인간 전체의 마미를 야기할 수 있는 것이다.

현재 진행되고 있는 영상의 진화는 이러한 논의와 맥을 같이 한다. 흑백 TV와 컬러 TV, 혹은 SD화면과 HD 화면, 그리고 UHD 화면을 볼 때 어떤 차이가 나는가? 4대3에서 확대된 16대 9의 화면크기와 더 선명한 화질은 우리에게 실감나는 영상을 제공한다. 여기서 실감난다는 것은 영상의 진화가 현실 세계를 재현한다는 것을 믿는다는 것을 말한다. 아이맥스 영상을 떠올려 보자. 빌딩 7, 8 층 높이의 거대한 영상을 보면 실재감에 압도당한다. 단지 거대한 화면으로도 우리를 실재의 세계에 있는 것처럼 유인한다.

마찬가지로 UHD의 확대된 화면과 선명한 화질은 인간의 눈 감각을 마비시킬 수 있다. 실제의 세계를 눈으로 직접 보기 보다는 안방에 앉아서 실재를 가장한 비실재적인 영상을 보면서 실재의 세계를 보는 것처럼 생각하기 때문이다. 따라서 실감나는 영상이 그저 좋은 것만이 아님을 알아야 한다. 좋아진 영상이 실재감을 증폭시킨다는 사실에 포섭되지 말아야 한다. 영상 TV 상자 안에서 나오는 내용을 전적으로 믿지 말아야 한다. 흔한 말로 비판적 수용을 해야 하는 것이다.

당연한 것을 뒤집어 보게 하는 「본다는 것의 의미」[5]

한번 상상해 보자. 동물원의 동물들을. 나는 지금 우리에 갇힌 원숭이를 보고 있다. 우리라는 '경계' 넘어 원숭이의 눈빛을 주시해보자. 원숭이는 나에게 무슨 말을 하는가? 내가 보는 원숭이는 진짜 원숭이인가? 원숭이가 갇혀 있는 것인 가, 아니면 내가 갇혀 있는 것인가?

존 버거는 이러한 질문에 다양한 답을 얻도록 유도한다. 먼저 원숭이가 나에 게 하는 말. "자넨 참 불쌍해." 아니 이게 무슨 뜬금없는 말인가? 두 번째 답, "난 진짜 원숭이가 아닌데 왜날 원숭이로 보지?" 세 번째 답, "원숭이인 내가 갇 힌 것이 아니라 나를 보는 자네가 거꾸로 갇혀 있는 걸세." 동문서답 같지만 이 속엔 깊은 의미가 담겨있다.

자연 속에서 뛰놀던 진짜 원숭이는 없고, 우리 속에서만 길들여진 순치된 가 짜 원숭이를 보고 좋아하는 인간이 불쌍하다는 것이다. 오히려 우리 밖에 갇혀 있는 인간이 가엾다. 이는 자연 속에서 원숭이와 공존했던 인간이 우리라는 경 계를 만들면서 자연과 분리되기 시작했음을 말하는 것과 같다. 자연의 한 자락 이었던 인간이 자연을 개발하여 손안에 넣을 수 있다고 생각하면서 인간의 역 사는 슬퍼지기 시작했다. 우리에 갇힌 원숭이를 본다는 것은 자연에서 탈락한 인간의 모습을 보는 것이다. 그렇다면 왜 인간은 우리에 갇힌 원숭이를 진짜 원 숭이로 볼까? 그것은 그렇게 보도록 학습되어 왔기 때문이다.

존 버거는 이 책을 통해 본다는 것이 무엇인지에 대해 동물원의 예에서 부터

---

[5] 이 글은 '본다는 것의 의미」 존 버그 저 / 동문선 / 2000년'에 대한 단상을 적은 것이다.

시작해 사진, 회화, 조각 등의 사례를 제시하면서 우회적으로 말하고 있다. 그에 따르면 본다는 것은 보는 사람의 방식대로만 보는 것이며 이미 학습되고 규정되어 있는 '틀'로 본다는 것이다. 즉 보는 것에는 당대의 지배적인 인식방식이 삽입되어 있어서 오염되어 있다는 것이다.

존 버그는 '보는 것'의 순수성을 회복시키려 하며 기존의 보는 방식의 파괴를 통해 당연시했던 모든 것들에 대해 철학적 회의懷疑를 하도록 권한다. 대표적인 예로서 동물원에 갇힌 원숭이가 인간들에게 이야기하는 것과 같은 방식으로 회화의 원근법에 대해 일갈한다.

원근법은 지고지순至高至純한 그리기 방식으로 학습되면서 수세기에 걸쳐 회화의 역사를 지배해왔다. 이는 마치 망원경으로 보는 세상이 전체 세상의 모습인 양 떠벌이는 어리석음과 같다. 원근법을 적용한 그림이 대상을 있는 그대로 재현한 것이라고 믿게 하는 방식은 렌즈 구멍 바깥의 세상은 탈락되고 렌즈 안의 세상만 존재한다고 믿게 하는 것과 같다.

존 버그는 이와 같은 논지를 회화의 역사에서 나타나는 화가들의 색다른 경험들을 열거하면서 펼친다.

신과 왕, 귀족들이 회화의 지배적인 아이템이었던 시대에 시골의 농부, 돌 깨는 노동자, 도시의 빈민 등을 회화의 아이템으로 삼은 화가들을 소개하기도 하고, 먼 것은 크게, 가까이 있는 것은 작게 그려 의도적으로 원근법을 파괴시킨 사례들을 제시하면서 고정되고 정형화되어 있는 기존의 그리기 방식을 해체하고 뒤틀어 버린다. 성스러운 성화聖畵와 풍요로운 귀족들의 삶을 고독하고 피폐한 인간 군상들의 삶으로 대치한 비주류 화가들의 색다른 경험을 열거하면서 중심에 가려진 주변, 주류에 밀려난 비주류 들을 복원시킨다.

존 버그의 이러한 논지는 시각 중심의 근대성modernity에 대한 비판이며 동시에 이성이라는 단색으로 칠해진 인간 풍경화에 대한 거부이다. 자연의 일부로서 자연 속에서 오감五感을 작동시키며 살아온 인간이 보이는 것만 믿는, 다시 말해 시각의 노예가 되면서 청각, 촉각, 후각, 미각 등 다른 감각은 퇴화되어 인간다운 삶을 살지 못하고 있는 것에 대한 버그식의 개탄이다. 동시에 감성과 이성이 함께 녹아 들어간 인간을 이성적인 존재로만 규정해온 근대적 인간에 대한 버그식의 반대이다.

포스트 모더니즘에서 본 **영상콘텐츠**

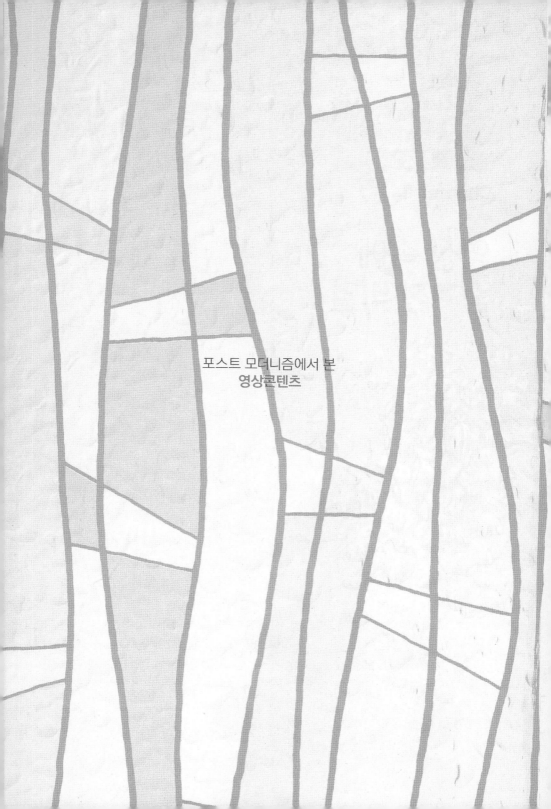

포스트 모더니즘에서 본
영상콘텐츠

Chapter 04

영상 속에
숨겨진 비밀

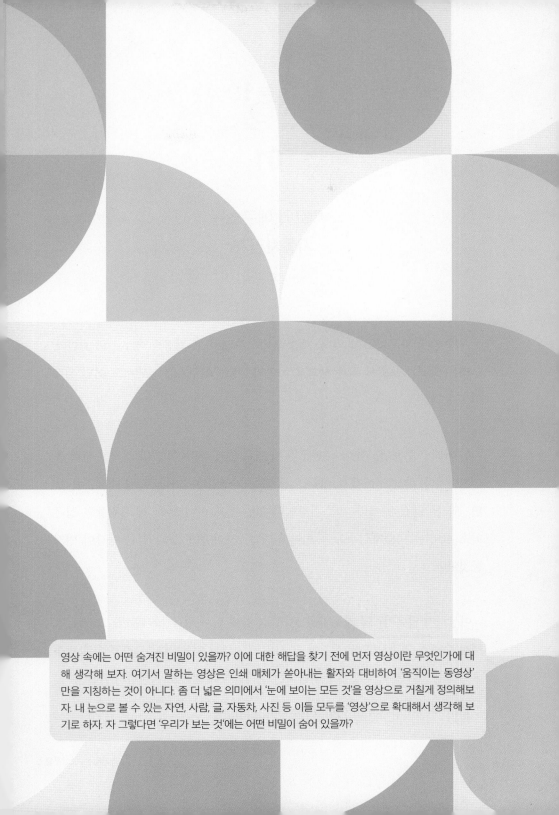

영상 속에는 어떤 숨겨진 비밀이 있을까? 이에 대한 해답을 찾기 전에 먼저 영상이란 무엇인가에 대해 생각해 보자. 여기서 말하는 영상은 인쇄 매체가 쏟아내는 활자와 대비하여 '움직이는 동영상'만을 지칭하는 것이 아니다. 좀 더 넓은 의미에서 '눈에 보이는 모든 것'을 영상으로 거칠게 정의해보자. 내 눈으로 볼 수 있는 자연, 사람, 글, 자동차, 사진 등 이들 모두를 '영상'으로 확대해서 생각해 보기로 하자. 자 그렇다면 '우리가 보는 것'에는 어떤 비밀이 숨어 있을까?

01

티코와 에쿠스는
자동차인가?*

거리 위에 자동차들이 있다. 빨간색 티코도 보이고 검정색 에쿠스도 보인다. 우리는 티코를 보면서 무슨 생각을 하는가? 또한 에쿠스를 보면서도 어떤 생각이 드는가?

먼저 티코를 보면, '저 차 주인은 돈이 별로 없을 거야. 이제 막 취직한 사회 초년병이거나, 학생 정도겠지. 아니면 돈 없는 자영업자이거나.' 그럼 에쿠스를 보면, '와 돈 많겠네. 아마 기업 사장이나 임원 정도 아니겠어? 저 사람들의 집은 최소 40평은 넘겠지? 나도 돈 벌어서 저 차 사야겠어' 등과 같은 생각이 먼저 들것이다.

이상하지 않은가? 왜 자동차를 보고 그 차에 탄 사람을 생각할까? 그것도 경제적 수준과 연관시킬까? 심지어 그 사람의 지위를 떠올릴까? 그리고 이런 방식은 우리들 대부분이 비슷하게 떠올리는 생각들이다. 참으로 이상하지 않을 수 없다. 길거리의 차를 보고 비슷하거나 동일하게 생각하는 우리들의 모습이.

포스트 모더니즘에서 본 영상콘텐츠

자동차는 자동차일 뿐인데, 왜 자동차를 사람처럼 볼까? 그리고 우리는 왜 비슷한 방식으로 보고 생각할까? 그건 아마도 우리 모두는 무언가 채색된 시선으로 보기 때문일 것이다. 자동차를 보기 전에 우리 머리 속에는 이미 어떤 그 무엇이 쉬워져 있는지도 모른다. 그것은 어쩌면 권력일지도 모르겠다. 정치권력 뿐만 아니라 경제권력, 문화권력 등과 같은 당대의 특정한 권력이, 특정한 방향으로만 보도록 우리를 유인했기 때문인지도 모르겠다.

근대modernism는 인간 이성에 대한 확고한 믿음을 토대로 만들어졌다. 합리적 추론에 의한 명징한 정답만을 요구하는 사회이다. 각 잡힌 건물이나 곧게 뻗은 도로 등은 이성적 인간의 합리적 사고의 결과물이다. 우리 손목에 채워져 있는 시계가 대표적인 근대의 산물이다. 시간을 잘게 쪼개고 나누어 인간의 노동을 최적화하려 한 것이다. 노동을 통해 가장 효율적인 결과물을 양산하는 것, 이것이 자본주의이다. 그 결과물은 돈, 화폐로 나타난다. 따라서 산업금융 자본주의가 근대의 시스템이라 해도 과언이 아니다.

우리는 금융의 덫에 갇혀 세상을 바라보게 된다. 인간다운 구실을 하려면 일정한 돈을 벌어야 한다. 샐러리맨이 됐건 사업가가 됐건 우리는 돈을 갖기 위해 그 숱한 교육을 받는다. 돈을 향해 일렬행대로 늘어서서 꾸역꾸역 걸어간다. 인간답게 살기 위해서는 돈을 많이 가져야 한다. 인간이 곧 돈이다. 모든 것을 돈으로 치환하여 생각하고 행동한다. 정치권력과 문화권력도 이 돈과 무관하지 않다. 아니 오히려 밀접하다. 자본의 논리가 모세혈관처럼 사회 모든 분야에 퍼져있다. 이렇듯 산업금융 자본주의의 색안경을 쓰고 있으니 자동차가 차로 보이지 않는 것이다. 우린 이 색안경을 벗어버릴 수는 없을까?

* 여기서 티코는 우리가 볼 수 있는 가장 작은 차의 은유이며, 반대로 에쿠스는 가장 큰 차의 은유다.

02

가족 사진앨범속의 사진은
우리 가족의 진정한 모습인가?

가족 앨범을 한번 펼쳐보자. 가장 먼저 보이는 사진은 무엇인가? 온 가족이 모여서 찍은 가족 증명사진? 아이들 어릴 적 해변에서 노는 모습? 캠핑사진? 어느 멋진 호텔 앞에서의 추억? 우리집 강아지와 즐거운 한때? 돌사진? 결혼사진? 등등. 아마도 앨범에 꽂힌 사진들은 어느 집이나 비슷할 것이다. 공통점은 '행복한 한때', 다시 말해 즐겁고 행복했던 추억들로 가득한 사진들일 것이다. 우리는 가족 앨범을 들추어 보며, 우리 가족이 만든 우리 가족의 역사를 펼치며, 엷은 미소를 짓고 행복해 한다. 앨범 속의 사진들은 그야말로 행복의 역사, 즐거움의 역사로 가득 찬 우리 가족의 역사라 생각한다. 우리 가족이 걸어온 지난날을 고스란히 반영한다고 생각한다.

여기서 잠깐. 과연 그게 우리 가족의 진정한 모습, 역사인가?

아닐 것이다. 어떻게 우리 가족에게 행복한 날만 있었던가? 시쳇말로 '찌찌고 뽁고' 다투었던 적도 있고, 슬픔과 절망에 빠진 괴로운 날들도 있었을 것이다.

그런데 앨범 속의 행복한 순간들이 어찌 진정한 우리 가족의 역사라 할 수 있겠는가? 앨범 속 사진에는 몇몇 순간들이 탈락된, 특정한 부분만 남겨져 있는 것이다. 나쁜 순간은 없고, 좋은 순간들로만 나열되어 있다. 우리는 이걸 가족의 역사라 생각하며 산다. 이 얼마나 어처구니없는 일인가?

물론 행복한 순간들을 기억하며 행복해지려는 것은 참 좋은 일이다. 그렇게 살아야 한다. 다만 그것이 '진짜' 가족의 역사라고 생각하는 것이 문제다. 또는 그렇게 생각할 가능성이 크다는 것이 문제다. 앨범 속 사진의 특정한 한 부분을 전체처럼 생각하는 것이 문제인 것이다.

사진이 가진 모순이 바로 여기에 있다. 사진은 뭔가를 기억하기 위해 찍는다. 사진은 기억의 매체이다. 아니 기억의 매체였다. 굳이 과거형으로 쓰는 이유는 사진이 기억하게 하는 것이 아니라 잊어버리게 하는 것일 수 있기 때문이다. 다시 말해 사진은 망각의 매체일 수 있다. 앞서 가족 앨범의 예에서 봤듯이 행복한 순간들을 기록함으로써 그렇지 못한 다른 수 많은 순간들을 망각하게 한다. 삶의 특정한 부분에 함몰시킨다. 삶의 다양한 결들을 탈락시킨다. 아이러니하게도 기억의 매체인 사진이 망각의 매체가 돼버린 것이다.

더욱 심각한 것은 우리가 이러한 사실을 놓치고 있다는 것이다. 사진 때문에 한쪽으로 경도된 사실만을 보게 된다는 것을 인지하지 못하고 있다는 것이다. 또한 이러한 인식의 틀이 누구에게나 동일하게 작동하고 있다는 사실이 놀라움을 더한다. 가족 앨범 속에는 어느 가족이나 비슷한 사진들이 꽂혀 있고, 내용에 있어서는 다들 즐겁고 행복한 순간들로 구성되어 있다. 그리고 우리는 이들 사진이 우리 삶의 전부를 보여주는 것처럼 인식한다. 참으로 놀라운 일이다. 그리고 무서운 일이기도 하다.

비단 가족 앨범의 사진들만 그럴까? 아니다. 모든 사진들은 특정한 국면만을 보여줌으로써 다른 국면은 감춘다. 전쟁의 참상을 보여주는 사진들이 좋은 예이다. 멀리서 찾지 않아도 된다. 6.25사변의 피난민 사진들을 떠올려 보자. 보자기를 머리에 이고 젖먹이를 들쳐 엎은 아낙네, 소달구지에 가득한 피난 살림, 끊어진 한강철교 위를 아슬아슬하게 건너는 사람들 등. 우리는 이들 사진을 보면서 사진 속에 나타난 사람들과 상황으로만 전쟁의 참상을 인지한다. 그러나 사진 밖의, 정확히는 사진 프레임 바깥의 참상은 알지 못한다. 사진 속의 참상보다 더했을 사진 밖의 참상은 탈락된다. 피난 행렬의 비참함과 피난민의 곤궁한 삶, 생사의 갈림길에서 오는 두려움 등과 같은 실제의 전쟁 참상은 숨겨진다. 우리는 사진 몇 장을 보고 전쟁의 참혹함을 지레짐작하고 다 아는 듯 생각을 멈춘다. 기억의 매체가 망각의 매체가 되는 것이다.

포스트 모더니즘에서 본 영상콘텐츠

03

동물원의 원숭이는
진짜 원숭이인가?

"동물원에 가 본 적 있어?" "당근 가봤지"

"가서 원숭이를 보았는가?" "어 봤지."

"보면서 무슨 생각을 했나?" "그냥 원숭이던데."

당연한 질문과 당연한 대답이다. 음식을 주면서 동물원 우리 속의 원숭이와 접촉했던 그 짜릿함, 원숭이 똥구멍이 정말로 빨갰고, 나무 위에서 이리저리 유영하는 원숭이의 몸놀림에 감탄했던 어릴 적 추억이 한 자락씩 있을 것이다. 당시 형성된 원숭이에 대한 기억은 어른이 되어서도 고스란히 남아있다. 그 원숭이가 진짜인지 가짜인지 모른체로.

동물원의 원숭이는 진짜일까? 묻는 폼새를 보아하니 진짜가 아닌 것 같다. 아니라면 진짜 원숭이는 어떤 것일까?

이에 대한 답을 얻기 전에 동물원의 원숭이가 가짜임을 말해보자. 동물원 우리 속에 갇힌 원숭이는 관상용이다. 인간들에게 보여지기 위해 순치된 것이다. 일정한 먹이로 길들여진 가짜 원숭이다. 원숭이 모습을 하고 있지만, 자연 속에서 뛰노는 진짜 원숭이와는 완전 다르다. 진짜 원숭이는 자연과 더불어 산다. 자유롭게 돌아다니며 먹이를 찾고, 짝짓기를 하며, 새끼를 기른다. 그러나 우리 속의 원숭이는 닫힌 공간에서 그들의 본성을 잃어버린채 울타리 밖의 사람들에게 재롱을 떤다. 먹이를 달라고. 사람이 우리에 갇혀 지낸다고 생각해 보자. 이게 진짜 사람일까? 똑같은 이치로 동물원 우리 속의 원숭이는 진짜 원숭이가 아닌 것이다.

우리 인간들도 원숭이처럼 동물원과 같은 울타리에 갇혀 있다고 생각할 수도 있지 않을까? 한번 생각해 보자. 우리가 받는 월급이 원숭이가 받아 먹는 먹이와 뭐가 다른가? 우리가 자유롭게 돌아다닌다고 생각하는 길, 거리, 건물, 아파트 등이 동물원의 공간과 다를 바가 무엇인가? 우리 인간들은 월급이라는 먹이에 순치되어, 이미 확정되어 벗어날 수 없는 도시 공간에서, 모양뿐인 인간의 탈을 쓰고 이리저리 떠도는건 아닐까? 쇠창살 울타리에 갇힌 동물원의 원숭이가 먹이를 학수고대하며 가짜 나무 위에서 이리저리 배회하는 것처럼.

드라마 '미생'이 떠오른다. 월급이라는 먹이를 먹고 승진에 목매는 직장인들, 조직과 서열에 억눌려 인간성을 상실하는 군상들. 회사를 벗어나려 옥상에 올라가 보지만 온 사방이 도시의 건물로 빼곡히 둘러싸여 있어 벗어날 수가 없다. 잘 구획되고 정돈된 동물원의 공간처럼 반듯한 도로와 삐까번쩍한 건물들이 늘어서 있다. 그 속에 있는 우리 인간들은 진짜 인간일까?

우리가 당연하듯이 보고 있는 동물원의 원숭이는 많은 화두를 던진다.

포스트 모더니즘에서 본 영상콘텐츠

04

몇몇 텔레비전 프로그램들

여기에서는 우리가 흔히 접하는 텔레비전 프로그램에 대해 본격적으로 다룬다. 좁은 의미에서의 '영상'이라는 정의에 가장 근접한 형태가 텔레비전 프로그램이다. 이들에 대한 본격적인 분석을 통해 영상에 대해 또 다른 이해를 할 수 있을 것이다.

혼종적 다큐멘터리 '마리온 이야기'에 대한 이야기[6]

문제제기

다큐멘터리는 객관적 서술을 통한 진실 추구의 전통을 가진다. 객관적 서술은 영상적 차원과 내레이션 차원에서 사실을 있는 그대로 담아내는 일종의 관습이다. 보이는 것을 가감 없이 카메라에 담고, 들리는 것을 여과 없이 서술하는

---

[6]   이 글은 「미디어와 공연예술연구 제6권 제1호, 2011」에 실린 글이다.

것이 다큐멘터리의 전통이었다. 그러나 다큐멘터리는 현실의 재생물reproduction이 아니라 우리가 이미 접하고 있는 세계의 재현representation이다Nichols, 2001, p.56. 세계에 대해 일정한 관점을 담지하고 있는 다큐멘터리는 사실에 대한 하나의 해석이며 이는 누군가에 의해 이미 선택된 어떤 것이다.

특정한 대상을 담아내는 카메라의 포지셔닝과 앵글, 사이즈는 대상의 '있는 그대로의 옮김'이 아니라, 대상에 대한 '특정한 방식의 가공'이다. 이와 마찬가지로 대상의 선택과 대상의 구성방식에서도 세상을 그 모습 그대로 표현해내는 객관적 서술은 없다. 전통적인 의미에서의 이른바 다큐멘터리의 관습적 실천은 이미 해체되고 있다. 건조하고 객관적인 표현형식에 갇혀 있지 않고 메시지의 전달에 무게중심을 두는 경향이 많이 나타나고 있다. 다큐멘터리라는 표현의 경계는 무너지고, 드라마와 종합구성 등과 같은 인접해 있는 영상서술 방식이 스며들어 오면서 혼종적인 형태의 새로운 다큐멘터리들이 대두하고 있다.

최근에 방영된 '촌락' 시리즈SBS와 '한반도' 시리즈EBS는 이러한 혼종적 다큐멘터리의 좋은 예가 된다. 전자는 일종의 실험적 상황극을 혼용한 다큐멘터리로서 일정한 공간에 등장인물을 배치하고 이들의 권력관계와 이성 관계를 탐색하여 인간의 권력과 애정에 관한 다양한 이야기를 전해 준다. 후자는 과거의 인류와 공룡, 메머드 등을 컴퓨터 그래픽으로 재현하고 드라마 극에서 흔히 볼 수 있는 주인공의 탄생과 고난, 갈등, 화해 등의 구성을 통해 특정한 역사적 단계에 대한 이해를 높이며 효과적인 메시지를 전달한다. 이러한 다큐드라마docu-drama와 에듀다큐edu-docu, education-documentary는 우리 주변에서 흔히 볼 수 있다.

'마리온 이야기'*도 혼종적 다큐멘터리의 지형에 놓여 있다. 마지막으로 살아남은 셰이셸 코끼리 거북, 마리온의 120년 동안의 탈출기를 다큐멘터리 서사와 드라마 서사의 절묘한 혼용을 통해 혼종적 형태의 다큐멘터리를 보여준다. 코끼리 거북을 주인공으로 등장시켜 보기 드문 동물 드라마를 구현하고, 프롤로그와 에필로그를 중심으로 다큐멘터리의 객관적 서사를 배치함으로서 한편의 감동적인 다큐드라마를 제공한다.

'마리온 이야기'의 다큐멘터리와 드라마를 넘나드는 혼종적 서사구조는 기존의 자연 다큐멘터리가 주지 못한 진한 감동과 뇌리에서 잊어지지 않을 코끼리거북에 대한 정보를 효과적으로 제공한다. 다큐멘터리의 충실한 정보전달과 드라마의 극적인 감성자극, 이 두 전략을 극대화하여 달성하고 있다. 물론 '동물의왕국'이나 '인간극장' 등과 같이 쉽게 접할 수 있는 많은 다큐멘터리에서도 드라마적 언술서사의 흔적을 찾아볼 수 있지만, '마리온 이야기'에서처럼 언술과영상 서사 전체에서 혼용된 형태의 서사구조가 두드러지게 나타나는 경우는드물다. 본 논문은 바로 이 점에 주목하여 '마리온 이야기'의 표현형식과 주제의식을 살펴보려 한다. 즉 이 논문은 '마리온 이야기'에서 나타나는 언술 및 영상의 혼종적 표현형식이 서로 어떻게 조우하며 어떠한 주제의식을 빚어내는지를들여다 볼 수 있다면 다큐멘터리 진영에서 일어나고 있는 혼종화 경향에 대해의미 있는 사례연구가 될 것이라는 전제에서 출발하였다.

다큐멘터리 영역에서 새로운 형식의 결합과 가공, 변형을 통해 새로운 실천을생성하는 혼종성hybridity은 원래 탈식민주의 문화이론의 등장과 함께 나타난 개념이다. 서구의 메타 담론에 제3세계의 지역적 특성이 결합하여 제국주의 지배문화에 대한 전복적 개념으로서 혼종성이 대두한 것이다. 그러나 여기에서 말하는 혼종성은 기존의 문화적 형식이 새로운 실천들과 만나서 새롭게 재탄생하

* EBS, 2008년 9월 16일 첫 방송. <마리온 이야기>의 줄거리는 다음과 같다. 인간의 손길이 닿지 않는 평화로운 섬 세이셸에서 새끼를 낳고 행복한 삶을 누리던 코끼리 거북 마리온. 어느 날 해적과 선원들이 쳐들어와 거북이들을 마구 잡아 죽이고 마리온은 새끼와 떨어져 낯선 섬으로 끌려간다. '안나'라는 소녀의 애완동물로 정성어린 보살핌을 받지만 마리온의 소망은 오직 고향으로 돌아가는 것뿐이다. 낯선 섬에 끌려가 120년 간 고독과 싸워야 했던 마리온은 무려 서른두 번이나 탈출을 시도한다. 하지만 매번 인간에게 잡혀오고, 그럴수록 마리온의 탈출은 더욱 필사적이 된다. 그리고 마지막 탈출, 처음 잡혀왔던 그 바다에 섰다. 하지만 끝내 바다를 건너지 못했다. 고향을 바라본 채 절벽 끝에서 생을 마감하는 마리온, 고향에 남아 있던 자신의 종족이 모두 인간에게 죽임을 당했다는 사실도 모른 채 눈을 감는다.
http://home.ebs.co.kr/docuprime/view/view2.jsp?command=vod&chk=L&client_id=docuprime&menu_seq=1&out_cp=&enc_seq=3005523

는 것으로서 영상물의 영역에까지 확장되어 사용되고 있는 것으로 본다. 특히 다큐멘터리 영역에서 일어나고 있는 탈장르 현상, 즉 드라마적 서사형식의 유입으로 인한 혼용된 표현형식을 혼종성으로 작게 규정하여 살펴본다.

그동안 혼종성은 리얼리티 프로그램의 장르적 특성과 포맷 프로그램의 유통, 한류를 중심으로 한 동아시아 대중문화의 수용, 한국 뮤직 비디오와 보이는 라디오 등을 설명하는 유용한 개념 틀로 많이 사용되어 왔다. 그러나 혼종적 다큐멘터리에 대한 본격적인 탐색은 찾아보기 힘들다. 전체적인 서사구조가 어떤 방식으로 엮여지는지, 또한 서사의 틀을 구성하는 인물, 사건, 배경 등이 어떻게 배치되고 결합되어 주제의식을 전달하는지에 대한 분석은 이루어지지 않았다.

채트먼S. Chatman의 서사분석틀은 이러한 연구를 수행하는데 많은 혜안을 제공한다. 서사물을 스토리story와 담화discourse로 나누어 내용과 표현형식을 구체적으로 분석하는데 유용한 분석틀이다. 그동안 드라마와 다큐멘터리 분야에서 동성애 코드를 분석하고 이슈 구성방식 등을 설명하는데 서사분석틀이 다양하게 적용됨으로써 그 유용성이 입증되었다. 따라서 본고에서는 채트먼의 사사분석틀을 이용하여 혼종적 다큐멘터리에 대한 사례연구로서 EBS '마리온 이야기'의 주제의식과 표현 양식을 살펴보고자 한다.

이론적 배경

혼종적 다큐멘터리

존 그리어슨John Grierson이 로버트 플래허티Robert Flaherty의 '모아나Moana'를 평하면서 처음 사용한 다큐멘터리라는 개념Grierson, 1926; 서현석, 2004, pp.400-401에서 재인용은 다양한 외양을 가진다. 일반적으로 다큐멘터리는 소재와 주제에 따라 나누어진다. 정치, 경제, 종교 등 제반 사회 현실에 대해 이성적 소구를 하는 시사 다큐멘터리, 사람들의 다양한 삶의 방식을 감성적 터치로 담아내는 인간 다큐멘터리, 자연의 신비와 환경의 소중함을 전달하는 자연 다큐멘터리 등이 대표적이다. 이외에도 역사 다큐멘터리, 과학 다큐멘터리, 문화예술 다큐멘터리 등이 주변에서 쉽게 접할 수 있는 것들이다.

다큐멘터리의 대표적인 표현형식 중의 하나인 내러티브 양식에 따른 구분도 있다. 직접적인 정보나 주장보다는 이미지를 통해 느낌이나 인상을 전달하는 시적 양식poetic mode, 자막이나 목소리를 통해 관객에게 직접적으로 소구하는 설명적 양식expository mode, 비가시적이고 참견하지 않으면서 생생한 경험을 관찰하는 관찰자적 양식observational mode, 제작자가 촬영 현장으로 들어가 자신의 경험에 대해 이야기하거나 재현해내는 참여적 양식participatory mode, 무엇을 재현 하는가 뿐만 아니라 어떻게 재현하는가, 즉 어떤 방식으로 다루어야 하는가에 관심을 갖는 성찰적 양식reflexive mode, 객관적인 사실세계를 담기보다는 감성적이고 주관적인 재현형식을 강조하는 수행적 양식performative mode 등이 있다Nichols, 2001, pp.167-219.

그러나 현실에서는 이러한 각기 다른 외양을 가진 다큐멘터리가 독자적으로 존재하는 것만은 아니다. 서로 섞여 혼종적인 다큐멘터리라는 새로운 옷을 입게 된다. 드라마와 결합하기도 하고, 종합구성에서 흔히 볼 수 있는 MC 참여가 도입되기도 한다. 다큐멘터리의 객관적인 표현의 관습을 따르기보다 메시지의 전달에 방점을 두고 표현의 틀을 과감히 해체시켜 버린다. 영상구성에서 안정적인 풀 숏full shot, 그룹 숏group shot, 원 숏one shot 중심의 객관적인 샷 뿐 만 아니라, 핸드 헬드 숏hand held shot과 과감한 클로즈 업close up 등이 혼재하며, 내레이션에서도 인칭을 넘나드는 입체적인 구성이 나타나기도 한다. 진실을 말하는 것이 다큐멘터리 본래의 목적이며 표현방식은 말 그대로 관습일 뿐 이에 갇혀 있을 필요가 없다는 것이다.

최근에 방송된 '날아라 철가방'SBS, 2010년 12월 12일 방송은 철가방 맨으로 분장한 탈렌트를 기용하여 밑바닥 인생에서 철가방 배달을 통해 인생의 성공 스토리를 엮어낸 사람들의 이야기와 한국의 배달 문화를 실감나게 보여준다. 중국집 요리사 복장과 철가방 소품을 들고 오프닝과 클로징은 물론 다큐멘터리 곳곳에 등장하여 연기자와 MC의 역할을 혼용하면서 효과적인 메시지 전달을 하고 있다. 또한 '완장촌'[7]에서는 캐스팅된 일반인을 폐가에 일정기간 머물게 하면서 완장을 차기 위한 그들의 암투와 노력 등을 보여 주면서 인간의 권력에 대해 탐구 한다. 일종의 실험적 상황극을 도입한 다큐멘터리이다. 이외에도 혼종적 다큐멘터리의 예는 다큐드라마, 에듀다큐 등으로 불리며 주변에서 흔히 찾아 볼 수 있다.

다큐멘터리에 드라마적 요소를 혼용한 것으로는 '한반도의 공룡'EBS, 2008년 11월 24일~26일 방송, '한반도의 인류'EBS, 2009년 6월 22일~24일 방송, '한반도의 메머드'EBS, 2010년 4월 26일~28일 방송 등 이른바 EBS의 한반도 시리즈를 예로 들 수 있다. 이들 다큐멘터리는 드라마 극에서 전형적으로 나타나는 주인공을 설정하고 역사적 사실에 대한 드라마적 재현을 통해 메시지를 효과적으로 전달한다.

이처럼 다큐멘터리 영역에서 엿볼 수 있는 혼종성hybridity은 원래 호미 바바Homi Bhabha, 에드워드 사이드Edward Said, 스피박G.C.Spivak 등 일군의 탈식민주의 문화이론의 등장과 함께 서구의 근대적 대서사에 제3세계의 지역성이 합쳐져서 나타난 개념이다류웅재, 2008. 피지배민의 지역적 특성이 결합하여 생산된 혼종성은 제국주의 지배문화에 대한 부인disavowal을 통해 지배과정을 전략적으로 역전시킨다는 것이다박선이 등, 2009. 혼종성의 정치적 토양을 기반으로 피에테스Pieterse, 1995는 문화적 형식으로서의 혼종화를 "형식들이 기존의 실천들과 분리되고, 새로운 실천 속에서 새로운 형식들과 결합되는 방식"으로 정의하고 있다Rowe and Schelling, 1991; 김수정 등, 2006, pp.117-118에서 재인용.

이러한 혼종성은 현대 디지털 예술 뿐 만 아니라 대중적 미디어 형식과 테크

---

7 SBS 스페셜 2010년 1월 10일 방송, "출세만세-나도 완장을 차고 싶다(일명 완장촌)"

포스트 모더니즘에서 본 영상콘텐츠

놀로지 생산과 소비에서 보편화된 전략이다 Bolter, 2006; 이재현, 2007, p.77에서 재인용. 디지털 혼종성 digital hybridity은 이미지, 텍스트, 사운드, 공간, 신체적 표현양식 등 다양한 범위의 표현양식들을 가로질러 작동하면서 이들을 통합하는 현대문화의 독특한 문화논리이다 Spielmann & Bolter, 2006; 이재현, 2007, p.77에서 재인용.

이와 같은 논의와 관련하여 박선이 등 2009은 포맷 제작 프로그램의 지역적 특성을 혼종성 개념으로 설명하기도 하는데, 이는 동아시아 대중문화의 수용을 혼종성의 문제 틀로 본 김수정 등 2006의 연구와도 맥이 닿아 있다. 또한 리얼리티 프로그램의 장르적 특성을 혼종성으로 보거나 이경숙, 2006; 김예란 등 2006, 디지털 혼종성 개념으로 '보이는 라디오'를 설명한 이재현 2007의 연구, 그리고 90년대 한국 뮤직비디오의 대표적인 내러티브 중에서 혼종성이 댄스음악에서 주로 나타난다고 분석한 이희은 2006의 연구 등에서도 혼종성에 대한 논의가 다양하게 전개되고 있음을 알 수 있다.

이 논문에서는 이러한 논의의 연장선 위에서 피에테스의 입장을 빌려와 이미 존재하는 형식들이 새로운 실천들과 만나서 새롭게 재탄생하는 것을 혼종성으로 본다. 다큐멘터리 형식과 드라마 형식이 서로 결합하여 새로운 형식을 만들고 이는 곧바로 새로운 실천으로 이어져서 혼종적 다큐멘터리로 재탄생하는 것에 주목하고자 한다.

스토리, 담화, 극적 인물

채트먼 S.Chatman, 1983에 따르면 서사물은 스토리 story와 담화 discourse로 구성되는데, 스토리는 '서사물의 무엇', 즉 내용의 국면에 해당하고, 담화는 '서사물을 어떻게', 즉 표현의 국면에 해당한다. 서사물은 '누구에게 무엇이 일어났는가'를 말하는 스토리와 '그 스토리가 어떻게 전달되는가'를 말하는 담화로 나눌 수 있다 Allen, 1987, p.72.

서사적 내용으로서의 스토리는 플롯 등으로 이루어지는 사건적 요소 events와 배경, 인물 등의 사물적 요소_{existents}로 이루어진다. 사건적 요소는 서사적 진전을 이끌어나가는 분기점에 해당하는 핵사건과 그 외의 주변사건, 우발적 사건들로 구성되며 사물적 요소는 사건적 요소들과 유기적으로 결합하는 서사의 다양한 존재물들로 구성된다_{Chatman, 1978}. '사건들'과 '존재물들'은 스토리를 엮어가는 기본요소이며 이들은 서로 분리될 수 없는 것이다_{Allen, 1987, p.73}.

존재물들 중에서 배경은 인물의 행위와 열정이 '그 안에서' 적절히 드러나는, 대상들의 장소와 집합이다_{Chatman, 1983, p.151} 배경은 인물들을 중심으로 한 대상들이 관계를 맺고 스토리를 만들어가는 그릇이다. 배경은 인물과 사건이 씨줄과 날줄로 엮여 가는 스토리의 베틀이다. 인물은 스토리 내에서 열려진 구조물로 존재한다_{Chatman, 1983, p.150}. 사물적 요소로서 인물은 수용자와 동떨어진 분리자로서 닫힌 존재가 아니라, 수용자들이 인물 속에 빨려들어 올 수 있도록 항상 열려있다. 수용자 속에 투영된 인물은 마치 수용자 자신이 스토리 속에서 살아 움직이는 것처럼 느끼도록 언제나 열려있다.

서사적 표현양식으로서의 담화는 서사적 진술들의 모임이다. 여기에서 '진술'이란 어떤 특정한 발현보다 독립적이며 추상적인 표현형식의 기본적인 구성요소, 즉 예술마다 그 형태를 달리하는 표현의 질료이다_{Chatman, 1983, p.162} 담화는 언어적 진술과 시각적 진술, 시청각적 진술의 관습적인 합으로 나타난다. 담화가 서사적 진술들의 관습적 합으로 형성된다는 말은 수용자에게 내포되어 있고 자연화_{naturalizing}되어 있는 관습이 의식되지 않은 채로 수용자의 해석적 그물망 속에 섞여 들어간다는 것을 의미한다_{Allen, 1987, p.9}.

채트먼의 이러한 서사구조 분석틀은 언론학 분야의 많은 연구에서 차용되면서 그 유용성이 입증되어왔다. 김훈순₂₀₀₄에 따르면 텔레비전은 현대사회에서 가장 중요한 서사매체이며 텔레비전에 대한 우리의 경험은 대부분 서사로 구성되어 있다. 따라서 서사학의 주요한 관심, 즉 이야기의 작용방식과 서사의 구성요소와 미학적 전략, 이야기의 유형 등과 이들의 상징적 의미에 대한 분석이 언론학에서 유효하게 적용되어 왔다.

텔레비전 동성애 드라마가 어떤 서사전략을 구사하고주창윤,2003, 가부장적 사회에서 금기시되어 왔던 동성애가 드라마에서 어떤 방식으로 재현되는지를 살펴본 연구홍지아, 2008 등에서 서사구조 분석틀은 효과적으로 사용되었다. 또한 특정한 이슈가 시사다큐멘터리와 환경다큐멘터리라는 서로 다른 장르에서 구성되어질 때 나타나는 이슈 구성방식의 차이와 내용적·형식적 차이를 밝힌다거나최현주, 2006, 지역방송국이 생산하는 방송 다큐멘터리의 정체성에 관한 문제를 풀어내기 위해강승묵, 2007 서사 분석틀은 유용한 연구방법으로 사용되었다. 시사다큐멘터리에 대한 서사분석을 통해 영어교육 열풍의 현상을 텔레비전 다큐멘터리가 어떻게 규정하며, 이 과정에서 어떠한 서사적 특성이 드러나는가를 분석한 연구김수정, 2008와, 서술자의 등장 유형과 발화방식을 중심으로 한국과 미국의 시사 다큐멘터리 담화을 분석한 연구심훈, 2009 등도 채트먼의 서사구조 분석틀을 적용한 좋은 예가 된다.

채트먼의 분석틀을 전면적으로 사용하지는 않았지만 서사구조 이론의 유용성을 차용한 연구도 있다. 이종수2010는 아마존 다큐멘터리와 관련된 한국과 영국의 대중서사전략의 차이를 살펴보기 위해 양적 분석과 질적 분석을 함께 실시했다. 질적 분석방법으로 채트먼의 서사 분석틀과 함께 내러티브 양식과 시각적 스타일에 관한 니콜스Nichols, 2001와 디크Dijck, 2006의 논의를 중심으로 연구를 수행하여 대중서사의 국가별, 제작자별 차별성을 분석하였다. 환경 다큐멘터리가 객관성에 대한 믿음을 강화시키기고, 주장과 관점에 대한 시청자의 동의를 이끌어 내기 위해 어떠한 수사적 구조를 취하고 있는가를 분석한 최현주2005의 연구도 채트먼의 서사구조 이론에 일면 기대고 있다.

이와 함께 블라디미르 프로프Vladimir Propp, 1970, p.75가 '이야기 형태론Morphology of the Folktale'에서 시도한 러시아 민담 분석은 서사구조 연구에 또 다른 혜안을 제공한다. 프로프에 따르면 이야기 속에는 많은 인물들이 등장하지만 이들은 7가지 극적 인물형dramatic personae 중에 어느 하나에 해당한다. 즉 영웅, 악당, 기증자, 명령자, 비뚤어진 영웅, 조력자, 그리고 공주와 그의 아버지 등의 극적 인물형에 대부분의 등장인물들은 포섭되며, 이 인물들의 행위도 이야기 전개에서 유사한 기능을 수행한다고 지적한다.

따라서 인물들이 어떤 방식으로 또는 누구로 채워지던지 간에 인물들의 기능은 극중에서 고정적이고 항상적인 요소로 역할하며 인물들은 민담의 근본적인 구성요소이다. 민담에 있어서 기능의 수는 제한되며 모든 기능의 전개방식은 항상 동일하다. 모든 민담은 구조의 측면에서 볼 때 한 가지 형태이다. 프로프는 전형적인 기능의 예로 '악한이 희생자의 소유물을 빼앗기 위해 희생자를 속이려한다'거나 '주인공은 시험을 당하고, 어려운 문제를 풀도록 요구되며 공격을 당하며 마법적인 대리자나 조력자를 얻을 방법을 찾게 된다' 등의 이야기 구조를 제시한다Propp, 1970 pp.75~76.

프로프의 연구를 텔레비전에 적용한 코즐로프Kozloff; Allen, 1987, pp.78~79에서 재인용는 미국 텔레비전이 러시아 민담과 매우 흡사한데, 그것은 일정한 주제와 상황 그리고 표준화된 인물들은 거의 보편적인 심리적, 신화적, 사회적 호소력을 가지며, 이 때문에 대중적인 문화양식 속에 반복해서 나타난다는 것이다. 또한 이야기들은 이야기꾼과 청중 모두가 습득하고 있는 일련의 불문율에 의해 지배된다. 즉 이야기가 이해되기 위해서는 사람들이 공유하고 있는 일정한 규칙들에 따라 배열되어야 한다고 지적한다.

프로프와 코즐로프에서 얻을 수 있는 통찰력은 서사물 속에는 정형화된 인물들이 존재하며 이들의 행위가 일정한 규칙에 의해 이루어진다는 것이다. 또한 서사물의 전개방식도 세팅된 인물들이 벌이는 규칙적인 사건들로 펼쳐지고 있음을 알 수 있다. 이는 청중들이나 관객들의 서사물에 대한 몰입도를 높여 이야기 속에 흡수되도록 하기 위한 일종의 전략인 셈이다.

포스트 모더니즘에서 본 영상콘텐츠

◆ 연구 설계

◆ 분석대상

이 연구에서는 EBS 다큐 프라임에서 방송된 '마리온 이야기'를 분석대상으로 삼았다. '마리온 이야기'는 1918년 지구상에서 완전히 사라져 버린 멸종동물, 세이셸 코끼리 거북의 일생에 대한 이야기이다. 헤어진 가족을 만나기 위해 120년 동안 33번이나 탈출을 시도하면서 일어나는 에피소드를 다큐멘터리와 드라마 형식으로 보여주고 있다. 실화를 바탕으로 한 '마리온 이야기'는 2008년 9월 16일 첫 방송된 이후 2010년 7월 12일 까지 수차례 재방송되면서 시청자와 교감해왔다.

이는 각종 웹이나 블로그, 카페, 그리고 시청자 게시판을 통해 나타난 시청자의 높은 호응도에 대한 반응이기도 하다. 일례로 "펑펑 울었어요. … 인간이 얼마나 잔인한가 싶어서 또 슬프더군요."아이디: freeyourmind, "정말 강렬한 감동이 있었습니다. 저 개인적으로는 MBC의 '아마존의 눈물'보다 짧으면서도 임팩트는 훨씬 컸던 것 같습니다."아이디: 열린마음, "정말 한줄기 빛과 같은 감동적인 프로그램이었습니다."아이디: 바람처럼, "너무너무 슬픈 이야기… 완전 걸작이에요. … 인간이기에 참으로 동물들한테 미안한 마음이 드는 다큐입니다."아이디: meditation05 등과 같이 진한 감동을 쏟아내고 있다. 이러한 결과는 EBS 올해의 프로그램 대상2008년 수상으로 이어졌고, 2009년에는 일본 니혼 TV에 수출되는 성과도 올렸다.

본 연구에서 '마리온 이야기'를 분석대상으로 삼은 이유는 이러한 성과에만 기대고 있지 않다. '마리온 이야기'는 앞서 언급한 것처럼 혼종적 형태를 보이는 많은 다큐멘터리 중에서 드라마적 요소가 뚜렷하게 나타나고 있으며, 다큐멘터리 형식과 드라마 형식의 절묘한 조화가 돋보이기 때문이다. 또한 이러한 형식의 조화가 특정한 주제의식을 감동적으로 빚어내고 있다는 점에서 혼종적 다큐멘터리에 대한 사례연구로서 적절한 것으로 판단하였다. 즉 다큐멘터리 영역에서 기존 형식들의 조우에 의해 탄생한 또 다른 형식들이 새로운 실천을 만들어

내는 과정을 분석하는 작업은 혼종적 다큐멘터리에 대한 유의미한 사례연구가 될 수 있을 것이라는 기대에서 '마리온 이야기'를 분석대상으로 삼았다.

● 분석방법 및 연구문제

이 논문은 채트먼의 서사구조 분석틀을 이용하여 스토리 영역과 담화 영역으로 나누어 분석될 것이다. 스토리 영역에서 통합체적 차원의 분석으로 사건 중심의 시퀀스 분석을 통해 전반적인 서사구조를 먼저 살펴본다. 그 다음에 통합체 분석을 통해 나타난 시퀀스 전반에 흩어져 있는 인물, 배경 등에 대한 계역체적 분석을 시도할 것이다. 이는 사건 및 사물적 요소들이 어떤 주제의식과 맞닿아 있는지 살펴보려는 것이다. 텔레비전의 이야기들은 보통 시청자들의 흥미를 통합체적인 축syntagmatic axis으로부터 계열체적인 축paradigmatic axis으로, 다시 말해서 사건들의 흐름에서부터 존재물들, 즉 배경과 인물 등의 등장과 변화로 옮겨 놓기Allen, 1987, p.82 때문에 이 방법은 유용하다.

담화영역에서는 발화자의 진술을 중심으로 언어적 표현형식을 분석하고, 카메라 워킹, 편집, 음악 등에 나타난 영상표현기법을 살펴본다. 또한 연출자와 접촉하여 완성대본을 입수하여 영상물과 함께 분석 자료로 삼았다. 이러한 분석 방법을 통해 다음과 같은 연구문제를 해결하려 한다.

🔍 연구문제 1 '마리온 이야기'의 주제의식은 무엇인가?

이 문제는 전체 스토리 구조와 사건적·사물적 요소가 주제의식과 어떻게 맞닿아 있는지를 분석하려는 것이다.

🔍 연구문제 2 '마리온 이야기'의 담화적 특성은 무엇인가?

이 문제는 언어적 표현형식과 영상적 표현 기법이 구체적으로 어떻게 나타나는지에 대해 살펴보려는 것이다.

◈ 분석결과

◈ 서사구조

'마리온 이야기'의 전반적인 서사구조는 다큐멘터리 서사와 드라마 서사의 혼종으로 나타난다. 다큐멘터리 서사는 대체적으로 객관적 정보를 관찰자적 입장에서 건조하게 전달하는 관습을 가지고 있으며 드라마 서사는 정형화된 등장인물과 메시지의 감성적 포장을 통해 정서적 접근을 강구한다. '마리온 이야기'가 혼종적 형태의 서사구조를 보이고 있지만 거칠게 나누어 본다면 다큐멘터리 서사는 프롤로그와 에필로그에서 주로 나타나며 이를 제외한 나머지 서사에서는 드라마 서사가 지배하고 있다.

특정 서사물의 서사구조 분석은 통합체분석을 통해 이루어진다. 통합체 분석은 스토리에 흩어져 있는 사건과 사물들의 흐름을 읽어내려 가면서 서사물의 전체적인 구조가 어떻게 구축되어 있는지를 살펴보는 것이다. 일반적으로 시퀀스 분석을 통해 밝히는 것이 통상적이다_{김수정, 2008; 최현주, 2005, 2006 참조}. 시퀀스 분석은 〈표 1〉과 같다.

S1은 전형적인 다큐멘터리 서사로서 서사물의 도입부인 프롤로그에 해당한다. 인도양의 섬들을 항공 촬영하여 다큐멘터리의 주요 배경을 객관적인 언술과 관찰자적 영상서사로 소개한다. 이와 함께 코끼리 거북의 전설에 관한 이야기임을 은근히 내비침으로써 다큐멘터리의 내용이 어떻게 전개될 것인지에 대한 강한 호기심을 자극한다.

S2에서는 주인공 마리온이 등장하고 수컷과의 만남과 사랑을 주제로 본격적인 드라마 서사를 펼친다. 100년에 한번 짝짓기 한다는 코끼리 거북에 대한 객관적 사실 제시를 통해 그들의 만남을 운명적인 것으로 묘사한다. '운명적 만남 - 수컷의 구애 - 마리온의 승낙 - 짝짓기 - 행복'의 서사구조를 형성하며 드라마 서사에서 전형적으로 나타나는 멜로라인을 충실히 따르고 있다.

표 1_ 마리온 이야기 시퀀스 분석

시퀀스 (sequence)	스토리(story)	서사형식	러닝타임 (running time)
S1	프롤로그: 세이셸 코끼리 거북에 대한 이야기	다큐멘터리	0000-0159
S2	수컷과의 만남, 그리고 사랑	드라마	0200-0749
S3	아기거북의 탄생, 엄마가 된 마리온, 그리고 행복	드라마	0750~0952
S4	인간들의 거북 사냥, 마리온 생포, 가족과의 이별	드라마, 다큐멘터리	0953~1504
S5	인간세상에 팔려온 마리온, 안나와의 만남 그러나 높은 벽, 1차 탈출시도와 생포	드라마	1505~2516
S6	150살 코끼리 거북 마리온과 8살 안나의 교감, 안나의 도움 으로 2차 탈출	드라마	2517~3109
S7	길고 험난한 탈출로, 바다 건너 고향섬앞에서의 좌절	드라마	3110~3557
S8	마리온의 흔적 추적, 세이셸 공화국의 멸종동물에 대한 기억	다큐멘터리	3558~4139
S9	에필로그: 거북들이 숲의 주인이었던 때는 끝났다.	다큐멘터리	4140~4359

참고) S는 Sequence의 약자이다.

S3에서는 아기거북의 탄생과 함께 찾아온 마리온 가족의 행복을 담고 있다. 새로운 생명 출산의 고통과 신비, 아기 거북의 성장, 바닷가 산책 등의 서사를 통해 가족애의 절정을 보여준다. 마지막 씬에서 마리온 가족의 바닷가 산책을 황혼 무렵으로 설정함으로써 앞으로 닥쳐올 불행을 예고하기도 한다. 이는 '연속된 갈등구조'를 통해 극적 긴장감을 높이려는 드라마적 서사구조의 전형'이다.

S4는 인간들의 세이셸 섬 상륙, 거북 사냥, 숨어 있던 아기 거북을 찾다가 생포되는 마리온, 가족과의 이별, 멀어져 가는 고향 섬 세이셸 등의 서사로 구성된다. S4에서는 인간들의 급박한 직접화법과 부산스러운 움직임을 통해 동물에 대한 인간의 탐욕을 드러낸다. 모닥불 앞 거북 만찬 영상서사와 함께 냉장고가 없던 시절 식용으로 사용되었던 코끼리 거북에 대한 객관적 언술은 다큐멘터리 서사형식이 혼재하고 있음을 보여준다.

S5에서는 낯선 곳에 팔려온 마리온이 우리에 갇혀 격리되고 새로운 인간 안나를 만나게 된다. 아직 애완동물로만 존재하면서 안나와의 교감에는 실패하고

1차 탈출을 시도한다. 힘든 탈출길, 숲 속에서 공포와 만나고 가족과 고향에 대한 그리움을 증폭된다. 그 순간 인간들에 의해 또다시 포획된다. S5에서는 반자연주의적 태도를 지닌 인간에 대한 묘사가 두드러지게 나타난다. 우리에 격리된 마리온은 거꾸로 자연에서 격리된 인간의 모습을 표상한다. 우리 밖의 인간은 우리를 둘러치는 순간 스스로를 결박하여 자연에서 유리되는 것이다. 또한 자연으로 돌아가려는 마리온의 탈출을 가로 막는 인간은 자연의 일부가 아닌 자연의 정복자로 비춰진다.

S6은 마리온의 우리 재 감금, 150살 바다거북과 8살 안나의 교감, 안나의 도움으로 2차 탈출시도 등의 서사구조로 구성된다. S6에서는 동물학자를 등장시켜 마리온이 마지막으로 생존한 세이셸 바다거북이라는 사실을 드라마적 대사와 다큐멘터리적 정보 제시를 통해 묘사하기도 있다. S6에서 주목할 만한 대목은 가족애의 복원과 자연으로의 회귀 가능성이 잘 드러나고 있다는 점이다. S5에서 안나에게 바다거북을 선물한 아빠의 마음은 S6에서 마리온의 고향에 대한 부녀간의 따뜻한 대화로 이어지고 있는데, 이는 마리온의 가족에 대한 그리움만큼이나 애틋한 가족 사랑을 대변한다. 또한 안나와 마리온의 산책과 바닷가에서 세이셸 섬 응시, 탈출시도 등에서 나타나는 인간과 동물의 교감은 자연의 일부분으로서의 인간성 회복을 시사한다.

S7은 드라마 서사의 종결 부분에 해당한다. 2차 탈출시도와 바닷가 앞에서의 좌절, 그리고 고향과 가족에 대한 판타지 등의 서사로 구성된다. 특히 드라마 서사물에서 흔히 볼 수 있는 판타지 양식이 나타나는데, 마리온이 바닷가 저편에서 흘러나오는 고향의 냄새, 햇살, 바람 등을 체감하고, 가족과 놀던 유쾌한 소리, 특히 아기 거북의 콩콩 심장소리까지 들을 수 있는 마리온의 판타지는 고향과 가족에 대한 절절한 그리움을 시청자가 오감으로 쫓아 갈 수 있게 한다. 이는 약 5분 정도의 러닝타임 동안 다른 등장인물들은 제거하고 마리온만 단독 출연시켜서 시청자의 감정이입을 증폭시킴으로써 마리온과 일체감을 느끼게

하려는 서사 전략과도 맞닿아 있다.

S8은 다큐멘터리 서사로 구성된 것으로 세이셸 공화국 스케치, 멸종 동물에 대한 정보제시, 종에 의한 종의 멸종을 일삼은 인간역사 등으로 이루어진다. S8에서는 수많은 동물들을 멸종시킨 인간의 잔인성을 보여주기 위해 다양한 다큐멘터리 서사가 나타난다. 언술적 형태로서 인터뷰와 직접화법을 통해 인간의 반자연주의 행태를 고발하고, 영상적 형태로서 삽화와 흑백사진, C/G_{Computer} _{graphic} 등을 다양한 기법으로 버무려 인간의 잔혹성을 여과없이 보여준다.

S9은 에필로그로서 전설로 사라진 마리온을 기억하는 서사로 이루어진다. 평화롭게 숲을 거닐며 자유롭게 풀을 뜯는 마리온의 모습과 거북을 잡아먹는 인간의 모습을 교차 편집하여 '마리온 이야기'의 메시지를 요약 전달한다. 바다 건너 저편을 바라보다 카메라를 정면으로 바라보는 1숏은 코끼리 거북의 최후에 흠뻑 젖어 들게 하며 가족애와 자연회귀에 대한 진한 여운을 남긴다.

'마리온 이야기' 전체에 흐르는 드라마 서사에서 눈여겨 볼 대목은 프로프 _{Propp, 1970}의 지적처럼 정형화된 인물_{주인공}이 일정한 시련을 당하고 조력자의 도움을 받아 이를 극복하거나 새로운 상황으로 종결된다는 '이야기 구조'를 충실히 따르고 있다는 점이다. 즉 주인공 마리온이 가족과 이별하는 시련을 당하고, 조력자 안나를 만나 탈출에 성공하지만, 고향에 돌아가지 못하고 바위 위에서 죽어간다는 비극적 종결구조를 그대로 보여준다. 또한 프로프가 제시한 극적 인물형_{dramatic personae} 중에서 영웅-마리온, 악당-인간들, 조력자-안나 등으로 치환되어 '마리온 이야기'의 드라마적 서사구조를 확대 재생산하고 있다.

🔹 전통적 가족애의 복원과 반자연주의에 대한 경종

앞서 살펴본 것처럼 '마리온 이야기'에 대한 통합체적 분석을 통해 전반적인 서사구조의 얼개가 드러났다. 서사구조의 얼개, 즉 스토리의 뼈대는 채트먼의 지적처럼 사건적 요소와 사물적 요소의 기능적 조합으로 형성된다. 이는 정형화된 인물들이 펼치는 규칙적인 사건들의 전개를 통해 유사한 이야기들이 탄생한다는 프로프와 코즐노프의 지적과도 일맥상통한다. 여기에서는 계열체 분석을 통해 사건과 인물, 배경이 서로 어떻게 조합, 배치, 충돌하면서 '마리온 이야기'의 주제를 빚어내는지 살펴본다.

'마리온 이야기'에 대한 계열체 분석을 통해 드러난 인물과 사건, 배경을 간략히 그림으로 나타내면 〈그림 1〉과 같다.

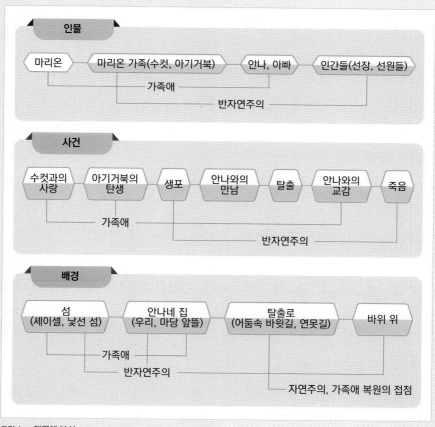

그림 1_ 계열체 분석

'마리온 이야기'에서 등장하는 주요 인물은 마리온과 그녀의 가족, 조력자 안나와 아빠, 그리고 마리온과 대척점에 있는 인간들 등이다. 마리온과 수컷, 아기 거북으로 구성되는 마리온 가족의 설정은 전통적인 가족애의 중요성을 부각시키기 위한 것인데, '수컷과의 사랑-아기거북의 탄생-행복'의 서사전개를 통해 사랑 공동체의 최소 단위로서 가족의 전형을 보여준다. 특히 서사 초반부에 마리온 가족의 행복한 나날을 배치하여 가족애의 소중함을 증폭시키고, 이후 전개될 파국을 예고하는 일종의 포석을 깔아두고 있다.

수컷을 만나기 위해 100년을 기다려왔고, 수컷이 뭘 해도 멋있어 보여서 숲에서 마리온보다 행복한 거북은 없다고 사랑의 기쁨을 말한다s2. 엄마가 된 마리온은 아기거북과 한 몸처럼 붙어 다니며 세상 모든 엄마들처럼 행복이 영원할 것이라 믿는다s3. 여기에서 수컷과 아기거북은 마리온의 평생의 지향점이 되어 120년 동안 33번의 탈출을 시도하게 된 절절한 사연의 이유가 된다. 이는 곧 '행복한 울타리', '사랑의 보금자리'라는 전통적 가족애의 복원과 이어지며 서사의 전반을 지배한다.

이와 함께 안나의 등장은 가족애의 복원이라는 전통적 가치관을 더욱 확대한다. 마리온을 새로운 가족이라 생각하고 먹이를 주고s5 함께 산책하며 급기야 탈출을 도와주는 안나s6를 통해 150살 바다거북과 8살 안나의 물리적 나이를 넘어선 가족적 교감을 이루어낸다. 마리온을 안나에게 선물하는 아빠s5의 등장도 우리에 갇힌 마리온의 처지와 아이러니컬하게 충돌하지만 딸에 대한 아빠의 부성을 보여준다는 점에서 가족애의 복원이라는 주제와 맞닿아 있다. 안나와 마리온의 고향 세이셸 섬에 대한 이야기를 나누면서s6 마리온에 대한 아빠의 측은지심을 보여주기 때문이다.

한편 선장과 선원들로 구성된 인간의 등장을 통해 전통적인 가족애의 붕괴와 반자연주의에 대한 경고의 메시지를 전달한다. 긴 항해 동안의 식량 문제를 해결하기 위해 거북을 잡아들이는 인간들은 마리온을 가족과 고향으로부터 단절시킨다. 특히 한 명의 인간이 하루에 120마리의 코끼리 거북을 죽였고s5, 지구 상에 존재했던 희귀한 동물들이 인간들에 의해 멸종되었다는 언술s8은 자연의 한 부분으로서의 인간이 아니라, 탈자연적인 존재로서 자연을 정복할 수 있다는 인간의 오만함을 드러내기 위한 전략으로 보인다. 자연의 한 자락에 불과한 인간이 자연을 파괴하고 자연을 인간의 발아래 두려는 반자연주의적 태도에 대해 경고의 메시지를 던지고 있는 것이다.

우리에 갇힌 마리온도 자연과 단절된 교만한 인간의 모습을 형상화한다. 우리 속에 마리온을 유폐시키는 행위는 곧바로 인간 스스로 우리 밖에서 자신을 결박하는 것과 같다. 인간이 마리온을 우리에 가두어 구경거리로 삼는 행위는 동시에 인간이 자연이기를 거부하는 것이고, 오히려 마리온이 자연과 유리된 인간의 참상을 구경하는 것과 같다. 다시 말해 자연을 우리라는 폐쇄된 공간에 가두어 놓는 것은 인간이 자연으로부터 단절되는 것을 의미한다. 우리에 갇힌 마리온이 가엾게 보이는 것만큼 우리 밖에 있는 인간도 불쌍해 보인다.

인물 속에서 스며 나오는 이러한 주제의식은 사건을 통해 중첩되어 나타난다. 수컷과의 사랑과 아기 거북의 탄생 등의 사건으로 짜여 지는 마리온의 행복한 일상사와 먹이주기, 산책 등을 통한 안나와의 교감 플롯은 전통적인 가족애와 긴밀하게 조우한다. 그리고 인간들의 바다거북 포획과 마리온의 탈출-생포의 사건 구조는 자연 대 인간의 대결 구도로 치환되어 인간의 반자주의적 태도에 대한 경종의 메시지를 담고 있다. 바닷가 바위 위에서 가족과 고향의 냄새와 소리를 판타지적 감각으로 더듬으며 죽어가는 마리온은 전통적인 가족애와 자연주의의 복원에 대한 염원을 상징적으로 대변한다.

인물이 엮어가는 사건들은 배경이라는 텃밭에서 자란다. 인물과 사건이 버무려져 만들어낸 주제의식은 배경과 결합하면서 더 한층 세련된 형태로 빚어진다. '마리온 이야기'의 배경은 크게 섬, 안나네 집, 탈출로, 바닷가 바위 위 등으로 대별할 수 있다. 세이셸 섬과 마리온이 잡혀온 이름 모를 섬은 자연이라는 육지로부터 단절되어 버린 인간이라는 섬을 상징화한다. 즉 자연으로부터 유리되어 소외된 인간의 처지를 보여준다. 안나네 집 마당에 설치된 우리도 자연을 인간의 손안에 담을 수 있다는 반자연주의적 태도의 상징으로 해석된다. 이와 달리 산책과 대화가 일어나는 안나네 집 앞 뜰은 마리온과의 교감의 장소로서 가족애와 자연주의의 복원 가능성을 위한 열린 공간이다.

탈출로인 어둠 속 바윗길과 연못 길은 자연주의와 가족애의 복원으로 향하는 길이면서 동시에 복원의 의지가 꺾이는 경계에 위치한다. 이 길은 가족애와 자연주의를 회복하기 위해 공중 줄타기를 하고 있는 아슬아슬한 인간의 모습을 형상화하고 있다. 바닷가 바위 위는 마리온의 죽음으로 상징되는 반자연주의의 공간임과 동시에 전통적인 가족애의 복원과 자연으로의 복귀가 이루어질 수 있다는 희망의 공간으로 설정된다. 바위 위는 자연과의 분리를 의미하기도 하지만, 지금은 섬으로 단절되어 있지만 언젠가 가족을 만나고 고향에 돌아갈 수 있다는 판타지가 현실로 될 수 있다는 꿈의 공간으로 해석 된다.

개인적인 초상을 강조하는 다큐멘터리들은 개인적인 관점에서 사회적 쟁점을 다루면서 개인이 그 쟁점을 명확히 규정하지는 못하더라도, 그것을 주장하거나 자신의 삶 속에서 암묵적으로 보여준다Nicols, 2001, pp.256-257. '마리온 이야기'도 바다 거북 마리온의 일생을 통해 가족애의 소중함과 인간의 반자연주의에 대한 경고를 암묵적으로 그리고 강렬하게 표출한다. 이러한 가족애와 자연주의 복원의 서사는 다큐멘터리 전체를 통해 서로 투영되고 삼투되어 씨줄과 날줄로 얽히면서 서사전체의 주제로 빚어진다.

■ 몰입형 언술과 혼종적 표현

시점, 인칭을 넘나드는 입체적, 몰입형 언술

'마리온 이야기'는 서사 구조적으로 드라마 언술과 다큐멘터리 언술의 혼종으로 구성된다. 이러한 큰 얼개를 받쳐주는 표현적 서술 구조는 시적이며 주관적인 화법을 사용하는 1인칭 서술과 객관적이며 절제된 화법을 사용하는 3인칭 서술의 혼종적 표현으로 나타난다. '마리온 이야기'의 전반적인 언술형태는 관찰자적 입장에서 마리온의 삶을 객관적으로 묘사하는 3인칭 서술이지만, 특정한 상황에서 마리온의 감정을 증폭시켜 전달할 때에는 1인칭 서술로 표현된다. 예를 들어서 S2에서 마리온이 수컷을 만나 사랑을 키워가는 상황은 대체로 3인칭 시점으로 서술하고 마리온의 감정이 분출되는 마디에서는 1인칭 언술로 처리하고 있다.

> "수컷은 100년에 한번 뿐인 짝짓기를 위해 이 숲을 찾았습니다. 무얼 본 걸까? 마음이 급해 보이죠? 와-누가 거북을 느리다고 했나요? 다 그럴만한 이유가 있었네요. 운명의 상대 마리온을 만났으니까요. 마리온은 망설였습니다. 처음이었으니까요. … 수컷은 뭘해도 멋졌습니다. 그래서 잠시도 떨어져 있기 싫었어요. '내 눈에만 그렇게 보이는 건가요' … 그 모습이 얼마나 자랑스럽고 든든한지 … 이 숲에서 나보다 행복한 거북이 있을까요?"

위의 언술에서와 같이 마리온의 눈에 사랑의 기운이 번지고 숲 속에서 가장 행복한 거북으로 사랑의 기쁨을 노래하는 대목에서는 1인칭 언술로 표현한다. 이처럼 시점과 인칭을 넘나드는 언술은 '마리온 이야기' 곳곳에서 찾아 볼 수 있다. 일관된 시점의 파괴를 통한 열린 언술의 전략은 시청자를 마리온의 감정에 동화시키고 '마리온 이야기'에 함몰되도록 하기 위한 전략이다. 이러한 시점과 인칭의 열린 구조로 나타나는 입체적 언술은 몰입형 언술로 일컬을 수 있다. '몰입형' 언술은 객관적 서술과 독백 등과 같은 주관적 서술의 합을 통해 서사 주인공을 밀착서술 함으로써 시청자의 관습적 몰입을 유도하는 언술을 말한다. S4에서 인간들의 사냥이 자행될 때 아기거북과 마리온의 이별 장면은 몰입형 언술의 또 다른 예가 된다.

" … '아가야, 꼭꼭 숨어서 기다리렴. 다시 돌아 올 거야. 아가야 울지마!' 마리온은 목이 터져라 외쳤습니다. 잡혀 나온 거북들은 하나 둘 배에 실렸습니다. 밧줄에 꽁꽁 묶인 마리온은 옴짝달싹도 할 수 없었죠. 마리온은 이제 어디로 가는 걸까요? '나를 놔주세요! 보내주세요. 제발-' 아무리 소리쳐도 소용이 없었습니다. '나는 엄마예요! 내 아기 곁에 있어야 해요.' 하지만 누구도 마리온의 절규에 귀 기울이지 않았어요. 저만치 멀어지는 고향땅 세이셸, 마지막으로 본 고향의 모습은 그래도 아름다웠습니다."

인간들에게 생포되어 끌려가면서 바위 뒤에 숨은 아기거북과 생이별을 해야 하는 마리온의 절박한 심정을 전달하기 위해 1인칭 언술을 사용함으로써 마리온에 대한 시청자의 감정이입 전략을 구사하고 있다. 생이별에 대한 객관적인 상황을 설명하기 위해 3인칭 언술을 사용하고, 시청자의 한층 깊은 몰입을 유도하기 위해 마리온의 직접 화법을 통한 1인칭 언술을 혼용하고 있다. 독백과 방백을 통해 모성애를 자극하여 시청자로 하여금 관습적으로 몰입하게 하는 전략은 성공한 듯 보인다.

다큐멘터리와 드라마의 혼종적 표현형식

'마리온 이야기'는 다큐멘터리의 제작관습을 유지하면서 드라마와 영화의 표현형식이 함께 공존하는 혼종적 표현형식을 보이고 있다. 먼저 영상구성에서 다큐멘터리의 객관적 숏의 전통을 존중하면서 동시에 1인칭 서술이 발화될 때 주인공 마리온의 클로즈 업close up이나 달리dolly, 줌인zoom in 같은 드라마적 심리묘사 숏을 과감히 사용한다.

좋은 예로 S3에서 아기 거북 출산이 임박할 때 이제 곧 엄마가 되는 마리온의 고통과 기쁨을 표현하기 위해 클로즈업-줌인의 카메라 워킹을 시도한다. 이러한 카메라 테이크는 S8에서 마리온이 세이셸 코끼리 거북의 마지막 생존자이었음을 강조하기 위해 박제된 상태의 바다거북을 1숏 클로즈 업 - 슬로우 줌인slow zoom in 을 사용한 것에서도 잘 나타난다.

이와 유사하게 S1의 프롤로그에서 마리온 타이드tight 1숏을 통해 전설이 되어 버린 마리온을 강조하고, S9에서 18초 동안 지속되는 롱long 1숏으로 고향과 가족을 그리워하며 죽어가는 마리온의 모성을 긴 여운을 남기며 깊게 표현하고 있다. 또한 S2의 수컷의 등장을 큼직한 발, 눈, 등껍질의 클로즈 업을 통해 표현함으로서 새로운 등장인물을 강조하고 앞으로 진행될 마리온 가족의 탄생을 예고한다.

클로즈 업과 1숏의 드라마적 영상구성은 S1과 S8의 인도양 섬의 부감 숏과 풍광 스케치, 새나 원숭이, 이구아나 등과 같은 숲속 동물들의 생태 스케치와 같은 다큐멘터리의 객관적 숏과 절묘하게 섞이면서 가족애와 자연주의의 복원에 대한 메시지를 효과적으로 전달하고 있다.

드라마적 영상구성의 또 다른 특징은 특정 상황이나 등장인물을 다양한 영상으로 표현하는 드라마의 영상문법을 따르고 있다는 점이다. S2에서 마리온 1숏- 마리온 클로즈 업-마리온과 수컷 2 숏 등과 같이 등장인물과 상황을 잘게 썰어 이미지 라인image line*을 유지하면서 테이킹하는 기법은 전형적인 드라마 영상구성 방식이다. 또한 마리온과 수컷의 사랑을 표현하기 위해 마리온과 수컷 2숏 - 마리온 1숏 - 수컷 1숏 - 마리온과 수컷 타이트tight 2숏으로 처리하고 있다.

전형적인 드라마 표현형식으로서 피사체가 화면 안으로 들어오는 프레임 인frame in이나 프레임 아웃frame out 기법도 나타난다. S4에서 마리온이 발각되어 생포될 때 선장의 발이 프레임 인 되고, S5에서 마리온이 팔릴 때 돈을 건네는 안나 아빠의 손이 프레임 아웃되는 것이 좋은 예이다. 또한 S7에서 바닷가 절벽위

---

* 등장인물의 시선의 일치를 말한다. 두 등장인물이 대화를 나눌 때 인물1이 왼쪽을 본다면 인물2는 오른쪽을 보도록 촬영되어야 하는 일종의 영상촬영 규칙이다.

의 마리온이 고향의 햇살과 바람, 풀냄새를 맡고 수컷 거북의 사랑노래와 아기 거북의 심장 뛰는 소리를 듣게 되는 판타지fantasy기법도 다큐멘터리에서 볼 수 없는 드라마적 표현형식이다. 이외에도 마리온을 걸고 아기 거북을 촬영한 오버 숄더over shoulder 숏이나 포커스 인 아웃foucus in-out기법, 옛 고향을 추억하고 생포 당시의 상황을 시간을 거슬러 올라 표현하는 프레쉬 백fresh back기법도 전형적인 드라마 표현형식에 해당한다.

이러한 드라마적 영상구성은 S1과 S8의 섬 스케치, 삽화, 흑백 자료화면 등으로 구성되는 다큐멘터리 영상구성과 뚜렷하게 대비되면서 가족애 복원과 자연으로의 복귀라는 메시지를 인상 깊게 전달한다.

영상구성에서 뿐 만 아니라 각종 효과음과 조명처리 등에서도 드라마적 표현을 사용한다. S4에서 마리온이 포획되는 극적 순간을 표현하기 위해 총소리를 삽입한다든지, S5에서 공포감을 조성하는 효과음을 사용하여 밤 숲속 탈출로의 위험을 알리고, 인간들의 밤 수색 장면에서 긴장감을 조성하기 위해 주위를 어둡게 처리하고 불빛을 클로즈 업 한 것 등이 좋은 예가 된다.

드라마적 효과음과 조명처리는 현장 음 중심의 다큐멘터리 오디오 및 인터뷰 등과 조화롭게 섞이면서 드라마와 다큐멘터리, 양자의 장점을 도드라지게 한다. 숲속의 동물소리나 바닷가 파도소리 등과 같은 현장 음과 바다거북 전문가나 세이셸 현지인의 인터뷰, 객관적인 나레이션, 그리고 박제거북에 대한 스팟spot 처리 등의 다큐멘터리 기법이 드라마적 표현형식과 혼종적으로 나타나면서 드라마와 다큐멘터리의 장점이 서로 시너지 효과를 발휘한다.

음악에서도 다큐멘터리 음악구성을 넘어서고 한다. 객관적 정서를 유지하고 정보전달을 주요 목적으로 선곡되던 다큐멘터리의 대체적인 음악 삽입 방식을 존중하면서도 드라마와 영화에서 흔히 볼 수 있는 테마음악의 설정을 차용하고 있다. 마리온 테마 음악를 반복적으로 사용하여 시청자에게 마리온의 감정을 대입시키고 마리온의 이별과 슬픔, 그리움을 증폭시킨다. 마리온 테마 음악

뿐 만 아니라 다큐멘터리 전체에 흐르는 감성적 음악은 서사물이 전개되는 마디 마디 마다 시청자의 정서적 개입을 유도하여 '마리온 이야기'에 대한 슬프고도 아름다운 정서적 소구를 구현해 낸다.

이는 5.1채널의 살아있는 사운드로 무장하여 2채널의 스테레오 사운드의 인위적 음감에서 실현할 수 없는 핍진성* 구축을 통해 강화되기도 한다. 섬과 바닷가에서 흘러나오는 다양한 현장 음과 등장인물의 발화 음, 음악과 효과음 등을 채널별로 채집하고 분산 배치하여 현장에서 듣는 것과 같은 느낌을 가지도록 유도한다. 섬 속에서 소리를 직접 듣는 것과 같은 느낌을 주는 입체적인 음감 형성은 다큐멘터리의 객관적인 정보와 드라마의 감성적인 소구를 성공적으로 실현하는데 기여한다.

결론

이 논문은 혼종적 다큐멘터리에 대한 사례연구로서 혼종적 다큐멘터리 형식을 보이고 있는 '마리온 이야기'를 분석 대상으로 삼아 스토리 구조와 언어적 표현형식, 영상적 표현기법 등을 알아보고, 그것이 주제의식과 어떻게 맞닿아 있는지에 대해 살펴보았다. 전체적인 서사구조는 객관적인 정보를 관찰자적 입장에서 건조하게 전달하는 다큐멘터리 서사와 메시지의 감성적 포장을 통해 정서적 접근을 강구하는 드라마 서사로 이루어졌다.

통합체 분석을 통해 전체 시퀀스를 살펴본 결과, 객관적 언술과 관찰자적 영상서사의 특징을 지닌 다큐멘터리 서사의 전통을 유지하고 있었다. 이와 함께 연속적인 갈등구조에 놓인 정형화된 등장인물들이 극적 긴장감을 지속시키는

* 핍진성(verisimilitude)은 서사물에서 느껴지는 사실성과 신빙성을 말하는데, 리얼리즘과 동의어로 쓰이기도 한다(오탁번, 1999).

드라마적 서사가 '마리온 이야기' 전반을 지배하고 있었다.

또한 계열체 분석을 통해 전체 서사구조 얼개 안에서 인물과 사건, 배경 등이 기능적으로 배치, 조합, 충돌 하면서 일정한 주제의식을 빚어내고 있음을 밝혔다. 마리온과 안나, 선장 및 선원들이 다양한 사건들과 긴밀히 조우하면서 전통적인 가족애의 복원과 반 자연주의에 대한 경고의 메시지를 전달하였다. 이러한 인물과 사건은 배경이라는 텃밭에서 버무려지면서 자연주의로의 회귀와 가족의 복원이라는 주제를 더 크게 자라나게 했다.

혼종적 표현형식도 텃밭의 거름이 되어 주제의식이 도드라지는데 한 몫 했다. 다큐멘터리의 객관적 숏과 드라마적 심리묘사 숏의 활용과 일관된 시점의 파괴를 통한 열린 언술의 전략인 몰입형 언술, 반복적인 테마 음악의 사용 등이 좋은 거름이 되어 시청자로 하여금 마리온의 가슴 얼얼한 사연에 오감을 동원하여 젖어들게 만들었다.

이 연구를 통해 다큐멘터리 지형에서 일어나고 있는 혼종화 경향에 대해 어느 정도 인지할 수 있었다. 즉 다큐멘터리의 정형화된 표현방식의 해체가 진행되고 있음을 엿 볼 수 있었다. 드라마의 극적 장치들과 종합구성의 MC 기용방식 등이 작금의 다큐멘터리 영역에 자연스럽게 흘러 들어와 있다. 수용자들은 대체적으로 객관적이고 건조하게 진행되던 기존 다큐멘터리 형식과는 사뭇 다른 색다른 맛이 나는 다큐멘터리를 즐길 수 있게 되었다. 일반적으로 메시지와 정보로만 넘쳐나는 다큐멘터리를 이성과 논리적 사고를 동원하여 머리를 힘들게 굴리며 시청하는 대신에 재미와 흥미를 첨가한 맛깔스러운 다큐멘터리를 쉽게 감상할 수 있게 되었다.

다큐멘터리 지형에서의 이러한 '열려진' 표현형식은 아이템의 선정과 원고구성, 카메라 워킹, 편집 등에서 일정한 '관여'가 발생하고 있다는 사실을 인정한 것에서부터 비롯되었다. 일련의 다큐멘터리 생산과정 속에는 작게는 연출자의 세계관이 개입되고, 크게는 방송사 조직, 한국 방송문화 등의 거대담론이 삼투

포스트 모더니즘에서 본 영상콘텐츠

되어 있기 때문에 표현방식에는 한계가 있을 수 밖에 없다. 진실에 대한 객관적 표현은 대상의 선택과 가공을 거치며 현실에서는 불가능하다는 것이다.

따라서 고정되어 있는 다큐멘터리의 전통적인 표현형식을 개방하여 주제의식을 효과적으로 전달할 수 있는 다양한 표현방식을 차용하게 된 것이다. 이러한 현상은 다큐멘터리 영역에서 뿐 만 아니라 드라마와 종합구성 등 한국방송 전반에서 흔히 볼 수 있다. 이 논문은 다큐멘터리 지형에서 탈장르의 옷을 입은 표현형식의 진화를 짚어낼 수 있었다는 점에서 의의가 있다.

한 가지 더 주목할 점은 이 연구를 통해 '자연주의의 회귀'라는 주제가 다큐멘터리 영역에서 일반화되고 있음을 엿볼 수 있다는 것이다. 대부분의 자연 다큐멘터리와 환경 다큐멘터리의 주제가 '환경 보존, 자연 보호'의 메시지를 담고 있는데, '마리온 이야기'도 이러한 주제를 강력하게 시사하고 있다.

마리온의 120년에 걸친 탈출기는 인간에 의한 하나의 종이 멸종된 역사적 사실과 결합하면서 자연을 유린하는 인간의 모습을 보여준다. 피폐화된 자연은 그것 자체가 인간의 모습이 된다. 이는 우리에 갇힌 마리온과 고향을 바라보는 바위 위에서 죽어가는 마리온의 모습으로 형상화된다. 마치 산에 터널을 뚫어 편리한 길을 내었지만 그 길을 따라 독한 매연을 들이 마신 인간이 병들어 가는 모습과 유사하다. 자연의 정복은 자연의 일부인 인간 자신을 파괴하는 것과 같은 처사라는 것이다. '마리온 이야기'가 시사하는 '자연으로의 회귀'라는 주제는 다시 한번 되짚어볼 대목이다.

이 논문은 한 가지 사례만을 분석 대상으로 삼음으로써 혼종적 다큐멘터리의 전체적인 변화양상을 파악하는 데에는 무리가 따른다. 다만 혼종적 형태를 뚜렷하게 보여주는 다큐멘터리에 대해 그 변화의 일면을 구체적으로 읽어내는 데 주안점을 두려고 하였다. 후속 연구에서는 좀 더 많은 사례들이 분석되어 비교연구를 통한 풍부한 논의가 이루어져야 할 것이다.

[국내문헌]

- 강승목(2007). 지역 방송 프로그램의 영상 포맷과 서사구조에 관한 연구 - 지역방송 역사 다큐멘터리의 역사성과 지역성의 재현 방식을 중심으로, 『한국방송학보』, 21-2호.
- 김수정(2008). 영어교육열풍에 대한 텔레비전 담론 - 시사다큐멘터리의 서사분석, 『한국방송학보』, 22-5호.
- 김수정, 양은경(2006). 동아시아 대중문화물의 수용과 혼종성의 이해, 『한국언론학보』, 50권 1호.
- 김예란, 박주연(2006). TV 리얼리터 프로그램의 이론과 실재 - 제작자 심층 인터뷰 분석을 중심으로, 『한국방송학보』, 20-3호.
- 류웅재(2008). 한국 문화연구의 정치경제학적 패러다임에 대한 모색 - 한류의 혼종성 논의를 중심으로, 『언론과 사회』, 겨울 16권 4호.
- 이경숙(2006). 혼종적 리얼리티 프로그램에 포섭된 '이산인'의 정체성 - <러브 인 아시아>의 텍스트 분석, 『한국방송학보』, 20-3호.
- 이종수(2010). 자연/환경 다큐멘터리의 대중 서사전략 - '아마존의 눈물(MBC)'과 '아마존'(BBC2) 비교분석, 『한국언론학보』, 54권 3호.
- 이재현(2007). 멀티미이어로서의 '보이는 라디오' - 재매개, 다중감각양식, 그리고 미디어경험, 『언론과 사회』, 가을 15권 3호.
- 이희은(2006). 과거 만들기와 미래 발견하기 - 뮤직 비디오에 나타난 노스탤지어, 『언론과 사회』, 여름 14권 2호.
- 오탁법(1999). 『서사문학의 이해』, 고려대학교 출판부.
- 심훈(2009). '쓰나미'에 대한 한·미 양국 간의 시사 다큐멘터리 담화 분석 - 서술자의 등장 유형 및 발화 방식을 중심으로, 『한국방송학보』, 23-1호.
- 서현석(2004). '진실'의 끔찍한 무게: 마이클 무어와 다큐멘터리의 유동성, 『한국언론학보』, 48권 6호.
- 최현주(2005). 텔레비전 환경다큐멘터리의 수사적 구조에 관한 연구 - KBS <환경스페셜:새만금, 바다는 흐르고 싶다>에 대한 사례분석을 중심으로, 『한국언론학보』, 49권6호.
- 최현주(2006). 다큐멘터리 장르에 따른 서사구고 비교분석 - '새만금 간척사업'에 대한 KBS의 <환경스페셜>과 <추적 60분>의 사례분석을 중심으로, 『언론과학연구』, 6권 2호.

[해외문헌]

• Allen, R.(edt)(1987), Channels of Discourse: Television and Contemporary Criticism. 김훈순 역(1994), 『텔레비전과 현대비평』, 나남.

• Bolter, J. D.(2006). The desire for transparency in an era of bridity. Leonardo, 39(2), pp.109-111. http://muse.jhu.edu/journals/leonardo/v039/39.2bolter.pdf

• Chatman, S.(1978). The rhetoric of narrative in fiction and film. 한용한·강덕화 역 (2001).『영화와 소설의 수사학』, 서울: 동국대학교 출판부.

• Chatman, S.(1983). Story and Discourse: Narrative Structure in Fiction and Film. 한 용환 역(2006). 『이야기와 담론: 영화와 소설의 서사구조』, 푸른사상.

• Dijck, J. V.(2006). Picturizing science: The science documentary as multimedia spectacle, International Journal of Cultural Studies. 9(1).

• Grierson, J.(1926). Flaherty's poetic Moana, The New York Sun.

• Nichols, B.(2001). Introduction to Documentary. 이선화 역(2005), 『다큐멘터리 입문』, 한올 아카데미.

• Pieterse, J. N.(1995). Globalization as Hybridization. In M. Featherstone, S. Lash, and R. Robertson(eds.). Global Modernities. London: Sage.Propp, V.(1970). Morphology of the Folktale. 김훈순 역(1994), 『텔레비전과 현대비평』, 나남.

• Rowe, W., &Schelling, V.(1991). Memory and Modernity: popular culture in Latin America. London: verso.

• Spielmann, Y. & Bolter, J. D.(2006). Hybridity: Arts, sciences and cultural effects. Leonardo, 39(2), pp.106-107. http://www.mitpressjournals.org/doi/pdf/10.1162/leon.2006.39.3.215

• http://home.ebs.co.kr/docuprime/view/view2.jsp?command=vod&chk=L&client_id=docuprime&menu_seq=1&out_cp=&enc_seq=3005523

여행 다큐멘터리의 장소재현 연구
– '걸어서 세계 속으로'와 '세계테마기행'을 중심으로[8]

문제제기

여행을 소재로 하는 다큐멘터리가 꾸준한 사랑을 받고 있다. 타국의 멋진 풍광과 지역 주민들의 독특한 생활방식을 안방에서 감상하면서 팍팍한 일상생활에서 잠시나마 벗어날 수 있기 때문일 것이다. 관광지로 이미 널리 알려져 있는 곳에 대한 소개 뿐 만 아니라 여행지라 할 수 없는 오지마을에 대한 정보도 전달함으로서 여행 다큐멘터리의 내용이 풍성해졌다. 표현방식에서도 제작 PD가 여행자가 되어 촬영에서부터 대본 작성에 이르는 전 과정을 직접 수행하거나 해당 지역 전문가를 출연시켜 여행지에 대한 전문적인 해석과 소개를 하는 등 다양한 시도들이 이루어지고 있다.

여행 다큐멘터리가 소구하는 내용과 표현방식의 차이에 따라 시청자는 같은 지역의 다큐멘터리도 다르게 보게 된다. 관광명소를 여행자의 입장에서 주관적으로 담아내는 다큐멘터리와 명소에서 벗어나 지역 주민들의 삶을 중심으로 참여관찰자의 입장에서 소개하는 다큐멘터리는 다를 수밖에 없다. 매스 미디어를 통해 익히 알고 있는 유명관광지를 보여주기도 하며 지역 주민들의 독특한 생활 방식을 집중조명 하기도 하는 것이다. 내용의 차이는 표현방식의 차이로 이어지기도 한다. 주관적 시점에서 여행일기 형식으로 표현하는 다큐멘터리와 객관적 시점을 유지하면서 전문가가 현지인들의 삶 속으로 들어가 또 다른 여행의 맛을 전달하는 다큐멘터리도 주변에서 쉽게 찾아 볼 수 있다.

이 연구는 여행다큐멘터리의 표현방식의 차이가 장소재현에 가져오는 차이를

---

[8] 이 글은 「미디어와 공연예술연구 제8권 제1호, 2013」에 실린 글이다.

밝혀보려는 것이 목적이다. 서로 상이한 표현방식으로 인해 평균적인 관광명소로 묘사되거나 변화무쌍한 장소로 소개되기도 한다는 것이 이 글의 가정이며 출발점이다. 여기에서 장소의 문제가 중요한 이유는 장소가 단순한 물리적 형태로서 존재하는 것이 아니라 우리의 삶이 스며있는 또 다른 역사이며 다양한 삶의 방식을 읽어낼 수 있는 텍스트이기 때문이다.

그렇다면 관광명소와 실제장소는 어떤 차이가 있는가? 전자는 매스미디어의 선택과 배제를 통해 상품으로 평균화된 물리적 공간을 말한다면 후자는 현지인들의 사회적 실천을 통해 소멸과 생성을 거듭하는 장소이다. 관광명소가 볼거리로 치환되면서 자본주의의 속내를 숨기고 있다면 장소는 현지인들의 다양한 의미작용을 통해 나타나는 체험의 총체이다. 이는 추상적인 공간에 가치와 의미를 부여할 때 장소가 된다는 이-푸 투안Yi-Fu Tuan, 1977의 논의와 맥을 같이 한다.

대부분의 여행다큐멘터리는 여행과 관광이라는 고정된 동선을 따라가며 상품으로서의 관광명소를 소개한다. 관광지가 갖고 있는 고유한 장소적 특징들은 탈락되고 평균적인 여행 공간으로서만 존재한다. 장소 안에 위치한 다양한 물리적 존재물들은 평균적 가치를 지닌 상품이 되면서 이윤추구를 위한 대상이 된다. 여행다큐멘터리에서 주로 소개되는 관광명소들은 잘 준비된 경관이라는 눈요기 상품으로 치환되어 나타난다.

그러나 볼거리 중심의 전달방식에서 벗어나 해당 지역 사람들의 삶의 흔적을 드러내는 것을 통해 관광명소 중심의 정형화된 스토리텔링에서 벗어나는 경우도 있다. 관광지 주민들의 일상적인 삶과 존재물들과의 상호작용을 읽어내고, 주민들의 가치가 부여되고 해석된 변화무쌍한 장소, 고유한 특질이 살아 있는 장소로 나타나기도 한다.

미디어는 상품으로서 이윤적 가치를 아가는 장소재현과 현지 주민들의 삶과 밀접한 관계를 형성하며 고정되어 있지 않은 장소재현 모두를 보여준다. 미디어가 실제의 장소를 보여주기도 하며 미디어의 일반화된 정보 가공 방식에 따라

미디어의 장소로 재현하는 이른바 장소의 이중화 관행을 보인다._{Scanell, 1996 참조.} 미디어는 상업적 논리를 충실히 따르면서 동시에 대안적 재현을 해내는 이중적 재현을 수행한다.

'걸어서 세계속으로_{이하 걸어서}'와 '세계테마기행_{이하 세테기}'은 위와 같은 논의를 확장시킬 수 있는 적합한 연구대상이다. 여행다큐멘터리라는 동일한 장르적 공식을 공유하면서도 표현방식에 뚜렷한 차이가 있고, 또한 동일한 관광지에 대해 서로 다른 소개를 하고 있기 때문이다. 두 다큐멘터리는 서술자의 서술방식과 시청각적 진술방식에서 상당한 차이를 보이고 있으며 고정적이며 평균적인 경관위주의 볼거리를 생산하거나, 변화하며 고유성을 지닌 삶의 흔적이 녹아있는 인간의 장소로서 의미를 생산하기도 한다.

여행다큐멘터리에 대한 그동안의 연구는 극히 미비한 실정이다. 지역 언론의 장소적 의미 구성에 대한 연구_{홍성구, 2011}와 영화에 나타난 장소 및 장소성에 대한 연구_{손은하, 2009} 등을 찾아 볼 수 있을 정도이다. 연구범위를 넓혀서 매스미디어의 장소재현에 대한 연구도 활발하지 못은 점을 감안해 본다면 이 글은 의의가 있다고 하겠다. 따라서 이 논문에서는 여행이라는 동일한 소구 점으로 제작된 여행다큐멘터리의 표현방식의 차이가 장소재현에 어떤 차이를 가져오는지를 살펴보고자 한다.

이론적 배경

공간(space)과 장소(place)

공간_{space}이 일정한 활동이나 사물들 또는 환경을 가지는 위치들 간의 연장으로서 추상적이고 물리적인 범위와 관련된다면, 장소_{place}는 체험적이고 구체적인 활동의 기반이면서 맥락적이고 문화적인 의미와 관련된다_{최병두, 2002}. 이-푸 투안에 따르면 '공간'은 '장소'보다 추상적이다. 공간에 가치와 의미를 부여할 때 공간은 장소가 된다Yi-Fu Tuan, 1977, p.19. 이-푸 투안Tuan, 1977/2005에게 공간이 미지의 알 수 없는 영역이라면 장소는 안전과 고착, 가치의 중심지, 정지의 의미를 갖는 것으로 보고 있다.

장소는 우리가 삶을 위해 필수적인 행위를 수행하는 영역으로서 인간에 의해 가치가 부여되며 해석되는 영역으로 바라보는 것이다. 우리가 일상적 삶을 살아가고 상호작용을 통하여 의미를 만들어내고 교환하는 구체적 영역이 바로 장소이다김승현 등, 2007, p.99. 장소는 경험의 총체이며, 모든 감각들을 통해서 구체적인 실체를 획득한다. 인간이 물리적 대상물들과 상호작용하면서 발생하는 다양한 경험들의 축적이 특정한 지역에서 각기 상이하게 나타날 때 장소가 된다.

이동후2010는 최병두2002의 정의를 따라 장소는 "활동이나 사물이 발생하는 무대, 또는 사회적 실천들이 전개되는" 한정된 범위의 공간 개념으로, 공간은 장소들을 포괄하는 추상적이고 물리적인 범위로서의 개념으로 사용하였다. 장소는 객관적으로 존재하는 공간이 아니라, 우리들에 의해 지각되고, 상상되고, 체험되는 공간으로서 훨씬 복잡한 양상을 띤다Relph, 1976. 추상적이고 물리적인 공간이 문화적이거나 지역적인 것을 기반으로 나타나는 맥락적 의미를 담게 됨으로써 장소가 된다. 장소는 의미가 부여된 공간으로 체험을 통해 공간을 잘 이해하고 가치를 부여함으로써 형성된다. 따라서 장소는 물리적인 실체와 인간 행위의 결과물이 결합된 것이며, 경험을 통해 의미와 가치가 부여되는 상징적인 대상이다이정현 등, 2010, p.22. 공간이 평균적이며 추상적인 형태로서 일반적으로 존재하는 것으로 인식된다면 장소는 개인의 감각 경험을 통해 다양한 형태로 발현되는 정형화되어 있지 않은 것을 말한다.

이와 유사하게 르페브르Lefebvre, 1974/1991의 '사회적 공간'에 주목할 필요가 있다. 그에 따르면 사회적 공간은 자연적이고 사회적인 다양한 사물objects들을 담고 있으며 사회적 노동을 통해 사물들의 위치를 재조정하고 변형시킨다Lefebvre,

1974/1991, p.77. '사회적 공간'은 인간의 일상적 삶의 행위들이 이루어지는 장소이며 타인과 상호작용하면서 만들어지고 변화되는 공간이다. 또한 그 속에서 활동하는 사람들의 삶과 규범, 가치관에 일정한 영향을 미친다김승현 등, 2007 p.87. 사회적 공간이 고정 불변하는 것이 아니라 인간의 삶이 녹아들면서 변형 변화된다는 점에서 장소와 유사한 개념이라 할 수 있다.

현대 도시공간과 장소에 대해 깊은 통찰력을 보이고 있는 에드워드 렐프E. Relph, 1976, pp.28-29는 장소 개념에 대해 다음과 같이 제시한다.

① 위치의 개념, 특히 다른 사물이나 장소와 관련된 위치는 절대적으로 기본적이다. 위치는 내적인 특성과 다른 위치와의 외적인 연결성으로 설명될 수 있다. 그래서 장소는 공간적인 범위 내부와 외부를 가진다.

② 장소는 자연적, 문화적 요소들의 통합이라고 할 수 있다. 각 장소는 자신만의 질서, 즉 고유한 앙상블을 이루는데 이를 통해 다른 장소와 구별된다. 이것은 분명히 모든 장소가 고유한 실체라는 것을 의미한다.

③ 모든 장소가 고유하지만 장소는 공간적 상호작용과 이동의 체계에 의해 상호 연결되어있다. 장소는 하나의 순환구조의 일부이다.

④ 장소는 국지적이다. 즉 장소는 더 큰 지역의 부분이고 지역분화 체계의 초점이 된다.

⑤ 장소는 끊임없이 새로 나타나거나 생성되고 있다. 역사적이고 문화적인 변화와 함께 새로운 요소들이 더해지고 낡은 요소들은 사라진다. 그래서 장소는 독특한 역사적 구성 요소를 지닌다.

⑥ 장소는 의미를 가진다. 장소는 인간의 믿음에 따라 규정된다. 인간행위의 바탕에는 장소가 있으며 인간 행위는 다시 장소에 특성을 부여하게 된다.

이를 종합적으로 검토해 보면 추상적이며 물리적인 것으로서 객관적으로 존재하는 공간과 달리 장소는 체험의 총합으로서 인간의 의미부여를 통해 다양한 양태로 이루어진다. 장소들은 각기 다른 특성들을 지니며 서로 독립되기도 하고 연결되어 있기도 한다. 장소는 그것이 지닌 존재물들과 함께 인간이 그 중심에 있으며 이들의 상호작용에 의해 변화하며 새롭게 생성되기도 하면서 고유성을 지닌다.

📗 매스미디어의 장소재현

장소를 규정하는 것은 사회 공간적 실천이며 이러한 실천들은 권력과 배제의 사회적 관계를 통해 구성되고 유지되며 변화하는 복수의 경계를 가지고 있으며 중첩되고 상호 교차하는 장소들을 낳는다McDowell, 2010, p.25. 권력관계의 담지자인 매스미디어는 이러한 실천의 한 국면으로서 장소의 다양한 측면을 재현한다. 단순한 관광 상품으로서 장소를 드러내기도 하며 그와 반대되는 대안적 실천으로서 장소의 고유성을 재현하기도 한다. 매스미디어는 추상적인 동질화된 공간을 반복적으로 생산하기도 하고 다양한 경험들이 녹아있는 장소의 다면성을 제시하기도 한다. 이 과정에서 매스미디어는 장소에 거주하는 주민들을 재현의 주체로 내세우기도 하고 재현의 대상으로 바라보기도 한다장희권, 2009, 참조.

김승현 등2007은 공간 생산을 둘러싼 다양한 사회적 행위들을 공간 실천이라 할 수 있다며 현대 매스미디어가 공간실천에 깊숙이 개입하고 있다고 지적한다. 매스미디어에 의한 공간생산은 자본주의적 상품으로서 공간을 만들어내는 것을 말한다. 그 과정에서 공간이 갖고 있는 장소적 특질들은 사라지고 추상성을 갖는 동질화된 공간이 만들어진다김승현 등, 2007. 매스미디어는 공간 개념의 규정자로서 혹은 전달자로서 작용하면서 사회의 공간 담론을 형성하고 전달하는 주요한 통로를 제공한다. 이 과정에서 매스미디어는 적극적으로 공간 담론을 생산해내거나 지배 세력의 공간 담론을 전달하는 역할을 수행한다. 반면 일탈적이거나 대안적인 공간 실천 행위 역시 매스미디어를 통해 전달됨으로써 대안적 공간 담론과 실천의 형성에 일정한 영향을 주기도 한다김승현 등, 2007, p.116.

여행다큐멘터리가 관광지 주민들의 삶을 보여주지 않고 관광객이라는 이방인의 시선으로 관광명소만을 소개하여 자본주의의 논리를 감추거나, 이와 반대로 주민들의 일상생활의 흔적을 드러내며 삶의 장소로서 관광지에 대한 대안적 소개를 하는 것도 이에 해당한다.

스캐늘Scannell, 1996은 미디어가 장소를 이중화doubling, 즉 실제의 장소와 미디어의 장소로 이중화 시킨다고 지적한다. 그러나 대부분의 매스미디어 재현방식은 인간의 총체적 경험이 스며있는 실제 장소의 다면성을 보여주기보다는 그 일면에 대한 강조와 배제를 통해 미디어의 평균적인 장소를 재현한다. 매스미디어는 경관의 획일성을 증가시키고 일반적이고 표준화된 취향을 조장하고 전달함으로써 장소의 다양성을 감소시킨다Relph, 1976, p.202. 대부분의 여행다큐멘터리가 경관으로 평균화된 명소를 주로 소개하는 것이 좋은 예이다. 이는 장소의 고유성이 이윤추구 논리에 따라 사라지고 평균적인 관광지구, 상업지구로 전락한다는 하비의 논의와 일맥상통한다Harvey, 1989.

매스미디어의 장소재현과 관련된 연구는 미미한 실정인데, 먼저 홍성구2011의 연구가 있다. 그는 지역 언론의 강원도 동해시 두타산의 장소적 의미구성 패턴을 분석하였는데, 그 과정에는 지방자치단체와 시민사회단체 등 다양한 행위자들이 개입하고 있는 것으로 나타났다. 또한 장소적 의미구성에 대립과 경쟁이 내포되어 있고 이러한 과정을 통해 장소적 의미가 복합성을 갖게 된다고 파악하였다.

손은하2009는 소설과 영화, 시나리오의 텍스트를 접목시켜 영화 〈갯마을〉에 대한 분석을 수행하여 장소와 장소성이 어떻게 드러나는지를 분석하였다. 그에 따르면 공간을 장소로 만들고 특정장소를 다른 장소와 구별되게끔 하는 총체적 특성을 '장소성placeness'이라고 지적한다. 장소와 장소성은 하나의 특정한 요소로 기인되지 않고 인간과 환경, 시간, 활동, 공동체 의식, 경관, 상대적 위치 등에 의해 매겨지는 중층적인 면을 갖고 있는 것으로 나타났다. 이 연구를 통해 장소가 일면적인 특성을 가진 것이 아니라 다양한 요소들이 상호작용하면서 다면적으로 이루어지고 있음을 알 수 있다.

■ 서술자, 시청각적 진술

여행다큐멘터리의 표현방식의 차이가 장소재현에 어떤 차이를 가져오는지를 살펴보기 위해 채트먼Chatman, 1983의 서사구조 분석틀을 중심으로 코즐로프Kozloff, 1987의 서술자에 대한 논의 등 여러 학자들이 TV 프로그램 분석을 위해 사용한 다양한 분석단위를 혼용하여 사용할 수 있다.

채트먼의 분석틀은 그동안 드라마와 다큐멘터리 분석을 위해 많이 사용되었는데주창윤,2003; 최현주, 2006; 강승묵, 2007; 김수정, 2008; 홍지아, 2008; 심훈, 2009; 김혁조, 2011, 서사물을 스토리story와 담화discourse로 나누어 분석한다. 스토리는 플롯 등으로 이루어지는 사건적 요소events와 배경, 인물 등의 사물적 요소existents로 이루어진다. 사건을 중심으로 하는 서사물의 전반적인 스토리 구조와 스토리를 이끌어가는 다양한 캐릭터의 인물들, 그리고 인물들 간의 상호작용이 일어나는 주요 무대가 되는 공간과 배경 등이 스토리에 해당한다. 담화는 언어적 진술과 시각적 진술, 시청각적 진술의 관습적인 합으로서 표현의 영역에 해당한다김혁조, 2011 p.13. 영상구성 방식이나 나레이션 전달 방법, 그리고 메시지 전달을 효과적으로 하기 위한 음악, 효과삽입 등이 담화의 영역에 해당한다.

또한 서사물은 사건들을 인과적으로 연결하여 사건들을 의미 있게 만들어주는 통합체와 인물과 배경으로 구성되어 차이와 유사를 통해서 의미를 생성해내는 계열체로 구성된다김수정, 2008. 서사물의 전체적인 서사구조를 파악하기 위해 통합체 분석이 주로 이루어지며 서사물의 구체적인 의미 생산 방식을 설명하기 위해 계열체 분석이 수행된다.

한편 코즐로프는 서술자가 이야기의 한 등장인물인지 아니면 이야기의 외부에 존재하는지에 따라 두 가지로 나누어 설명한다. 코즐로프에 따르면 동일한 이야기의 세계homodiegetic라고 부르는 등장인물 서술자들은 그들이 관계하는 이야기들 속에 개인적인 관련을 맺고, 카메라 서술자는 초연한 위치에서 단지 관찰하는 것이다Kozloff, 1987, pp.93-94. 동일한 이야기의 사건들도 서술자의 시점과

서술자의 능력, 거리감, 객관성, 신뢰성의 정도에 따라서 상당히 다를 수 있다
Kozloff, 1987 p.96.

심훈2009은 한미 양국의 시사다큐멘터리의 차이를 등장인물, 카메라 촬영거리, 카메라 움직임 등 12개의 분석유목을 사용하여 서술자의 등장유형과 발화방식을 중심으로 분석하였다. 이 중에서 등장인물과 관련된 분석유목으로 신원, 등장모습, 등장시간, 발화유무, 발화시간 등인데, 분석결과 미국의 경우에는 1인칭 관찰자 입장에서, 한국은 3인칭 관찰자 시점 또는 전지적 작가 시점에서 다큐멘터리를 진행하는 것으로 나타났다.

크레스와 루웬Kress & Leeuwen, 1996은 TV 속 인물들 간의 시선과 시청자의 상호작용 관계를 요구그림demand picture과 제공그림offer picture으로 설명하였다. 요구그림은 주체적 시선의 영상이미지이며, 제공그림은 객체적 시선의 영상이미지다. 주체적 시선은 등장인물이 직접적으로 카메라를 보는 상태에서, 객체적 시선은 등장인물이 카메라가 아닌 다른 어떤 곳이나 사물, 사람 등을 바라보는 상태에서 일어난다주창윤, 2003, 이현숙, 2012에서 재인용.

학자들의 이러한 논의를 통해 이 논문에서는 표현방식을 서술자에 대한 서술과 시청각적 진술로 한정하여 살펴본다. 왜냐하면 다큐멘터리는 진행자로 일컬어지는 서술자에 대한 서술과 이를 영상과 언어로 조합된 시청각적 진술이 뒷받침하면서 전반적인 표현이 이루어지기 때문이다.

☞ 연구 설계

■ 분석대상

여행 다큐멘터리의 장소재현에 대해 살펴보기 위해 국내의 대표적인 여행다큐멘터리인 KBS '걸어서 세계 속으로'와 EBS '세계테마기행'을 선정하였다.[*1] 두

포스트 모더니즘에서 본 영상콘텐츠

다큐멘터리가 동일한 장르에 속해 있으면서도 표현방식에서 큰 차이가 있고, 유사한 아이템이 많지만 장소재현이라는 결과물에서는 상당한 차이를 보이고 있기 때문이다. 또한 세계의 문화와 다양한 볼거리를 안방에 전달하여 수년 동안 시청자의 꾸준한 관심을 받고 있으며 양방송사에서 비교적 성공적인 다큐멘터리로 평가되고 있기 때문이기도 하다. 주목도와 노출도 측면에서 연구대상으로서 장점을 가지고 있는 것이다.

두 다큐멘터리는 제작방식에서 서로 다른 특징을 보여주는데, 먼저 '걸어서'는 별도의 전문 작가나 카메라맨을 두지 않고 PD 1인이 기획, 촬영, 편집, 원고 작성 등 제작 전체과정을 책임지며 7명 정도의 본사 PD가 제작하고 주1회 편성이다.*² '세테기'의 제작방식은 본사 PD는 프로듀싱만 하고 8명 정도의 독립프로덕션의 위주PD가 제작하며 주 4-5회 편성된다.*²

두 다큐멘터리의 상이한 제작방식은 서술자의 서술과 시청각적 진술에서 상당한 차이를 가져오는데 이러한 차이가 장소재현에 어떤 결과를 가져오는지를 살펴보기 위해 2010년 1월부터 2012년 8월 까지 방송된 비교적 최근의 다큐멘터리 중에서 탐방 국가와 탐방 도시까지 일치하는 아이템 7개를 찾아내었다.*³ 그 내용은 〈표 1〉과 같다.

*¹ KBS '걸어서 세계 속으로'는 2005년 11월 5일에, EBS '세계 테마기행'은 2008년 2월 5일에 첫 방송 되었다. '걸어서'는 2012년 8월까지 308회 진행되었고, '세테기'는 936회 방송되었다.

*² 홈페이지에 나타난 프로그램의 기획의도는 다음과 같다. 1. 순수한 여행자의 시각으로 그 도시의 역사와 문화, 가치와 색깔, 아이덴티티를 살핀다. 2. 느림의 미학으로 도시 곳곳에서 만나고 보는 다양한 모습들을 카메라에 담아 볼거리와 재미 속에 정보와 가치를 느끼게 한다.(http://www.kbs.co.kr/1tv/sisa/walkworld/program/index.html)

*³ 방송목록 전체를 비교했을 경우에는 동일한 탐방국가는 157개, 2010년 1월부터 2012년 8월 까지 동일한 탐방국가는 59개로 나타났다.

표 1_ 동일한 아이템

순번	걸어서 세계 속으로	세계테마기행
1	지구의 땅끝 마을을 가다-아르헨티나 우수아이아(2010.2.27. 방송)	남미대륙의 꽃,아르헨티나-2부 세상 끝의 비경, 우수아이아(2010.2.2. 방송)
2	열정과 낭만의 세레나데-멕시코 과나후아토(2011.4.11.방송)	비바!매혹의 멕시코 2부카우보이 차로의 순례길 과나후아토(2012.1.31.방송)
3	신선을 닮은 산수-중국 구이린(2011.4.30.방송)	신비의 땅 중국 광시-2부 신이 빚은 풍경, 구이린(2010.5.4.방송)
4	오스만제국,600년 문화의 용광로-터키 마르마라(2011.8.20.방송)	거꾸로 가는 시간여행 터키 서남부4부-풍오로운 바다마르마라해(2011.10.13.방송)
5	풍요의 물길-메콩델타(2012.1.14. 방송)	시간이 공존하는 땅 베트남-3부 메콩델타 사람들의 이야기(2012.3.1. 방송)
6	영원한 6월의 섬-마데이라(2012.2.11.방송)	그리운 땅끝,포르투갈 3부 대서양에 핀 꽃, 마데이라(2012.7.11.방송)
7	진짜 호주 아웃백을 만나다-호주 다윈(2012.8.25. 방송)	호주 종단 4400km - 4부 악어와의 공존 다윈(2011.5.5. 방송)

7편의 동일한 아이템들에서는 유사한 관광지들이 나타나고 그 안에서 다양한 내용들이 소개된다. 그러나 두 다큐멘터리는 서술자의 개입방식과 서술방식, 그리고 시청각적 진술에 확연한 차이를 보이며 이러한 차이가 동일한 관광지에 대한 장소재현에 상당한 차이를 노정한다. 본 논문에서는 7편의 아이템 중에서 장소재현에서 뚜렷한 차이를 보이는 '베트남 메콩델타'편을 집중적으로 분석하고자 한다. 이는 다른 아이템들과 달리 전체적인 스토리 구성이 유사하며 동일한 관광지가 많이 나타나고, 그 속에서 일어나는 사건들에 대한 접근방식과 표현방식이 뚜렷하게 다르기 때문이다.

◗ 연구문제 및 분석방법

이 논문에서는 여행다큐멘터리의 표현방식의 차이가 장소재현에 어떤 차이를 가져오는지를 알아보기 위해 다음과 같은 연구문제를 설정한다.

🔍 연구문제 1 서술자에 대한 서술방식의 차이가 장소재현에 어떤 차이를 가져오는가?

🔍 연구문제 2 시청각적 진술의 차이가 장소재현에 어떤 차이를 가져오는가?

　연구문제를 해결하기 위해 먼저 통합체 분석으로 일컬어지는 스토리구조를 분석하여 두 다큐멘터리의 차이를 전체적으로 조망한다. 이와 함께 동일한 관광지를 대상으로 방송시간 비율과 그 속에서 일어나는 사건이나 소재, 즉 내용에 대한 분석도 수행한다.

　그 다음 서술자에 대한 분석으로서 연출자와 진행자를 제1서술자로, 현지인과 관광객을 제2서술자로 구분하여 심훈의 분석유목 중에서 등장시간과 발화시간*을 차용하여 분석한다. 다만 제2서술자에 대해서는 인터뷰 출연분 만을 분석대상으로 한다. 대부분의 여행 다큐멘터리가 현지인들에 대한 소개가 주요 내용이기 때문에 인터뷰 이외의 일반출연까지 포함하여 분석하는 것은 유의미하지 않기 때문이다.

　그리고 시청각적 진술로서 서술자의 영상 이미지를 객체적 시선과 주체적 시선으로 나누어 간략히 살펴보고, 나레이션을 중심으로 언어적 진술에 대한 질적 분석을 수행하여 장소재현의 차이에 대해 알아본다.

▶️ 분석결과

🔖 스토리 구조 분석

　〈표 2〉에서와 같이 '걸어서'는 전체 방송시간Running Time, RT이 49분 22초, '세테

📎 ＊ 등장시간은 직접적인 신체출연시간을, 발화시간은 나레이션을 제외한 현장에서의 오디오를 말한다.

기'가 33분 38초이다. '걸어서'의 스토리 구조는 타이틀 – 껀터 - 메콩강 풍경 - 자연친화 화장실 -원숭이 다리, 민박집 - 까이랑 수상시장 - 쌀국수공장, 새잡이 – 긴농지역 – 샤텍지역 – 수상마을 - 끝 타이틀 순으로 전개된다. '세테기'는 타이틀 - 배위의 대화, 과일체험 - 까이랑 수상시장 - 호박아줌마의 집, 자연친화 화장실 - 메콩강 풍경 – 껀터 - 끝 크레딧 순으로 이루어진다.

표 2_ 메콩델타 편의 스토리 구조

구분	걸어서 세계 속으로	RT(49분22초)(%)	세계테마기행	RT(33분38초)(%)
1	타이틀,인트로,부제,일정C/G, 호치민시, 일반 정보	2분18초(4.4)	타이틀,전편요약,부제, 여정C/G,호치민시,일반정보	5분21초(15.6)
2	껀터(메콩델타지역의 중심도시), 우렁잡이, 어부	3분4초(6.2)	메콩강 배위 아줌마사공과 선장,강옆마을의 과일체험	8분26초(24.7)
3	메콩강풍경 등 일반정보, 어부	2분15초(4.4)	까이랑 수상시장,쌀국수 아줌마, 호박파는 아줌마	8분15초(24.4)
4	어부의 자연친화 화장실	1분18초(2.4)	호박아줌마 집, 텃밭	2분7초(6.2)
5	원숭이 다리	1분54초(3.1)	호박아줌마의 자연친화 화장실	2분3초(6.1)
6	민박집	1분24초(2.5)	메콩강 풍경	24초(0.7)
7	메콩강 풍경, 일반정보,	40초(0.8)	껀터 도시, 장례식 행렬, 장례식장, 풍습	5분45초(16.3)
8	까이랑 수상시장,	3분52초(7.2)	차방예고, 크레딧	1분17초(3.5)
9	배가게, 부레옥잠공예,쌀국수공장, 벼수확, 새잡이,	16분23초(32.8)		
10	긴농지역(코코넛배달 할아버지, 과일농장,어부)	8분53초(17.3)		
11	샤텍지역(화훼단지, 새보호지역)	2분14초(4.3)		
12	수상마을 집 방문	4분35초(8.8)		
13	크레딧, 끝 타이틀	31초(0.6)		

포스트 모더니즘에서 본 **영상콘텐츠**

'걸어서'는 '세테기'에 비해 메콩강지역의 일반적인 풍경과 정보에 대한 내용이 많이 나타나고, 탐방 지역도 많음을 알 수 있다. 탐방지역의 러닝타임을 비교적 짧게 가져가면서 다양한 볼거리를 소개한다. 여행자의 시선에서 진귀하고 흥미로운 것을 찾고 체험하는 것이 주요내용으로 구성된다.

반면에 '세테기'는 소수의 지역을 집중적으로 보여주며 지역주민들과의 대화를 통해 일반적인 관광객의 동선에서 볼 수 없는 주민들의 일상생활을 드러낸다. 3-4개의 지역을 길게 소개하며 다양한 에피소드들로 구성된다. 따라서 일반적인 풍경스케치나 관광책자에서 볼 수 있는 정형화된 정보소개는 많지 않다.

두 다큐멘터리에서 나타나는 동일한 배경은 껀터 도시, 자연친화 화장실, 까이랑 수상시장 등 크게 3곳이다. 그러나 전체 다큐멘터리에서 이들이 차지하는 비중과 그 속에서 전개되는 내용에는 많은 차이가 있다. 많은 곳을 탐방하여 다양한 볼거리를 제공하는 '걸어서'의 특성과 탐방지역이 비교적 적고 현지 주민들의 일상생활을 드러내려는 '세테기'의 특성이 이들 3곳에서 잘 나타난다.

껀터 도시는 '걸어서'에서는 전체 방송시간의 6.2%로 차지했으며 '세테기'에서는 16.3%로 나타났다. 이러한 차이는 '걸어서'가 우렁잡이와 어부 등 일반적인 스케치와 정보를 간략하게 제공한다면 '세테기'는 장례식 행렬과 절차, 그 지역의 풍습을 자세히 소개하면서 주민들의 삶을 밀착해서 보여주는데 기인한다.

마찬가지로 자연친화 화장실은 '걸어서'가 2.4%, '세테기'가 6.1%로 나타나고 있는데, 전자는 진기한 구경거리로 소개하는 반면에 후자는 호박 아주머니의 일상생활의 일부로서 삶과 어떻게 연관되어 있는지를 자세히 보여준다.

까이랑 수상시장은 두 다큐멘터리의 이러한 차이를 도드라지게 보여준다. '걸어서'가 7.2%, '세테기'는 24.4%로 나타났는데, 전자는 관광객의 동선을 따라 특이한 광경으로 비쳐지는 물위의 시장으로, 다시 말해 미디어의 평균적인 경관형 장소로 소개한다. 반면에 후자는 호박 파는 아주머니를 통해 까이랑 수상시장이 균질화된 공간이 아니라 상인들 각자의 삶의 방식에 따라 다면적으로 구성되며 그들의 경험의 총체로서 고유한 장소로 나타난다.

■ **서술자 분석**

두 다큐멘터리의 제1서술자는 각각 다르게 등장한다. '걸어서'는 PD가 주로 촬영을 하며 가끔 신체출연을 한다. PD의 짧은 질문이 현장 음으로 들리고 전체적인 나레이션은 전문성우가 맡아서 진행한다. '세테기'는 탐방지역의 전문가가 신체출연하면서 각각의 아이템에 대해 전문가적 식견을 펼치며 직접 설명한다.

이는 동일한 탐방지역에 대한 상이한 장소 재현과 깊은 관련이 있다. '걸어서'는 제1서술자가 여행자의 입장에서 볼거리 위주의 고정되어 있는 미디어의 장소를 재현한다면, '세테기'는 주어진 상황에 깊숙이 개입하면서 지역주민들의 일상생활을 드러내며 삶에 대한 경험의 총체로서 실제의 장소를 재현한다. 〈표 3〉은 이러한 사실을 잘 말해준다.

표 3_ **서술자 분석**

구 분		걸어서 세계 속으로	세계테마기행
제1서술자	등장시간	1분22초(2.5%)	3분29초(9.9%)
	등장+발화시간	10초(0.2%)	1분47초(4.4%)
제2서술자	등장+발화시간	4분31초(8.8%)	53초(1.6%)
제1서술자+제2서술자	등장+발화시간	1분23초(2.5%)	3분41초(10.2%)

〈표 3〉에서 나타난 것처럼 연출자와 진행자의 제1서술자는 '걸어서'가 등장시간이 전체 방송시간의 2.5%, 등장과 발화시간은 0.2%를 보였고, '세테기'는 각각 9.9%와 4.4%로 나타났다. 후자가 전자보다 제1서술자의 등장과 발화시간이 모두 길게 나타났다. 제1서술자에 대한 이러한 비교는 다큐멘터리에서 펼쳐지는 상황에 서술자가 어느 정도 개입하는지를 가늠할 수 있기 때문에 유의미하다.

'걸어서'는 자연친화 화장실 위를 걸어가거나, 다리를 건너거나, 수상시장에서 아침 식사하는 모습, 코코넛 나무 올라가기 등과 같은 장면에서 주로 등장하였고, 등장과 동시에 발화하는 시간은 쌀국수 공장에서 10초 정도 느낌을 말하는

포스트 모더니즘에서 본 영상콘텐츠

것에 그친다.

이는 '걸어서'가 관광객의 시선에서 새롭고 진기한 것에 대한 궁금증 해소와 체험 중심의 장소재현을 하고 있음을 말해준다. 아슬아슬한 원숭이 다리를 건너거나28초, 코코넛 나무에 올라가는 것27초을 비교적 길게 담아내고, 쌀국수를 직접 만들어 보는 것10초등은 미디어에서 재현된 관광명소를 재차 확인하는 셈이다.

'걸어서'는 장소의 다면적인 재현 보다는 경관중심의 볼거리와 체험에 방점을 두고 있다. 제1서술자와 제2서술자가 동시에 등장해서 발화하는 시간이 2.5%에 그치고 있는 것도 주민과의 상호작용을 통해서 살아있는 경험을 드러내어 장소가 가진 다양한 함의를 보여주는 것과는 다소 거리가 있다.

주민중심의 제2서술자의 등장시간과 발화시간이 8.8%로 비교적 높게 나오고 있지만 그 내용이 어부와 민박집 주인, 부레옥잠 공예품 만드는 사람, 쌀국수공장 인부, 새잡이 등의 만드는 방법과 가격에 대한 답변 등으로 일반적인 정보 전달에 그치고 있어 경험의 총체로서의 장소를 드러내지 못한다.

'세테기'에서는 제1서술자가 여행 길목이나 마을 어귀, 배위, 주민의 집과 화장실, 장례식장, 노을진 메콩강 등 여행 장면 곳곳에 등장한다. 또한 호치민 시내와 데탐거리, 부어스 과일농장, 자연친화 화장실 등에서는 등장과 함께 전문적인 정보를 직접 전달한다. 이를 통해 낯선 마을과 작은 배위, 물고기가 넘쳐나는 자연친화 화장실, 시내거리와 과일농장 등이 주민들의 삶의 경험이 녹아있는 고유한 장소로 재현된다. 메콩강 주민들의 일상생활과 사회적 실천들을 통해 의미가 부여된 고유한 장소로 재현되는 것이다.

이는 제1서술자와 제2서술자가 동시에 등장하며 발화하는 시간이 10.2%에 이른다는 분석결과에서도 잘 나타난다. 뱃사공의 일상에 대해 대화를 나눈다거나 수상시장에서 만난 호박 파는 아줌마의 꿈을 이야기하고, 집까지 동행하여 사위가족들을 만나고, 껀터에서 진행되는 장례식을 길게 따라가며 메콩강의 장례문화를 담아내는 것은 미디어의 획일화된 경관재현에서 벗어난 실제 장소의 다면성을 드러내는 것이다. '세테기'는 메콩강 일대의 다양한 존재물들이 지역주민들과의 상호작용에 의해서 새롭게 생성되는 장소를 재현하고 있다. 제2서술자의 등장과 발화시간$_{1.6\%}$이 자신의 텃밭에 대한 서술과 장례식에 대한 이야기로 채워지는 것도 이와 무관하지 않다.

■ 시청각적 진술

두 다큐멘터리의 시각적 진술로서 서술자에 대한 영상이미지는 모두 객체적 시선에 해당한다. '걸어서'는 대체로 지역주민이 카메라 옆의 현지코디를 주시하며 진술하고, '세테기'는 진행자와 주민이 PD를 보며 말한다. 서술자가 카메라를 정면으로는 바라보며 진술하는 주체적 시선 대신에 카메라를 한 뼘 비켜서 주시하는 객관적 시선을 유지하는 것은 시청자가 상황을 객관적으로 관찰할 수 있도록 하기 위함이다. 관광이라는 아이템이 대체로 '바라보기'보다는 '보여주기'에 무게중심을 두기 때문이다.

그러나 그 효과는 두 다큐멘터리에서 다르게 나타난다. '걸어서'가 여행자의 동선을 따라가며 상황에 대한 개입 없이 객관적인 내용을 전달하는 방식이라면, '세테기'는 진행자가 상황에 적극적으로 개입하는 장면을 객관적인 시선으로 담아낸다. 카메라가 객관적인 시선으로 영상이미지를 담아내지만 그 안의 서술자들의 행위에 따라 다른 효과가 발생한다. '걸어서'는 카메라의 객관적 시선과 서술자의 객관적 행위가 결합되어 고정되어 있는 전형적인 관광지를 재현한다. 반면에 '세테기'는 서술자의 적극적인 상호작용을 카메라가 객관적으로 묘사함으로써 현지 주민들의 일상생활과 사회적 실천을 드러내어 장소의 다양한 의미와 고유성을 재현한다.

언어적 진술은 두 다큐멘터리의 나레이션을 중심으로 살펴 볼 수 있다. 먼저 '걸어서'의 특성은 여행자의 시선에서 진귀하고 신기한 광경이나 풍광 등을 담아낸다. 마치 미디어를 통해 익히 알아온 정보와 관광명소를 한 번 더 보는듯한 인상을 준다.

　　메콩강 삼각주의 풍경은 신기하고 흥미롭다...나는 지금 메콩델타로 간다...오토
바이의 물결이 이곳이 베트남임을 새삼 느끼게 한다......그런데 물웅덩이 한쪽에
서 뭔가가 발견된다. 사료통 같기도 하고 도대체 뭘까?....이 지역에선 이런 화장실
이 하나의 문화다. 하지만 처음 보는 나에겐 화장실에 가는 것도 앉아서 볼일을
보는 것도 불가능해 보였다.

　여행자가 이국적인 풍치를 발견하고 호기심을 충족하는 방식으로 진술되면서
지역주민들의 삶에 대한 이해보다는 여행객인 서술자의 느낌과 체험이 더 강조
된다. 자연친화 화장실이 주민들의 삶과 어떤 방식으로 상호작용하면서 고유한
장소가 되는지에 대한 소개는 없다. 주민의 실제 장소보다는 신기한 화장실이라
는 매스미디어의 균질적인 장소소개 정도로 그친다. 이러한 진술방식은 원숭이
다리에서의 진땀나는 체험과 민박집에서의 하룻밤 이벤트로 이어진다.

　　멀리서 보는 것과 달리 생각보다 아슬아슬 했다...원숭이 다리는 그곳에서 적
응하며 살아가는 사람들이 만들어낸 특이한 풍경이다....여행객들을 위한 민박집
을 발견했다. 이 민박집에서 하룻밤을 보내기로 했다. 하룻밤 숙박비는 1인당 만
오천원 정도....뱀과 쥐 등으로 만든 요리도 있다고 한다.....다행히도 내가 먹은 음
식 중에서는 쥐나 뱀 요리는 없었다.

　특이한 풍경으로만 존재하는 원숭이 다리와 여행길에 우연히 발견된 민박집
은 낯선 이방인의 시선만 존재할 뿐 주민들의 일상적인 삶과는 일정한 거리감을
느끼게 하는 언어적 진술이다. 뱀과 쥐 요리로 차려지는 민박집은 하룻밤을 보
낼 좋은 이벤트 공간이다. 이는 주민들의 고유한 장소가 하루정도 즐길 수 있는

기묘한 이벤트로 가득 찬 미디어의 장소로 묘사됨을 알 수 있다. 까이랑 수상시장도 반복적으로 생산되는 미디어 장소로 진술된다.

> 까이랑 수상시장은 이곳을 찾는 관광객들에겐 필수코스...대부분의 물건들은 큰배에서 작은 배로 팔리고 있었다....이곳 수상시장은 물의 나라 메콩델타가 만들어 놓은 흥미로운 풍경이다.

수상시장은 흥미로운 풍경일 뿐 그 속에서 일어나는 사회적실천이나 주민들의 흔적들은 드러나지 않는다. 관광객의 동선을 따라가며 경관의 획일성을 증가시키고 장소의 다양성은 탈락된다. 미디어에서 노출된 눈요기로서의 관광공간은 '뜻밖의 횡재를 얻어 발견하고 비경을 감상하는' 진술로 반복적으로 생산된다.

> 소 따라 왔다가 새잡이 구경이라니 뜻밖의 횡재다..나는 특이한 광경을 목격한다....강변을 따라가다 특이한 어구를 발견했다....이곳은 메콩델타에서 볼 수 있는 또 다른 비경이다.

이와 달리 '세테기'는 평균적인 미디어의 장소가 아닌 삶의 흔적이 묻어나는 실제의 장소를 재현한다. 그 예는 다음의 진술에서 찾아 볼 수 있다.

> 매일같이 꼭두새벽부터 노를 저어 시장에 나온다는 아주머니, 파는 물건이래 봐야 집에서 키운 호박 두세바구니가 전부입니다....아주머니에게는 소박한 꿈이 하나 있습니다. 돈을 모아 나룻배에 작은 모터를 다는 것인데요. 좀 더 이곳저곳을 누비며 장사를 할 수 있기 때문입니다.

텃밭에서 키운 호박을 팔기위해 새벽부터 나온 아주머니가 모터 배를 갖겠다는 소박한 꿈을 가지고 있다는 진술은 물건을 사고파는 물위의 신기한 시장으로만 알려진 획일화된 경관재현과는 사뭇 다르다. 새벽부터 수상시장의 삶을 드러내며 관광객의 동선이 아닌 주민들의 삶의 동선을 따라가는 진술은 다음의 예에서도 나타난다.

아주머니의 집을 방문해보기로 했는데요....작은 나룻배로 노를 저어 이동하다 보니 한 시간은 족히 걸렸습니다....집에는 외손자들이 한창 신나게 뛰어 놀고 있는데요. 큰 딸과 사위가 바로 인근에 살고 있습니다.

집에서 외손자가 뛰놀고 사위와 딸을 소개하는 내용은 명소 중심의 관광정보 제공을 넘어선 삶의 공간으로서의 고유한 장소를 재현한다. 이러한 사실은 텃밭과 화장실에 대한 아주머니의 언어적 진술에서도 찾아볼 수 있다.

저녁이 되면 이만큼 자라요. 금방 크죠. 이 열매는 어제 저녁만 해도 아주 작았어요 … 화장실이에요 … 대변을 물고기가 먹어치워요 … 이렇게 하면 강물이 더러워지지 않아요.

텃밭에서 하루 만에 크는 호박, 물웅덩이 위의 화장실과 물고기 등과 같은 존재물들이 아주머니와 상호작용하며 경험의 총체로서 장소로 재현된다. 관광명소라고 말하기에는 볼품없는 작은 텃밭과 화장실이 일상의 삶의 흔적이 녹아들어간 장소로서 재현되는 것이다. 텃밭과 화장실이라는 삶의 현장에 깊숙이 개입하여 메콩강 유역이 주민들 각자에게 고유한 장소로 소개된다. 이는 자료조사 등을 통한 객관적인 설명방식이 아니라 아주머니와 직접적인 대화를 통한 체험적인 정보전달을 통해 이루어진다. 다면적인 장소로서의 재현은 껀터 도시의 장례식에 관한 언어적 진술에서도 확인된다.

신나고 경쾌한 음악으로 고인의 가는 길을 위로합니다...주택가 들판이나 논 한 가운데 묘지를 만드는 경우가 많다고 합니다....묘를 시멘트로 바르는 이유는 이 지역에 물이 고여 있는 땅이 많기 때문에 관에 물이 차지 않도록 하기 위해서라고 합니다.

메콩강 지역을 여행하는 관광객이 한번쯤 머무르는 관광도시로 껀터를 소개하는 것에 그치지 않고, 이 지역의 고유한 장례문화를 구체적으로 보여줌으로써 껀터와 지역주민들의 상호작용을 자세히 담아낸다. 경쾌한 장례식 행렬 소개를 시작으로 상복에 대한 설명과 스님의 정화의례, 고인의 옷과 노잣돈 태우기, 관 안장 등에 대한 소개를 통해 껀터 주민들의 삶을 보여준다. 껀터가 관광도시라는 미디어의 균질화된 장소에 대한 안내가 아니라 인간의 생과 죽음이 교차하는 고유한 실체인 장소로 진술한다.

⏩ 결론

지금까지 '걸어서'와 '세테기'의 비교를 통해 여행다큐멘터리의 표현방식의 차이가 장소재현에 어떤 차이를 가져오는지를 살펴보았다. 표현방식을 서술자에 대한 서술방식과 시청각적 진술로 나누어 분석한 결과 '걸어서'의 서술자는 전문 성우와 연출자, 주민 등으로 구성되는데, 전문성우가 나레이션을 맡고 연출자가 카메라맨 역할을 수행하면서 관광객의 입장에서 서술하는 것이 특징이다. 그 결과 진기한 구경거리 발견을 통한 호기심충족, 하룻밤 이벤트 등으로 이어지며 미디어의 균질적인 경관형 장소로 재현되었다.

'세테기'에서 서술자는 해당지역에 정통한 전문가로 직접 출연하며 전체 나레이션 뿐 만 아니라 현지인들의 일상생활 속에 적극적으로 개입하는 것이 특징이다. 그 결과 지역주민들의 일상생활을 드러내며 삶에 대한 경험의 총체로서 실제의 장소를 재현하였다. 메콩 강 주민들의 삶에 밀착하여 사회적 실천들을 통해 의미가 부여된 고유한 장소로 재현한 것이다.

시청각적 진술을 통해서도 두 다큐멘터리는 장소재현에 뚜렷한 차이를 보였다. '걸어서'에서는 미디어에서 익히 보아왔던 경관들이 펼쳐지면서 획일적이고 고정된 장소를 재현하였다. '뜻밖의 횡재를 얻어 발견하고 비경을 감상하는' 진술이 반복적으로 나타나면서 미디어의 장소가 재현되었다.

'세테기'는 텃밭과 화장실 등의 삶의 장소에서 이루어지는 현지인들과의 대화가 주요한 진술로 나타났다. 이는 주민들의 삶의 동선을 따라가는 진술을 통해 경관형 장소를 벗어나서 다면적이며 고유한 장소로 재현되는 결과를 낳았다.

이 논문에서는 장소가 다양한 삶의 방식이 녹아들어가 있는 맥락이면서 동시에 우리 삶의 또 다른 모습이기 때문에 여행다큐멘터리에서 재현되는 장소의 문제에 대해 천착해 볼 필요가 있음을 지적하였다. 상업지구와 공업지구, 관광지구 등으로 평균화된 공간 속에서 평균화된 일상생활을 살고 있을 법한 사람들이 공간속의 다양한 대상들과 각기 다른 스토리텔링을 하면서 그들만의 고유한 장소로 만들고 있음을 엿볼 수 있었다. 장소가 인간의 삶의 원천으로 읽혀질 수 있는 훌륭한 텍스트가 될 수 있음을 짐작할 수 있는 것이다.

여행다큐멘터리가 재현하는 미디어의 장소와 실제의 장소 중에서 어느 것이 바람직한 것인지에 대한 논의는 이 글의 범위를 벗어난다. 양자 모두 여행정보 제공과 일상에서의 탈출을 통한 정서적 휴식제공이라는 긍정적인 효과를 달성하고 있기 때문이다. 다만 관광명소 중심의 일면적인 소개를 넘어서서 여행지의 존재물들과 사람들과의 상호작용을 다면적으로 보여주는 다양한 형식의 여행다큐멘터리가 필요하다는 함의를 이 논문을 통해 제시하고자 한다. 여행이라는 아이템이 시청 소구점이 높아서 많은 관심을 받고 있는 현실을 감안할 때 내용과 형식에서 천편일률적인 다큐멘터리보다 다양하고 입체적인 내용과 형식의 여행 다큐멘터리가 제작되어 시청자들의 안방에 풍요로운 여행의 기운을 전달할 필요가 있겠다.

연구가 진행되는 동안 미디어의 장소에 숨겨져 있는 권력이 어떻게 삽입되어 작동되는지, 그리고 장소를 상품으로 치환하는 자본의 작용은 어떻게 이루어지고 있는지에 대한 의문이 지속적으로 일어났다. 그리고 실제의 장소에서 나타나는 존재물과 사람들의 상호작용이 구체적으로 어떤 방식을 통해 형성되며 그것이 사람들의 삶에 어떤 영향을 미치는지에 대한 궁금증도 꼬리를 물고 나타났다. 이러한 문제들에 대한 해결은 다음의 연구과제로 남겨 놓기로 한다.

이 논문은 많은 제한점을 안고 있다. 여행다큐멘터리의 표현방식의 차이와 그 결과로 나타나는 장소재현의 차이는 편성 의도나 편성시간의 차이 때문에 나타날 수 있는데 여기에서는 주목하지 않았다. 마찬가지로 프로그램을 직접 제작하는 연출자의 기획 의도의 차이에 따라 두 다큐멘터리가 상이하게 연출될 수 있는데 이것 또한 간과했다. 연구방법론에서도 참여관찰과 현업 제작자들의 심층인터뷰 등과 같은 다양한 방법을 통해 여행다큐멘터리의 제작과정과 그 결과를 둘러싼 맥락적인 이해를 도모할 필요가 있었다. 이러한 한계점은 이후의 연구를 통해 보완 개선하고자 한다.

참고문헌 📖

[국내문헌]

- 강승목(2007). 지역 방송 프로그램의 영상 포맷과 서사구조에 관한 연구 - 지역방송 역사 다큐멘터리의 역사성과 지역성의 재현 방식을 중심으로, 『한국방송학보』, 21-2호.
- 김수정(2008). 영어교육열풍에 대한 텔레비전 담론 - 시사다큐멘터리의 서사분석, 『한국방송학보』, 22-5호.
- 김승현, 이준복, 김병욱(2007). 공간, 미디어 및 권력: 새로운 이론틀을 위한 시론, 『커뮤니케이션 이론』, 3-2호. p.87.
- 김혁조(2011). 혼종적 다큐멘터리 '마리온 이야기'에 대한 이야기, 『미디어와 공연예술연구』, 6-1호.
- 심훈(2009). '쓰나미'에 대한 한·미 양국 간의 시사 다큐멘터리 담화 분석 - 서술자의 등장 유형 및 발화 방식을 중심으로, 『한국방송학보』, 23-1호.
- 손은하(2009). 영화 <갯마을>의 상징적 장소와 장소성, 『한국디자인포럼』, 24호.
- 이동후(2010). 휴대전화 모바일 인터넷 이용과 공간 경험, 『한국방송학보』, 24-1호, p.116.
- 이정현, 여홍구(2010). 장소개념에서의 장소가치에 대한 논의, 『국토계획』, 45(6), p.22.
- 이현숙(2012). 휴먼 다큐멘터리 프로그램의 언어적, 비언어적 메시지의 특성, 『한국방송학보』, 26-5호.
- 장희권(2009). 로컬의 현실과 재현의 문제: 전지구화 국면의(반)주변부 국가 인도, 동아시아 문화 연구』, 46호.
- 최현주(2006). 다큐멘터리 장르에 따른 서사구고 비교분석 - '새만금 간척사업'에 대한 KBS의 <환경스페셜>과 <추적 60분>의 사례분석을 중심으로, 언론과학연구』, 6권 2호.
- 최병두(2002). 자본주의 사회에서 장소성의 상실과 복원, 도시연구, 8호
- 홍성구(2011). 언론을 매개로한 장소의 의미구성: 두타산에 관한 지방종합일간지 보도를 중심으로, 『사회과학연구』, 17-1호.
- 홍지아(2008). 드라마에 나타난 낭만적 동성애의 재현과 사랑 지상주의적 서사: 커피 프린스 1호점을 중심으로, 『한국방송학보』, 22-1호.

[해외문헌]

- Chatman, S.(1983). Story and Discourse: Narrative Structure in Fiction and Film. 한용환 역(2006). 『이야기와 담론: 영화와 소설의 서사구조』, 서울:푸른사상.
- Harvey, David.(1989). The condition of postmodernity. 구동회·박영민 역(1994). 『포

스트모더니티의 조건』, 서울:한울.

- Kozloff, S. R.(1987). Narrative theory and television. In Robert Allen(ed.),   Channels of discourse: television and contemporary criticism, Chapel Hill: The University of North Carolina. 김훈순 역(1994). 서사이론과 텔레비전, 『텔레비전과 현대비평』, 서울: 나남.
- Kress, G. & Leeuwen, T. V.(1996). Reading images: the grammar of visual design. London: Routledge, 주창윤(2003). 『영상이미지의 구조』. 서울: 나남.
- McDowell, Linda(2010). 여성과 공간연구회 역, 『젠더, 정체성, 장소』, 서울:한올아카데미.
- Lefebvre, Henri.(1991). The production of space,(Donald Nicholson-Smith,trans.). Oxford UK·Cambridge USA: Blackwell.(Original workpublished 1974).   p.77.
- Relph, E.(1976). Place and Placelessness, 김덕현, 김현주, 심승희 역(2005). 『장소와 장소상실』, 서울: 논형, pp. 28-29.
- Scannell (1996). Radio, television & modern life, Oxford:Blackwell.
- Tuan, Yi-Fu (1979). Space and Place, 구동회, 심승희 역(1995), 『공간과 장소』, 서울: 도서출판 대윤.
- http://www.kbs.co.kr/1tv/sisa/walkworld/program/index.html
- http://home.ebs.co.kr/theme/main

포스트 모더니즘에서 본
영상콘텐츠

PP_{Program Provider}를 통해 본 지상파 DMB 콘텐츠의 특성[9]
:TBS 교통방송을 중심으로

이 연구는 교통방송 DMB라는 작고 구체적인 분석단위를 상정하여 지상파 DMB 콘텐츠의 고유한 특성을 솎아 냄으로써 낯익은 '프로그램'이 낯선 '콘텐츠'로 진화하여 새로운 콘텐츠 지형을 형성하고 있음을 강구한다. 이를 위해 교통방송의 3개 DMB 콘텐츠 분석과 제작전문가 심층 인터뷰 등을 실시하여 DMB 콘텐츠의 특성이 雙방향성의 실현, 차별화된 캐릭터, 구성 및 제작기법의 실험성 등임을 지적하였다. 雙방향성은 SMS를 이용해 교통과 날씨 정보를 중심으로 시청자의 사연, 주제문자 등을 MC와 활발하게 주고받으면서 실현하고 있다. 차별화된 캐릭터는 공중파와 다른 MC 캐스팅을 통해 이루어지는데 외국인과 신장의 차이를 둔 캐스팅, 그리고 대본에 얽매이지 않고 적재적소에서 터지는 위트 넘치는 입담 등의 특성으로 나타났다. 구성상의 특성으로는 생활정보와 같은 가벼운 정보를 오락성을 가미해 구성하는 인포테인먼트_{infotainment}적 속성이 강한 것으로 나타 났다. 또한 제작기법에서의 다양한 실험, 편집 및 영상구성에서의 짧은 호흡, 와이브로가 결합된 실시간 생방송 등이 또 다른 특성으로 나타났다. 이 연구 에서 짚어본 지상파 DMB의 특성은 콘텐츠 소비영역에서 뿐만 아니라 콘텐 츠 제작영역에서 발아하고 있는 변화를 읽어내는 데 유용한 단초를 제공한다 는 점에서 의의가 있다.

▶ 문제 제기 및 연구 문제

DMB 시청이 확산되고 있다. 거리에서, 지하철과 자동차 안에서 DMB를 시청

---

[9] 이 글은 「한국방송학보 24-5, 2010」에 실린 글이다.

하는 모습을 흔히 볼 수 있다. 한국전파진흥협회에 따르면 2009년 6월 말 현재 지상파 DMB 단말기 보급대수는 2천 155만대에 이른다. DMB단말기의 보급 확대에도 불구하고 대부분의 시청 내용은 재전송된 공중파 프로그램이다. 어딘가로 이동 중에 개별적으로 시청되는 DMB 콘텐츠는 공중파 방송의 정규 프로그램들로 대부분 구성되고 있다. 새로운 매체 환경에 적절한 콘텐츠를 기획·제작할 수 있는 인프라가 부족한 상황 때문에 나타난 결과일 수도 있지만, 제작현업에서 DMB 콘텐츠의 정확한 소구점과 표현형 식에 대한 이해가 일천한 데서 그 원인을 찾을 수도 있을 것이다.

이는 DMB의 특성에 대한 충분한 이해와 함께 그에 따른 적확한 제작이 이루어져야 함을 시사하기도 한다. 일반적으로 DMBDigital Multimedia Broadcasting는 이동성mobility, 개별성personal media, 양방향성interactivity 등의 특성을 지닌 것으로 이해되어 왔다. 이동성은 개인의 시간과 공간을 관리하는 방식에 영향을 줌으로써 Sawyer, 2003, 121~136 참조 개별성을 증폭시킨다. 개별성은 다시 미디어에 대한 시청자 개인의 관여를 증대시켜 양방향성을 실현할 수 있게 한다. 이는 시청자의 프로그램 시청 방법과 시청 시간을 통제했던 기존 TV의 통제력이 침식당하고 있음Lotz, 2007, 15을 말해준다.

DMB의 특성은 기존의 시청공간과 시청시간의 해체를 통해 낯익은 프로 그램program이 새로운 형태의 콘텐츠contents로 진화하는 데 일조하였 다. 한정된 공간에서 정해진 시간에 대체로 1회성으로 소모되는 프로그램 과 달리 장소에 구애받지 않고 아무 때나 편리한 시간에 반복적으로 소비되 는 콘텐츠로의 급격한 변화를 가져온 것이다. 그러나 현업에서 이루어지는 제작현실은 기존의 프로그램 모드에 맞추어져 있다. DMB의 특성에 맞게 새로운 콘텐츠의 소비를 증폭시키기 위해서는 DMB에 특화된 콘텐츠 제작 이 필요하다. 불특정 다수를 위한 기존의 방송 프로그램으로는 시청자의 눈길을 사로잡을 수 없으며 지상파 DMB 사업자의 수익도 개선시킬 수 없다. 작은 화면을 통해 짧은 시간 안에 다양한 정보와 오락거리를 향유할 수 있는 특화된 DMB 콘텐츠가 필요한 상황이다.

대부분의 DMB 방송이 기존의 지상파 방송 프로그램을 재전송하는 것과 달리 TBS 교통방송에서는 2009년 10월 1일부터 DMB 전용 콘텐츠를 제작 방송하고 있다. 케이블 방송이나 지하철역, 서울시내 간선 버스 등을 통해 제공되는 교통방송 프로그램들이 인지도 면에서 많이 뒤쳐지고 있는 상황에서, 시청자와의 접촉빈도를 높이기 위해 DMB 방송을 실시하고 있다. 교통방송의 DMB 콘텐츠는 기존의 지상파 프로그램과 차별화된 특징을 보여준다. 기존의 프로그램이 반복적으로 나타나는 유사한 주제와 위계적 으로 잘 정리되어 있는 심미적인 가치와 사회적 중요성을 일방적으로 표출Lotz, 2007, 37~40 참조하는 것과 달리, 교통방송의 DMB 콘텐츠는 문자 정보의 활발한 소통을 통한 쌍방향성의 실현과 MC를 중심으로 한 캐릭터의 새로운 설정, 콘텐츠의 구성과 제작기법에서의 차별화 등의 특징을 보여 준다. 이는 확산일로에 있는 DMB 콘텐츠 환경에 많은 시사점을 던져 준다. 콘텐츠를 외주제작에 맡기지 않고 인 하우스in-house에서 직접 제작함으 로써 새로운 시장을 형성하고 있는 DMB 콘텐츠의 중요성을 교통방송이 간파하고 있다는 점에서도 주목할 필요가 있다. 교통방송 DMB 콘텐츠를 연구대상으로 삼은 이유가 여기에 있다. 또한 그동안 공중파 중심으로 진행 되어온 연구경향에서 주변에 머물렀던 PPProgram Provider를 본격적인 연구대상으로 삼았다는 점에서도 의의를 찾을 수 있다.

그동안 DMB와 관련된 연구는 다양하게 이루어져 왔다. DMB의 기계적 특성에 관한 연구에서 부터 정책방향에 대한 연구, 활용 및 이용 형태연구, 수용 및 활성화에 관한 연구, 장르 및 표현양식 연구 등으로 진행되었다. 그러나 지금까지의 연구에서는 실제로 개별 콘텐츠에서 그 특성이 어떻게 구현되고 있는지에 대한 분석은 이루어지지 않았다. 즉 개별 콘텐츠에 밀착 하여 콘텐츠의 특성을 찾아보려는 시도는 드물었다.

DMB의 개별 콘텐츠에 집중하여 그 특성을 솎아내는 작업은 DMB 콘텐츠

시장의 활성화를 위해서, 그리고 새로운 영상문화의 밑그림을 그려 본다는 차원에서 유의미한 일이 될 것이다. 따라서 본고에서는 기획에서부터 제작에 이르는 전체 과정을 대상으로 교통방송 DMB 방송생산 현장의 속내 를 들여다봄으로써 지상파 DMB의 특성이 어떻게 나타나고 있는지를 살펴 보려한다. 이에 다음과 같이 연구 문제를 설정한다.

🔍 **연구문제** 교통방송 DMB에서 나타나는 지상파 DMB 콘텐츠의 특성은 어떠한가?

🔹 사전 탐색

📕 선행 연구 검토

지금까지 DMB와 관련된 연구는 다양하게 진행되어 왔지만 크게 DMB의 기능적·기술적 특성 연구임성원, 2007; 최이정, 2007, 활용 및 수용형태 에 관한 연구성동규 등, 2006; 김대호 등, 2006; 이화진 등, 2006; 조윤경 등, 2007; 김광재, 2009, 활성화 방안에 관한 연구김미라, 2008; 임평종, 2008 등으로 나누어 볼 수 있다. 이외에도 정책방향에 대한 연구도 준호, 2005; 심상민, 2003, 광고수익 창출에 관한 연구허웅 등, 2007 등으로 진행되었다. 그러나 이들 연구들에서 개별 DMB 콘텐츠에 대한 구체적인 분석을 통해 그 특성을 도출하려는 시도는 찾아보기 힘들다.

먼저 DMB의 기능적 특성에 대해 이동형 미디어, 개인형 미디어, 양방향성, 저장성, 융합형 멀티미디어 서비스, 소형화면 등으로 분류하고 있는데임평종 등, 2007; 김미라, 2008 이는 DMB의 하드웨어적 속성과 관련된 논의에 그치고 있다는 한계를 지닌다. 기계적·기능적 특성이 콘텐츠와 어 떻게 연동되어 구현되는지에 대한 분석은 이루어지지 않고 있다. 다만 김미 라2008는 DMB의 매체 특성에 적합한 전용 콘텐츠의 장르 및 표현양식을 유용하게 제시하고 있는데, 마찬가지로 개별 콘텐츠에 대한 밀도 있는 분석 까지는 나아가지 못한 아쉬움이 있다. 심상민2003은 고품질, 다기능, 쌍 방향성, 지능형 등의 디지털 방송의 특성을 담지하고 있는 DMB 방송이 가져올 문화 콘텐츠의 트렌드를 떠다니는 모바일 동영상의 확대, 아웃도어 레저 및 홈 엔터테인먼트용 콘텐츠의 급증, 가상 체험 스타일 콘텐츠의 인 기, 하드웨어 및 통신 업체의 콘텐츠 겸업 가속화 등으로 제시하기도 한다. 이 연구 또한 미래의 콘텐츠 유형에 관한 예측에 머무르고 있다.

　DMB 활용연구에서도 DMB 콘텐츠의 특성에 대한 구체적인 논의와 관련 하여 진행되지 못한 한계를 지닌다. 성동규 등2006에 따르면 위성 DMB 초기 이용자들은 오디오 채널을 가장 많이 이용하며 그 다음으로 뉴스, 스 포츠, 음악 등의 순으로 시청을 선호하고 있으며 아침과 저녁 시간대의 출 퇴근길에 많이 이용하고 있는 것으로 파악하고 있다. 임평종 등2007의 연구에서도 DMB는 출퇴근 시간과 점심 시간대가 프라임 타임으로 나타났고, 콘텐츠의 길이가 짧은 것이 DMB에 적합하지만 월드컵 축구, 메이저 리그 중계방송 등 주요 스포츠는 장시간 시청하는 것으로 조사되었다. 또한 DMB 환경에 적합한 전용 콘텐츠가 부족하며 5분 이내의 콘텐츠를 선호하 는 것으로 나타났다. 이들의 연구는 DMB 이용자들이 선호하는 장르와 주 시청시간대에 대해 효과적인 연구결과를 보여주고 있지만 이를 개별 DMB 콘텐츠의 내용 및 영상구성 등의 특성과 연동하여 설명하지 못하고 있다. 이러한 점은 김대호 등의 연구에서도 나타난다. 김대호 등2006은 수용 자들이 위성 DMB에 특화된 콘텐츠가 없다는 불만을 가지면서도 새로운 형태의 콘텐츠의 존재에 대해서는 잘 알지 못하거나 이용도 매우 저조한 것으로 파악하였다. 또한 제한적인 수준인 양방향 서비스에 대한 관심이나 이용정도도 낮은 것으로 분석하면서 새로운 서비스 및 콘텐츠 장르에 대한 수용자의 수요가 개발되는 데 상당한 시간이 소요됨을 지적하였다. 이와 비슷하게 소우어 등Sawyer, 2003의 연구에서도 수용자들은 일반적인 예 능 프로그램을 선호하는 것으로 나타나 기존 TV의 프로그램 소비와 크게 다르지 않음을 보여주고 있다. 다른 한편으로는 모바일 방송에 적합한 독특 하고 독창적인 콘텐츠를 기대하고 있어서 기존 프로그램에 대한 수요가 존재함과 동시에 새로운 콘텐츠에 대한 요구가 있음을 보여주었다. 이들 연구는 DMB 전용 콘텐츠에 대한 수요가 있음을 효과적으로 분석하고 있지 만 DMB 콘텐츠가 이러한 수요를 어떻게 구현해야 하는지에 대한 방안 제시는 포함하지 않고 있다.

이와는 다르게 김미라 등은 개별 콘텐츠에 대한 밀도 있는 분석까지 이르지 못했지만 DMB 특성에 적합한 DMB 콘텐츠의 장르와 영상 및 편집구성, 러닝 타임 등에서 의미 있는 연구결과를 보여주었다. 김미라2008에 따르면 DMB 콘텐츠에 적합한 장르는 몰입을 요구하지 않는 버라이어티 쇼나 오락성이 강한 리얼리티 장르, 그리고 양방향성을 구현한 퀴즈쇼이기 때문에 30분 안팎의 비교적 짧은 콘텐츠가 적합하며, 클로즈 업 숏의 사용과 함께 자막의 크기와 속도 조절, 현란한 카메라 움직임과 화면효과 사용의 절제 등이 중요하게 고려되어야 하는 것으로 나타났다. 임평종 등2008의 연구에서는 러닝 타임이 15분 정도에서 가장 호응도가 좋은 것으로 나타나기 때문에 DMB 콘텐츠는 20분 이내의 짧은 내용이어야 하며 정지 숏과 슬로우 숏, 클로즈 업 화면이 적합한 것으로 분석되었다. 또한 DMB에는 개인별 맞춤형 콘텐츠와 양방향성을 구현할 수 있는 콘텐츠가 필요함을 지적하였다.

DMB와 관련된 그동안의 논의는 앞서 살펴본 것처럼 DMB 콘텐츠에 대한 면밀한 분석보다는 일반적인 수준에서 이루어졌다. 기계적 특성이 기능적으로 어떻게 나타나며, 이러한 특성이 내용적으로 어떻게 구현되고, 어떠한 콘텐츠 유형이 선호되는지, 카메라 워킹과 러닝타임, 편집 등이 어떻게 변화되어야 효과적인지 등과 같은 개괄적인 수준에서 연구되었다. 그러나 이 연구는 연구단위를 DMB 콘텐츠라는 구체적인 영역으로 끌어내려 그 특성을 살펴봄으로써 기존의 연구와는 차별화된 분석을 시도한다. 이를 위 해 DMB 콘텐츠를 직접 제작하고 있는 제작자들의 목소리를 담아내어 개별 단위에서 나타나고 있는 콘텐츠의 특성을 구체적으로 드러내고자 한다. 따 라서 이 연구는 지상파 DMB 연구라는 큰 그림에서 특정한 방송사에서 이 루어지는 작은 제작 이야기를 통해 작고 구체적인 DMB 콘텐츠의 특성을 솎아내려는 것이다.

■ DMB 방송의 새로운 지형: 교통방송 DMB 콘텐츠

2008년 말 현재 한국의 지상파 DMB 시장은 6개의 사업자[*1]가 약 464억 원의 자본금에 약 171억 원의 매출을 보이고 있다. 2006년 사업이 시작된 후 4년이 지났지만 시장규모는 아직 작은 편이다. 약 816억 원의 시설투자 에 일일평균 방송시간이 24시간UKBS 스타 19.3시간, UKBS 하트 21시간 제외에 이르고 있지만 당기 순손익은 약 -119억 원지상파계열 DMB는 제외에 그치고 있다방송통신위원회, 2009 참조.

이와 같은 한국 지상파 DMB 지형도 속에서 TBS 교통방송은 서울시의 안정적인 방송재원을 바탕으로 시청자에 대한 노출을 높이기 위해 2009년 9월 지상파 DMB 사업자주한국 DMB로부터 DMB 채널을 임대하여 2009 년 10월 1일부터 DMB 방송을 실시하고 있다. 타 지상파 DMB 채널이 종합 편성이거나 뉴스중심의 방송을 하는 것과 달리 교통방송의 DMB 방송은 교통과 날씨 정보의 실시간 전달을 중심으로 서울시와 관련된 다양한 정보 를 제공하여 생활밀착형 정보채널로 차별화를 꾀하고 있다. 차별화의 핵심 에 있는 DMB 전용콘텐츠는 아침 생방송 〈아침햇살〉오전 7시~9시과 낮 생방송 〈즐거운 가요〉오후 4시~5시, 저녁 생방송 〈퇴근보감 쇼〉오후6 시~7시 등 3개의 콘텐츠다. 명절 고속도로 정보 혹은 출·퇴근길 교통상 황으로 친숙한 tbs 교통방송이 다매체 종합방송매체로 모습을 바꿔 가고 있으며내일신문, 2009 DMB 콘텐츠도 지상파와 다른 소구점을 찾아 제작하고 있다.

〈아침햇살〉은 출근길에 교통 및 날씨정보를 비롯한 다양한 생활정보를 제공하는 프로그램으로 1월 31일 현재 총 80편이 방송되었다. 1부는 외국인 여자 MC 2명이 영어와 한국어를 섞어 가며 진행하며 이를 통해 시청자 들에게 자연스러운 영어교육의 기회를 제공한다. 또한 국내뉴스를 영어로 전달하는 '보이는 라디오 영어 FM 뉴스'를 TBS 라디오와 동시에 방송함으 로써 수용자들에게 영

표 1_ 생방송 〈아침햇살〉 주요 내용

구분	구성 꼭지	내용
1부	보이는 라디오 eFM 뉴스	TBS TV와 TBS eFM에서 방송하는 영어뉴스
	이슈! 있슈!	음식, 영화, 명소 등 다양한 생활정보 전달
	제리에게 물어봐	일상생활에 필요한 영어표현에 대한 질문과 답
2부	쏜살 뉴스	문화, 스포츠 등 정보전달
	떴다! 연예통신	연예계의 다양한 소식전달
	투데이 서울	서울시정 뉴스제공
공통	으라차차 생생현장	출근길 현장 소개
	날씨 & 교통정보	실시간 날씨 교통정보제공

어 학습에 대한 의욕을 고취시킨다. '이슈!, 있슈!' 꼭지[2]에서는 음식정보나 최신 영화 소개, 한번쯤 가 볼만한 명소 소개 등 생활에 필요한 다양한 정보를 제공한다. '제리에게 물어봐'를 통해 진행자 제니퍼와 리사에게 평소 궁금했던 영어 표현에 대한 질문과 답을 얻음으로 써 일상영어를 자연스럽게 학습할 수 있도록 유도하고 있다.

표 2_ 생방송 〈즐거운 가요〉 주요 내용

구성 꼭지		내용
별별 차트	월	tbs 차트: FM 라디오에서 방송된 노래 횟수로 순위를 알아보는 차트
	화	MP3다운로드 차트
	수	컬러링과 벨소리 차트
	목	노래방 차트
	금	우리 동네 차트
슈퍼스타 T		스튜디오에서 펼치는 시청자의 노래 배틀

[1] 지상파 이동멀티미디어 방송사업자는 KBS, MBC, SBS 방송3사와(주)와이티엔 디엠비, 한국 디엠비(주), 유원미디어(주)이다.

[2] 방송 콘텐츠는 다양한 코너를 두어 구성된다. 여기에서 코너란 콘텐츠의 효과를 극대화하기 위해 참신한 아이디어가 버무려진 차별화된 형식과 내용의 꼭지를 말한다. 본고에서는 코너란 용어보다는 '꼭지'를 선택해 사용한다.

2부에서는 일간지에서 주요하게 다루어지는 문화, 스포츠 정보 등을 소개하는 '쏜살 뉴스', 연예전문기자와 함께 연예계의 생생한 소식과 숨은 뒷 이야기를 알아보는 '떳다! 연예통신', 서울시정과 관련된 다양한 뉴스를 제 공하는 '투데이 서울!' 등으로 구성된다. 이외에도 1부와 2부 공통으로 '으라 차차 생생 현장'을 통해 출근길의 시민들을 직접 찾아가 생생한 출근현장을 와이브로_{WiBro, 무선} 인터넷를 통해 보여주고 있으며, 날씨와 교통정보도 실시간으로 제공한다.

생방송 〈아침햇살〉에서 기존의 프로그램과 차별화된 내용은 외국인 여성 MC의 기용, SMS를 통한 시청자와의 지속적인 대화, 영어로 진행되는 뉴스의 라디오 동시 방송, 와이브로 사용을 통한 생동감 넘치는 현장감 전달 등이다.

〈즐거운 가요〉는 나른한 오후 시간을 겨냥하여 눈과 귀를 즐겁게 하는 생생한 음악 프로그램으로 1월 31일 현재 총 84편이 방송되었다. 전직 레이싱 모델과 게임채널 VJ, 두 여자 MC를 캐스팅해 톡톡 튀는 진행을 함으로써 차별화를 꾀하였다. 기존 공중파 방송에서 흔히 볼 수 있는 가요순위 프로 그램과 달리 요일마다 특색 있게 각종 음악 차트를 독특한 방식으로 소개하 는 '별별 차트' 꼭지를 두고 있다. 서울시내 특정 지역에서 선호하는 음악순 위를 알아보는 '우리 동네 차트', 노래방에서 즐겨 불리는 음악을 소개하는 '노래방 차트', 핸드폰의 '컬러링과 벨소리 차트', 'MP3 다운로드 차트' 등으 로 구성되어 시청자들에게 음악을 듣는 또 다른 재미를 준다. 이외에도 가 수의 꿈을 꾸고 있는 일반 시청자들을 직접 출연시켜 노래 베틀을 펼치는 '슈퍼스타 T' 꼭지를 두어 푸짐한 상품제공과 함께 TBS의 대형 콘서트 '한마 음 콘서트'의 출연권도 부여한다.

〈퇴근보감 쇼〉는 퇴근길의 교통정보를 중심으로 스튜디오에서 요리를 해가며 SMS를 통해 시청자와 이야기를 주고받는 콘텐츠이다. 요리에 대한 궁금증을 해결하는 '오늘 저녁 뭐 먹지' 꼭지를 두어 퇴근길 직장인들에게 음식에 대한 다양한 정보를 제공한다. 또한 '뭐든지 Q & A' 꼭지를 두어 요일별로 다양한 내용으로 시청자들을 흡입하고 있다. 일상생활에서 부딪 치는 법적 문제에 도움을 주는 '법률자문', 건강한 생활을 영위하게 하는 '건강자문', 그리고 '헬스 및 요가 트레이너'를 비롯해 '방송 댄스 코치'에 이르기까지 입체적인 구성을 시도하고 있다. 이외에도 '친절한 서울씨' 꼭지 를 두어 서울시의 크고 작은 소식과 서울의 시정을 알리고 있다. MC도 코 믹하고 입담 좋은 캐릭터를 지닌 남자 2명을 캐스팅하여 요일별로 출연시 킴으로써 시청자들에게 신선함을 안겨 준다. 1월 31일 현재까지 총 85편이 방송되었다.

표 3_ 생방송 〈퇴근보감 쇼〉 주요 내용

구성 꼭지		내용
오늘 저녁 뭐 먹지?		다양한 음식정보제공
뭐든지 Q&A	월	요가 트레이너
	화	헬스 트레이너
	수	법률 자문
	목	건강 자문
	금	방송 댄스 코치
친절한 서울씨		서울 시정 소식 제공

이상의 콘텐츠에서 공통적으로 엿볼 수 있는 DMB 콘텐츠의 새로운 지형은 지상파에서 찾아보기 힘든 차별화된 MC의 캐스팅, SMS을 통한 시청자의 참여 유도와 쌍방향성의 제한적 실현, 에드립ad-lib의 강화를 통한 진행방식에서의 자유로움, 실시간으로 빈번하게 제공되는 교통 및 날씨 정보, 와이브로를 이용한 생생한 현장 중계 등이다.

연구방법

이 연구는 PPProgram Provider라는 구체적인 제작 단위에서 지상파 DMB의 특징들이 실제로 어떻게 드러나는지를 살펴보려는 것이다. 이를 위해 2가지의 연구

방법으로 진행되었다. 먼저 연구자가 교통방송 DMB를 면밀히 살펴보는 방식이다. 이 방식은 홍지아2010 등의 연구에서 사용되 었던 것으로 대체로 양적인 일반화를 추구하는 내용분석 방법에서 탈락될 수 있는 작고 다양한 이야기들을 질적으로 포함할 수 있다는 점에서 유용하 다. 2009년 10월 1일부터 2010년 1월 31일까지 방송된 교통방송 3개 DMB 콘텐츠 총 249 편에 대해 일상적인 시청과 병행하여 인터넷 VOD에 대한 집중적인 시청을 통해 DMB의 특성을 파악하려 하였다. 지하철이나 자동 차 안에서의 DMB 시청 뿐만 아니라 CATV를 통한 평소의 시청습관을 유 지하면서 기존의 지상파 방송과 다른 특이한 점을 지속적으로 파악하고자 하였다.

이와 함께 특정한 콘텐츠에 한정될 우려를 피하기 위해 VOD를 통해 전 체 콘텐츠를 일별하고 그 특성을 출연자의 캐릭터, 내용구성, SMS 문자방 송, 제작기법 등을 중심으로 살펴보았다. 다만 여기에서 내용분석 방법을 사용하지 않은 이유는 앞서 지적한 것처럼 계량화를 통한 객관적인 접근방 식이 제작현장의 작고 다양한 이야기들을 드러내지 못할 가능성이 있기 때문이다. 다시 말해 지상파 DMB 콘텐츠의 특성을 양화하여 일반화하려는 의도보다는 제작현장의 목소리와 공명하면서 맥락적 이해를 통해 지상파 DMB 콘텐츠의 특성을 솎아 내려는 쪽에 더 많은 무게 중심을 두었기 때문 이다. 교통방송 내부 문건이나 제작자 회의록 등 각종 자료와 교통방송 DMB 관련 기사와 해당 콘텐츠의 홈페이지 등을 살펴본 것도 이러한 맥락 과 무관하지 않다.

두 번째로 제작 전문가들에 대한 심층 인터뷰를 수행하였다. 심층 인터뷰는 교통방송 DMB 콘텐츠에서 드러난 특성들을 실제의 제작자들이 파악하고 있 는 특성들과 상호 비교하여 분석할 수 있게 함으로써 유용한 연구결과를 도출 할 수 있도록 했다. 양화quantification시키기 위한 경험적 데이터는 역동적인 제작 과정의 속내를 설명하는 데 한계가 있다Buckingham, 2009, 참조. 반면에 심층 인터뷰 방식은 콘텐츠 제작 과정의 속내를 잘 들여다 볼 수 있게 한다. 제작현장의 최전방에서 다양한 경험을 한 콘텐츠 기획자 및 제작자, 출연자 등의 살아 있는 구술은 제작과정을 밀도 높게 이해하고 콘텐츠의 특성을 효과적으로 탐색할 수 있게 해주었다. 인터뷰는 자료로 남아 있지 않는 정보에 대한 접근을 가능하게 하여 드러나지 않은 다양한 요인들을 탐색할 수 있게 하며Dhost, 2004, 395~396, 면접자들이 특정한 사안의 전개과정에 대해 직접 이야기할 수 있는 이점을 제공한다Van den Bulck, 2000, 109. 심층 인터뷰를 통해 제작의 전체 맥락을 파악 할 수 있었으며 연구자의 주관적 분석이 가져올 수 있는 오류를 극복시켜 줌으로써 연구결과에 전체적인 균형을 잡아주었다.

심층 인터뷰는 2010년 1월 7일부터 1월 15일까지 DMB 방송 기획자와 제작자 등 6명에 대해 실시하였다. 1차 인터뷰에서 놓친 부분을 보충하기위해 그 이후 작가와 출연자 등 4명에 대해 한 차례 더 인터뷰를 진행하였다. 인터뷰 방식은 반구조화된 설문을 실시하여 응답자가 자유롭게 답변할수 있게 하였으며, 응답에 따라 설문내용을 수정하면서 진행하였다. 이는 연구자가 인터뷰 준비 과정에서 놓친 내용을 보완하거나 빗나간 논점을 수정하는 데 기여하였다. 인터뷰 방식은 녹취와 필기를 병행하였다. 편안한 대화 분위기를 조성하여 대화의 흐름을 끊지 않고 응답자가 자유롭게 대답 할 수 있도록 디지털 녹음기로 녹취하였다. 또한 설문의 전체 내용을 압축 적으로 파악할 수 있도록 응답의 요점들을 필사하였다.

인터뷰는 연구자가 제작현장을 간접적으로 체험할 수 있고, 응답자들이 일상적인 제작 분위기를 놓치지 않고 구체적으로 답변할 수 있도록 유도하기 위해 방송사 사무실을 직접 방문하여 진행하였다. 콘텐츠 제작 등의 일정 때문에 면담이 성사되지 못한 경우에는 이메일을 통해 서면조사를 실시 하였다. 심층인터뷰 대상자는 〈표 4〉와 같다.

표 4_ 심층 인터뷰 대상자

인터뷰 대상자	성별/나이	직책 및 업무
제작자 A	남/50	국장 / DMB 기획 및 총괄
제작자 B	남/43	부장 / DMB 기획 및 편성
제작자 C	남/44	부장 / DMB 제작총괄
제작자 D	남/40	제작 팀장 / DMB 콘텐츠 제작
제작자 E	여/38	제작 PD / DMB 콘텐츠 제작
제작자 F	남/38	제작 PD / DMB 콘텐츠 제작
작가 G	여/36	대본작가
작가 H	여/31	대본작가
출연자 I	여/28	MC
출연자 J	여/28	MC

연구결과

SMS를 통한 쌍방향성의 실현

교통방송의 DMB 콘텐츠는 SMSShort Messaging Service를 이용해 다 양한 코너를 마련함으로써 쌍방향성을 실현하고 있다. 교통정보와 날씨정 보에 대한 시청자들의 궁금증을 문자로 해결하는 방식이 교통방송 DMB 콘텐츠의 공통적인 쌍방향성 실현의 주요 내용이다. 시청자들이 현재 위치 에서 교통정보에 대한 다양한 내용을 운전석에서 문자로 제공받을 수 있고, 날씨정보에 대해서도 실시간으로 질문과 답변을 할 수 있다. 또한 각각의 콘텐츠마다 '깜찍 퀴즈' 꼭지를 설정해서 쉽고 간단한 퀴즈에 정답을 보내면 상품을 제공하는데, 이는 SMS를 이용해서 시청자들이 방송에 적극적으로 참여할 수 있도록 한 것이다. 이외에도 특정한 문자 주제를 정해 다양한 이야기를 주고받음으로써 시청자와 쌍방향성을 실현하고 있는 것이 공통적 으로 나타나는 특징이다.

SMS 문자가 엄청 많이 늘었어요. 몇 년 된 기존의 다른 채널보다 몇 달 밖에

자가 없어서… 채널 검색할 때 사람들이 쭉쭉쭉 넘기 다가 한국말 잘하는 외국인이 보이면… '어 뭐야 이거'하면서 스톱하는 거지.

제작자 A

제니퍼와 리사에 의해 진행되는 〈아침햇살〉은 시청자에게 출근길 교통 정보 제공 뿐만 아니라 영어 학습에 대한 욕구도 어느 정도 채워준다. 이는 외국인 여성 MC의 차별화된 캐스팅을 통해 시청자 시선 끌기와 공중파와 차별하기 전략이 성공함으로써 나타난 결과이다. 이들 이외에 개그우먼 김세아가 보조MC로 등장해 여자답지 않게 호방하고 재치 넘치는 진행을 함 으로써 또 다른 재미를 준다.

〈즐거운 가요〉에서는 과감하게 여성 MC 2명을 캐스팅했다. 기존 방송 프로그램의 경우 남녀 두 MC가 전형적인 캐스팅 방식인 것을 감안한다면 차별화를 위한 제작진의 노력을 엿볼 수 있다. 경력에서도 전문 MC가 아닌 레이싱 모델과 게임 채널 VJ를 발탁하여 파격을 주었다. 외모에서도 신장에 극적인 차이를 두어 색다름을 부여했다. 또한 1명은 섹시sexy코드로 또 다른 1명은 큐트cute코드로 구성하여 시청자들을 흡입하고 있다. 특히 MC의 섹시미를 증폭시키기 위해 다양한 각도의 카메라워킹을 시도한 것은 기존 방송에서 찾아보기 힘든 영상구성 방식이다.

오후 방송이니까 활기차게 갈려고 했고… DMB 방송이니까 여기저기 돌려봐도 이게 신선하더라고.

제작자 A

저희 프로에서는 굉장히 키가 크고 날씬하고 섹시한 도시적인 여성 MC 와 키가 작고 친근하고 귀여운 친구 같은 MC를 캐릭터로 잡고 방송을 했기 때문에 방송 캐릭터도 중요했고 그렇기에 그 컨셉에 맞는 의상과 미용도 중요시했고, 무엇보다도 가장 중요했던 것은 생방이기에 때에 맞는, 순발력 있는 '토크'를 가장 중요하게 생각했다고 느낍니다.

출연자 I

〈퇴근보감 쇼〉는 허준을 중심으로 요일별로 성대현, 김한석 등이 진행한다. 이들은 주인장이라는 별칭을 부여 받아 자신만의 캐릭터로 시청자와 말잔치를 벌인다. 특히 허준은 독특한 헤어스타일과 함께 얼굴을 묘하게 찡그리며 개그를 펼쳐 콘텐츠의 재미를 더하고 있다. 기존의 방송에서 찾아 보기 힘든 특징은 이들의 뛰어난 에드립ad-lib 능력이다. 적재적소에서 터지는 위트 넘치고 자유로운 대사는 시청자들의 눈과 귀를 사로잡는다.

> SMS를 통한 쌍방향성에 초점을 둔 생방송 프로그램이기 때문에 방송 대본보다는 전체적인 구성의 틀을 벗어나지 않는 범위 내에서 많은 에 드립에 의존하고 있는 것이 현실입니다. 비율로 치자면 30~40% 정도 로 볼 수 있으며 개그맨 출신의 MC 성향도 무시할 수 없습니다.　　　　　　　제작자 D

이 밖에도 여자 MC황은수를 두어 주인장을 보좌하는 안주인 역할을 부여해 진행의 균형을 잡고 있다. 또한 차분하고 수줍은 캐릭터의 요리사요달-요리의 달인, 류승림와 진한 충청도 사투리를 쓰면서 호들갑을 떠 는 청년 이장최성욱 등이 메인 MC와 입체적으로 구성되어 콘텐츠 전반에 활력을 불어 넣는다.

이외에도 3개 콘텐츠 공통으로 경쾌하고 발랄한 남녀 기상캐스터와 교통 캐스터를 기용하여 날씨 및 교통 정보제공에 재미를 더하고 있다.

● 인포테인먼트, 실험, 그리고 생방송

교통방송 DMB 콘텐츠의 구성상의 특징은 인포테인먼트infotainment 적 속성을 지닌다는 것이다. DMB 콘텐츠가 대부분 이동하면서 개별적으로 소비되기 때문에 정보제공을 중심으로 오락적 요소가 가미된 비교적 가벼 운 내용들로 채워지며 '스피디한 구성작가 G'과 '간소한 구성작가 H'이 대부분을 차지한다. 교통 및 날씨 정보를 중심으로 건강, 법률, 요리 등 무겁지 않은 생활정보 등이 종합구성*이 아닌 스튜디오 메이킹의 단순구성 으로 이루어진다.

이동시 짧은 시간에 가볍게 볼 수 있도록 인포테인먼트적인 구성을 추구하고 있습니다…. DMB 매체의 특성인 개인방송personalcasting과 이동성mobility 등을 고려하여 복잡한 종합구성 형식보다는 가볍게 보고 즐길 수 있는 스튜디오 메이킹의 단순구성을 지향하는 것이 가장 큰 차이점이라고 생각합니다.

제작자 D

생활정보를 그냥 밋밋하게 전달하는 것이 아니라 조금 더 엔터테인적인 형식으로 전달하는 것이 효과적이죠.

제작자 B

가장 큰 특성은 정보와 재미인 것 같습니다. 특히 TBS 같은 경우에는 그저 정보만 전달하는 교통방송이 아니라, 차로, 버스로, 지하철로 이동하면서 도움이 되는 교통, 날씨, 지역에 관한 좋은 정보를 전달을 하면서도 재미를 놓치지 않고 방송을 제작하고 편성하면서 시청자로 하여금 참여할 수밖에 없고, 이동하면서 꾸준히 볼 수밖에 없게 만드는 것 같습니다.

출연자 I

이는 구성상의 무게중심이 내용보다는 분위기에 있다는 사실을 말해준다. 내용 중심의 다양한 VCR 꼭지를 통해 시청자에게 다가가는 것이 아니라 MC의 캐릭터에 의존한 콘텐츠의 전체적인 분위기가 시청자들에게 어필하는 소구점이 된다. 〈즐거운 가요〉의 분위기가 노래방을 엿보는 느낌이라든지, 〈퇴근보감 쇼〉가 MC와 얼굴을 마주 대하고 직접 대화는 듯한 인상을 주는 것 등이 이에 해당한다.

MC 능력을 최대한 빼 먹으면서 스튜디오에서 보여줄 수 있는 것을 많이 보여주려 하고…. VCR보다는 그분들에게서 더 많은 것을 끌어내려 하죠. 제작자 F

* 종합구성이란 다양한 VCR 꼭지와 스튜디오 꼭지가 합쳐져서 내용과 형식면에서 종합선물 세트 같은 구성방식을 말한다. 따라서 출연자와 방송 아이템이 상당히 다양하고 복잡하게 구성된다.

제작기법상의 특성으로는 먼저 실험성을 꼽을 수 있다. 앞서 살펴본 것처럼 외국인 여성을 MC로 기용한다든지, 신장에 차이를 두어 MC를 선택하는 것은 어느 방송에서도 찾아보기 힘든 실험적인 시도이다. 또한 SMS를 전면적인 방송 아이템으로 삼아 MC의 캐릭터에 의존해 진행하는 방식도 색다르다.

구체적인 구성꼭지에서도 실험적이다. 노래방, 컬러링, 동네 등으로 나누어 인기 음악 차트를 소개하는 〈즐거운 가요〉의 '별별 차트' 꼭지, 방송 끝날 때까지 요리를 스튜디오에서 직접 완성하여 시식까지 하는 〈퇴근보감 쇼〉의 '오늘 저녁 뭐 먹지?' 등은 대표적인 예이다. 인터넷으로 화면을 실시 간으로 전송하는 와이브로 기술을 사용하여 출근길과 퇴근길의 풍경을 생방송으로 전달하는 방식도 새롭다.

제작기법상의 또 다른 특성으로는 편집 작업을 할 때 호흡을 짧게 하여 영상에 긴박감과 역동성을 부여한다는 것이다. 이는 결과적으로 긴 영상물 보다는 짧은 영상물로 콘텐츠가 채워져 한정된 이동 시간에 지루하지 않으 면서도 집중적으로 시청할 수 있게 한다. 또한 작은 화면을 고려해 자막을 쉽고 빠르게 읽을 수 있도록 디자인하고 있다.

영상물은 너무 길면 안 된다. 채널 돌아간다. 그래서 10분물은 안하고 가급적 5분물을 한다 그런 식이죠.

제작자 E

화면이 작기 때문에 자막 디자인은 가독성에 최대한 중점을 두고 있으 며 자막 노출 시 코드음을 함께 삽입하여 작고 답답한 화면을 오디오 임펙트로 커버하려고 합니다.

제작자 D

이 밖에도 교통방송 DMB는 생방송이라는 특성을 지닌다. 지체와 정체 구간에 대한 교통정보를 제때에 알려 주어야 하기 때문에 3개 DMB 콘텐츠는 생방송으로 진행된다. 방송 진행 중 매시간 30분과 55분에 정기적으로 교통정보를 실시간으로 알려준다. 만약에 시청자가 정기적인 교통정보를 놓치면 SMS 문자를 통해 언제 어디에서든 정보를 제공받을 수 있다. 이를 가능하게 하는 것은 생방송 시스템이며 이를 통해 SMS를 통한 쌍방향성도 실현되는 것이다.

교통방송의 최대 인프라인 교통정보를 SMS를 이용하여 지/정체구간을 실시간으로 전달하고자 합니다. 예컨대 막히는 구간 질문 시 정보센터의 교통캐스터를 실시간으로 연결하여 소통구간을 알려주는 식으로 진 행합니다.

제작자 D

DMB 시청자들이 조사상으로 네비를 쓰는 운전자들이 많으니까요…차량운전자들의 실시간 정보, 그러니까 교통쪽, 기상쪽을 강화하고 있어요.

제작자 C

교통방송이기에 방송 중간 중간 시청자들이 필요로 하는 정보를 바로 바로 전달하고, 특히 생방송으로 진행이 되어서 SMS를 통해 시청자 참여/의견을 바로 바로 보고 대답을 해주는 부분에서 시청자와의 소통 이 참 잘 이루어진 것 같습니다.

출연자 I

생방송의 특성은 와이브로를 이용하여 생생한 현장을 전달하는 것에서도 찾아볼 수 있다. 〈아침햇살〉의 '으라차차 생생 현장'에서는 반짝 브라더스가 출근길의 이모저모를 현장에서 소개한다. 출근 시간에 서울역에서 오고 가는 사람들을 인터뷰한다든지, 여의도 인도변의 출근 풍경을 와이브로로 전달하기도 한다. 〈퇴근보감 쇼〉의 청년이장도 퇴근길의 다양한 모습을 와이브로를 통해 실시간으로 중계한다. 퇴근 무렵의 시장거리나 사람들로 붐 비기 시작하는 먹자골목 등을 직접 찾아가 퇴근 분위기를 스케치하여 전달 한다. 와이브로 시스템은 기상이변이 일어났을 때에도 유용하게 사용되기도 한다.

> 현장방송이라 해서 무선인터넷이 되는 지역에서 무선망에 6미리 카메라를 연
> 결하여 실시간 영상을 제공하고 있습니다. 　　　　　　　　　　　제작자 B

> 폭설이나 풍수해가 났을 때… 와이브로로 대책본부나 제설현장을 나갈 수 있
> 고…. 바로바로 대응을 할 수 있어요. 　　　　　　　　　　　　　제작자 E

⏩ 결론

이 연구는 교통방송 DMB 제작에 참여한 제작 전문가에 대한 심층 인터뷰를 중심으로 지상파 DMB 콘텐츠의 특성이 어떻게 나타나는지에 대해 알아보았다. 연구 결과는 시청자와 SMS를 주고받음으로써 제한적으로나마 쌍방향성을 실현하고 있었으며, 기발한 MC 캐스팅을 통한 차별화된 캐릭터 를 보여주었고, 콘텐츠의 차별화된 구성과 제작기법상에서의 실험적인 시도 등으로 나타났다.

쌍방향성은 SMS를 이용해 교통과 날씨 정보를 중심으로 시청자의 사연, 주제문자 등을 MC와 활발하게 주고받으면서 제한적으로 실현하고 있었다. 영어 표현법과 MC의 신상에 관한 것, 저녁에 먹을 만한 요리에 대한 정보 등 SMS로

소통되는 내용이 광범위하고 다양하게 나타났다. 또한 출퇴근 시간에 반짝 브라더스와 청년이장이 특정한 장소를 찾아가 시청자들을 직접 만난다든지, 시청자들이 서툰 몸짓과 설익은 노래실력으로 스튜디오에 직접 출연해 노래대결을 펼치고 응원문자도 보내는 방식을 통해 활발하게 쌍방 소통하고 있었다.

차별화된 캐릭터는 공중파와 다른 MC 캐스팅을 통해 이루어지는데 외국 인과 신장의 차이를 둔 캐스팅, 그리고 적재적소에서 터지는 위트 넘치는 입담 등의 특성으로 나타났다. 외국인이기는 한데 한국말에 유창한 인형 같은 여자 MC의 캐스팅과 키다리와 땅따리를 연상시키며 독특한 방식으로 수다를 떠는 두 여자 MC, 혼자서도 하루 종일 입담을 펼칠 수 있는 남자 MC 등은 시청자들의 시선을 집중시키기 위한 전략으로서 상당한 효과를 거두었다. 또한 MC들의 캐릭터는 노래방을 엿보는 느낌이나 면대면 대화의 느낌을 갖도록 이미지화함으로써 전반적으로 친밀한 대화 상대자로 느 껴지도록 설정되었다.

구성상의 특성으로는 생활정보와 같은 가벼운 정보를 오락성을 가미해 구성하는 인포테인먼트infotainment적 속성이 강한 것으로 나타났다. 이는 DMB의 이동성과 개별적 특성에 주목한 것으로 콘텐츠가 무겁고 양적으로 넘치는 내용보다는 곁눈질로도 인지할 수 있는 비교적 가벼운 내용을 중심으로 구성된다는 사실을 말해준다. 콘텐츠 구성이 내용전달보다는 분 위기 전달에 방점을 둠으로써 'MC와 놀기'와 '콘텐츠에 참여하기' 등을 적극 적으로 구현하고 있음을 알 수 있다. 또한 구성꼭지 등에서 나타나는 제작 기법에서의 다양한 실험, 역동성과 긴박감을 조성하기 위한 편집 및 영상구 성에서의 짧은 호흡, 와이브로가 결합된 실시간 생방송 등이 또 다른 특성 으로 나타났다.

이러한 연구결과는 지상파 DMB 콘텐츠가 공중파 프로그램과 확연히 구분되는 지형에 있음을 보여준다. 쌍방향성과 기발한 MC기용, 제작에서의 실험성 등은 DMB의 개별성, 이동성 등의 특질과 맞닿아 있다. 개인매체로서의 DMB는 SMS 등을 통한 콘텐츠의 수용자 참여도를 높이고, MC의 독특 한 캐릭터 구현을 통해 수용자의 몰입도를 높인다. 또한 가볍고 스피디한 구성과 실험적인 영상구성 및 편집방식은 DMB가 수용자 개개인에게 소구 될 수 있기 때문에 가능한 일이다. 이와 같은 특성들은 다시 DMB의 이동성 을 강화시켜 언제 어디에서든 콘텐츠의 반복적 소비를 가능하게 한다. 이 연구를 통해 정해진 시간에 제한된 공간에서 1회성 시청으로 그쳤던 공중 파 '프로그램program'이 아무 때나 어떤 장소에서도 반복적으로 소비되는 '콘텐츠contents'로 진화하고 있음을 엿볼 수 있다.

본고에서 살펴본 지상파 DMB 콘텐츠의 특성은 소비영역에서의 변화만을 시사하는 것이 아니라 제작영역에서의 변화까지 엿볼 수 있게 한다. 기존의 프로그램이 방송사 등과 같은 공적기구에서 PD와 작가, 카메라맨, 엔지니어 등의 고정되고 구분된 제작 기능을 가진 사람들의 협업을 통해 제작 되었다면, 콘텐츠는 공적기구에 소속되어 있지 않더라도 어느 정도의 제작 지식을 보유한 1인에 의해 제작이 가능하다. 카메라폰으로도 콘텐츠를 제작할 수 있고 이를 방송사 채널이 아니더라도 다양한 경로를 통해 노출시킬 수 있다. 이 연구에서 나타난 지상파 DMB 콘텐츠의 특성은 소비와 제작영 역에서의 변화를 읽어 내는데 유용한 단초를 제공한다는 점에서 의의를 찾을 수 있다.

DMB에 대한 기존의 연구가 활용 및 수용연구, 기능적·기계적 특성연구 등과 같이 개괄적인 수준에서 진행되었던 것과 달리 이 연구는 DMB 콘텐 츠 자체에 시선을 돌리게 함으로써 DMB 연구에 또 다른 가능성을 열었다는 점에서도 그 의의가 적지 않다. 즉 개별 DMB 콘텐츠에서 드러나는 차별화된 특성들을 주의 깊게 들여다봄으로써 영상 콘텐츠의 변화양상을 짚어 낼 수 있고, 급변하고 있는 제작환경에 대한 연구의 단초도 얻을 수 있다.

그러나 이 연구는 몇 가지 제한점을 안고 있다. 먼저 심층 인터뷰를 통해 제작현장의 작고 다양한 이야기를 담아 지상파 DMB 콘텐츠 제작의 흔적을 드러내려 했지만 제대로 진행되지 못했다. 차후에는 참여관찰을 포함한 다양한 접근

방법을 통해 제작현장에 대한 밀도 있는 연구가 진행되어야 할 것이다. 또한 이 연구는 DMB 제작자 인터뷰와 콘텐츠에 나타난 특성을 중심으로 진행되었기 때문에 시청자의 반응이 구체적으로 포함되지 않아 한쪽으로 경도된 감이 없지 않다. 다만 이러한 제한점을 조금이나마 해소시키기 위해 시청자의 반응을 생방송 중에 오고가는 문자와 홈페이지 등을 통해 유추하여 반영하였다. 시청자의 반응을 포함한 좀 더 포괄적인 연구는 후속 연구를 통해 보완할 필요가 있을 것이다.

[국내문헌]

- 김광재(2009). DMB의 수용결정요인에 관한연구. 「한국언론학보」, 53권 3호.
- 김대호 · 김도연 · 김은미 · 도준호(2006). 초점집단인터뷰를 통해 본 위성DMB 초기채택자의 채택 동기 및 이용행태, 「한국언론학보」, 50권 3호.
- 김미라(2008). DMB 전용 콘텐츠의 특성과 적합한 장르 및 표현양식에 관한 연구. 「한국언론학보」, 52권 4호.
- 내일신문, 2009년 11월 11일, 5면, 김진명 기자.
- 도준호(2005). DMB 도입과 정책적 쟁점. 「방송연구」, 여름호, 60호. 방송통신위원회(2009). 2009년 방송산업 실태조사 보고서. 2009년 11월.
- 성동규 · 임성원(2006). 수용자 특성에 따른 모바일미디어 콘텐츠 활용 연구. 「한국방송학보」, 20권 1호.
- 심상민(2003). DMB 콘텐츠 육성 및 서비스 활성화를 위한 정책방안. 한국언론학회 심포지움 및 세미나, 35~68.
- 이화진 · 김영주 · 정재민(2006). 위성DMB 채택 가능성에 영향을 미치는 요인에 관한 연구. 「한국방송학보」, 20권 2호.
- 임성원(2007). 미디어 융합시대 방송 플랫폼의 경쟁구조 연구. 「한국방송학보」, 21권 3호.
- 임평종 · 김종서 · 곽훈성(2008). 유비쿼터스환경의 영상매체에서 Visual콘텐츠의 활성화 방안: DMB서비스를 중심으로. 「한국콘텐츠 학회논문지」, 8권 3호.
- 조윤경 · 정일권(2007). 방송 · 통신 이용성향이 DMB 채택에 미치는 영향. 「한국방송학보」, 21권 5호.
- 최이정(2007). DMB폰과 PMP의 작은 화면 사이즈 특성이 영상콘텐츠에 대한 정보 처리과정에 미치는 영향. 「한국콘텐츠학회논문지」, 7권 5호.
- 허 웅 · 최일도(2007). 지상파 DMB 교육콘텐츠의 광고수익창출 방안에 대한 연구. 「커뮤니케이션학연구」.
- 홍지아(2010). 순수만화적 감수성을 통한 즐거움의 체험: 드라마 <미남이시네요>의 시청경험을 중심으로. 「한국방송학보」, 24권 3호.

[외국문헌]

- Buckingham, D.(2009). Creative' visual methods in media research: possibilities, problems and proposals. 「Media, Culture & Society, 31.」.
- Dhoest, A.(2004). Negotiating Images of the Nation: The Production of Flemish TV

Drama. 「Media, Culture & Society, 26(3)」.

- Lotz, A.(2007). 「The Television Will Be Revolutionized」. New York: New York University Press.
- Sawyer, S., J. Allen, & H. Lee(2003). Broadband and Mobile Opportunities:A Socio-technical Perspective. 「Journal of Information Technology, 18(2)」.
- Van den Bluck, H.(2001). Public Service Television and National Identity as a Project of Modernity: The Example of Flemish Television. 「Media, Culture & Society, 23(1)」.

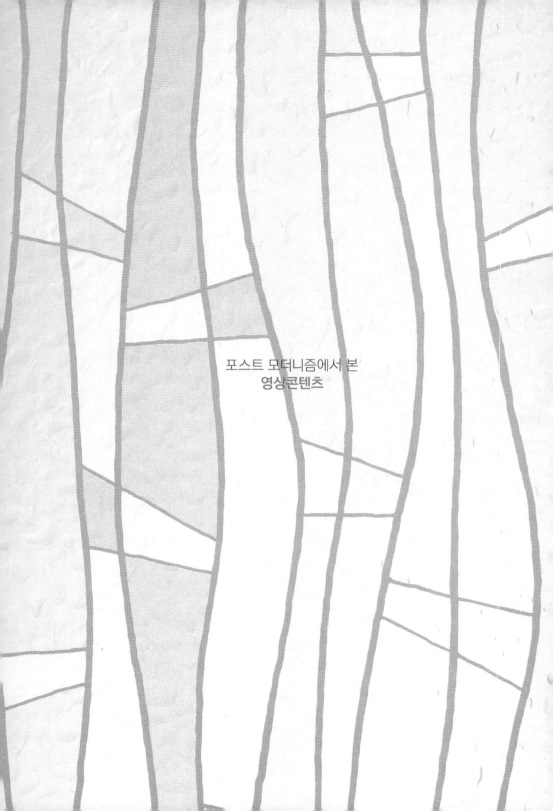

포스트 모더니즘에서 본
영상콘텐츠

포스트 모더니즘에서 본
영상콘텐츠

초판 1쇄 발행 2020년 9월 25일
2판 1쇄 발행 2021년 8월 30일

저 자   김 혁 조
펴낸이   임 순 재
펴낸곳   (주)한올출판사
등 록   제11-403호
주 소   서울시 마포구 모래내로 83(성산동 한올빌딩 3층)
전 화   (02) 376-4298(대표)
팩 스   (02) 302-8073
홈페이지   www.hanol.co.kr
e-메일   hanol@hanol.co.kr
ISBN   979-11-6647-132-2

포스트 모더니즘에서 본
영상콘텐츠